Guy Gaucher . *Chronik eines Lebens*

Guy Gaucher

CHRONIK EINES LEBENS

Schwester Therese vom Kinde Jesus
vom heiligen Antlitz
Therese Martin (1873—1897)

Johannes-Verlag Leutesdorf

In diesem Buch finden sich nur wenige Sätze, die sich nicht auf irgendein Dokument stützen, jedoch hätten viele Anmerkungen innerhalb des Textes den Leser sehr aufgehalten. Man findet deshalb alle Verweisstellen und Abkürzungen der benützten Werke am Ende des Buches auf Seite 329 ff.

Um sich in den Namen der Umgebung von Therese Martin besser auszukennen, ziehe man den kurzen Stammbaum ihrer Familie auf Seite 324 f. zu Rate.

Alles, was Therese Martin selbst schreibt oder sagt, ist kursiv gedruckt, während die von ihr unterstrichenen Worte in gewöhnlichem Druck gesetzt sind.

() bedeutet, daß in der Zitation eines Dokumentes etwas ausgelassen ist.

Dritte Auflage 1995

Mit kirchlicher Druckerlaubnis
Copyright by Johannes-Verlag Leutesdorf, Germany
Herausgegeben vom Theresienwerk e. V., Augsburg
Deutsche Lizenzausgabe der Originalausgabe „HISTOIRE D'UNE VIE — Thérèse Martin" von Guy Gaucher, Les Editions du Cerf, Paris 1982
Ins Deutsche übersetzt von P. Maximilian Breig SJ
Umschlaggrafik: Theresia vom Kinde Jesus
von Christa-Maria Weber-Keimer

Gesamtherstellung: Druckerei des Johannesbundes e. V.
D-56599 Leutesdorf am Rhein

ISBN 3-7794-1065-6

Zu beziehen durch die *KSM*
Katholische Schriften-Mission, D-56599 Leutesdorf
Telefon: 0 26 31/9 76-1 92, Telefax: 0 26 31/9 76-2 50

*Dem Andenken der Schwester Geneviève,
Dominikanerin von Clairefontaine,
die am 10. Mai 1980
ihre Freundin Therese
im ewigen Leben getroffen hat.*

Vorwort

„Ich kann mich nur von der Wahrheit nähren."

Sie kennen mich nicht, wie ich in Wirklichkeit bin, schrieb Schwester Therese vom Kinde Jesus einige Monate vor ihrem Sterben an ihren geistlichen Bruder, Abbé Bellière[1]. Dieser freundschaftliche Vorwurf bleibt zweifellos für eine große Zahl unserer Zeitgenossen zurecht bestehen. Pilger, Touristen, die nach Lisieux kommen, oder auch einfach Leser der *Geschichte einer Seele* glauben, „die kleine Heilige" zu kennen: sie ist so einfach! Es ist aber eine Einfachheit, welche die Doppeldeutigkeit einschließt.

In ihren *Selbstbiographischen Schriften,* dem Ursprung des ersten Teils der *Geschichte einer Seele,* hat Schwester Therese in zwei schmalen Schulheften, die insgesamt nur 120 Blätter ausmachen, nicht ihr Leben erzählt. Sie hat ihrer Priorin Mutter Agnes von Jesus, ihrer Schwester Pauline gegenüber ihr Vorhaben ganz klar zum Ausdruck gebracht: *Sie trugen mir auf, zwanglos alles niederzuschreiben, was mir in den Sinn käme; so wird es denn nicht eigentlich mein Leben sein, was ich nun beschreiben will, sondern meine Gedanken über die Gnaden, die der liebe Gott mir zu schenken geruhte.*

Diese im Gehorsam geschriebenen Hefte schließen also große Lücken ein. Zum Beispiel sagt sie, sie habe *die Geschichte ihres Klosterlebens sehr abgekürzt.* Wo sie von ihrer Noviziatszeit spricht, bemerkt sie: *Alles, was ich eben in kurzen Worten berichtet habe, hätte eigentlich vie-*

le Seiten voller Einzelheiten erfordert, aber diese Seiten werden auf Erden nie gelesen werden. Das ist für uns nicht mehr völlig genau. Die junge Karmelitin konnte sich damals nicht vorstellen, daß manche dieser Einzelheiten eines Tages in ihrem *Briefwechsel* oder in den beiden *Kanonisationsprozessen* veröffentlicht würden. Ebenso konnte sie, die ganz verborgen lebte und ganz unbekannt bleiben wollte, sich nicht denken, daß eines Tages Millionen von Menschen ihr Gesicht ganz offen sehen würden dank der photographischen Aufnahmen, die innerhalb der Klausur durch ihre Schwester Celine gemacht wurden.

Außer ihren beiden Heften hat Therese Martin tatsächlich noch Briefe, Gedichte, Stücke für die Erholung, Gebete und verschiedene Notizen hinterlassen. Alle diese Texte bereichern und vervollständigen die Geschichte ihrer Seele. Sie drückt sich da ebenso vollgültig aus wie in ihren Erinnerungen.

Heute die Geschichte ihres Lebens ,,im eigentlichen Sinne" zu schreiben, erfordert zuerst, alle diese authentischen Texte in ihre zeitliche Ordnung zu bringen, die einen durch die anderen zu erhellen und sie den zahlreichen Zeugnissen der Zeitgenossen gegenüberzustellen: Briefe, Letzte Gespräche, persönliche Notizen, Zeugenaussagen in den Prozessen und dabei die Archive des Karmels und jene der damaligen Zeit[2] nicht zu vergessen usw.

Es brauchte nicht weniger als 85 Jahre, bis alle theresianischen Schriften veröffentlicht waren. Diese beträchtliche Arbeit ist im Jahre 1956 durch den Karmelitenpater François de Sainte-Marie begonnen worden. Die Originalhefte, *Selbstbiographische Schriften,* sind in photomechanischer Ausgabe reproduziert worden. Die *Briefe,* die *Ge-*

dichte, die *Letzten Gespräche*[3] und die beiden *Prozesse* sind von 1971 an veröffentlich worden.

Diese Vielzahl von Dokumenten erforderte also eine neue, kurze Biographie für den Gebrauch einer breiten Öffentlichkeit, welche Therese Martin noch nicht kennt, „wie sie in Wirklichkeit war". Wenige Heilige sind während ihres Lebens so unverstanden gewesen wie sie. Nach ihrem Tod war sie es manchmal zu sehr als Opfer von Auswüchsen einer sentimentalen Verehrung, die sie falsch darstellte, und auch als Opfer ihrer Sprache vom Ende des 19. Jahrhunderts, die der Religiosität ihrer Epoche tributpflichtig blieb. Es gilt, diese Nachteile zu überwinden.

Diese *Chronik eines Lebens* stützt sich allein und peinlich genau auf die authentischen Dokumente. Nichts ist hier romanhaft erdichtet. Diese Seiten wollen sich nur treu an Therese halten, die auf ihrem Sterbebett sagte: *Ich liebe nur die Einfachheit, ich verabscheue alles „Gesuchte".*

Sie protestierte gegen die Heiligenleben ihrer Zeit: *Man sollte nicht unwahrscheinliche Dinge sagen oder Dinge, die man nicht weiß. Ich muß ihr Leben vor mir sehen, wie es wirklich war, aber nicht ein erdachtes Leben.*

Wir werden also Therese selbst sprechen lassen.

Wir hoffen, daß der Leser angesichts dieser nüchternen Geschichte doch in der Tiefe die Wahrheit über dieses geheimnisvolle Mädchen findet, das mit vierundzwanzig Jahren an Tuberkulose starb.

An diesem 30. September 1897 fand niemand etwas Besonderes über diese Karmelitin zu sagen, die den anderen so ähnlich war in dem verborgenen Leben eines unbekannten Klosters in der Provinz. Demgegenüber sagte ih-

re Tante Guérin schon im Jahr 1899 zu ihren Nichten, den Schwestern der Verstorbenen, daß ihre Familie gezwungen sein werde, Lisieux zu verlassen ,,wegen Therese". Das Leben wurde unhaltbar. Weil die Schwestern Martin, geschützt durch ihre Gitter, nicht erreichbar waren, wollten ganze Scharen die Guérins sehen und befragen. Man mußte das Grab der ,,kleinen Schwester Therese" bewachen lassen, weil Pilger, die aus Frankreich und anderswo her zusammengeströmt waren, die Blumen abrissen, die Friedhofserde forttrugen und aus allem Reliquien machten ... Seit 1898 hat die *Geschichte einer Seele* Millionen von Männern und Frauen aller Sprachen und Rassen, aller Völker und Nationen zutiefst beeindruckt.[4]
Warum? Warum hat ein so einfaches, so verborgenes Leben in so kurzer Zeit diesen ,,Sturm der Verherrlichung" (Papst Pius XI.) über diese Familie Martin entfacht, deren Namen so gewöhnlich ist, und über diese so ruhige Kleinstadt im Departement Calvados?

Gibt es einen Weisen?
Er beachte diese Dinge
und begreife die Liebe des Herrn! (Psalm 106)

Therese mit 15 Jahren (April 1888)

Erster Teil

Alençon (1873—1877)

„Alles lächelte mir auf Erden zu."

Die kleine Letzte ... (2. Januar 1873)

Zu Beginn des Jahres 1873 kündigt Zélie Martin ihrem Bruder und ihrer Schwägerin die Geburt ihres neunten Kindes an: „Mein kleines Mädchen wurde gestern, Donnerstag, um 23.30 Uhr abends geboren. Es ist sehr kräftig und gesund; man sagt mir, es wiege 8 Pfund; sagen wir sechs, das ist schon nicht schlecht. Es scheint sehr lieb zu sein. Ich bin recht froh. Im ersten Augenblick war ich allerdings überrascht, denn ich dachte, ich bekäme einen Jungen. Seit zwei Monaten hatte ich mir das eingebildet, weil ich das Kind kräftiger spürte als meine anderen Kinder. Ich habe kaum eine halbe Stunde gelitten, und was ich vorher spürte, war nicht der Rede wert."

Am Nachmittag des vierten Januar tauft Abbé Dumaine die kleine Marie-Françoise-Thérèse Martin in der Kirche Notre-Dame. Das Kind wird über den Taufbrunnen gehalten von seiner dreizehnjährigen Patin, ihrer ältesten Schwester Marie, und von einem Paten gleichen Alters, Paul-Albert Boul.

Das Baby hat nun seinen Platz eingenommen in einer Familie, die von Bauern und Soldaten abstammt. Diese Hausgemeinschaft hat sich unter nicht gewöhnlichen Umständen gebildet.

Louis Martin mit 40 Jahren (1863)

Louis Martin

Louis Martin wurde am 22. August 1823 in Bordeaux geboren und in den Militärlagern erzogen, wo sein Vater gerade in Garnison war. Er hatte sich entschieden, das Uhrmacherhandwerk auszuüben. Mit etwa zweiundzwanzig Jahren hatte er daran gedacht, in eine Ordensgemeinschaft einzutreten, und zwar ins Kloster auf dem Großen Sankt Bernhard in hochgelegener Einsamkeit zur Hilfeleistung für im Gebirge verirrte Reisende. Da er wegen Un-

kenntnis des Lateins abgewiesen wurde, machte er sich nach seiner Rückkehr ans Studium dieser Sprache.
Nach einem dreijährigen Studium in Paris, das dem jungen Unverheirateten aus der Provinz als ein ,,modernes Babylon" vorkam, läßt er sich 1850 bei seinen Eltern in Alençon nieder. Diese bewohnen ein Uhrmacher- und Juweliergeschäft in der rue du Pont-Neuf 15. Louis, ruhig und meditativ, führt während acht Jahren ein Leben der Arbeit, das nur lange Stunden beim Fischen (,,seine bevorzugte Zerstreuung"), einige Jagdpartien und Abende unter jungen Leuten im katholischen Zirkel aufheitern, den sein Freund Vital Romet gegründet hat. Seinen Bemühungen um das Latein setzt er ein Ende, aber sein Glaube bleibt lebendig und einsatzfreudig. Auch wenn gute Verkaufsmöglichkeiten auf dem Spiel stehen, öffnet er sein Geschäft niemals am Sonntag. Meßbesuch unter der Woche, nächtliche Anbetung und Wallfahrten beweisen, daß dieser Mann ein Christ ist, der sich nicht schämt, sich als solchen zu bekennen. Sein stattliches Aussehen, seine klaren Augen, seine freundliche Miene lassen manche Mädchen in Alençon nicht unempfindlich. Doch er scheint sie zu ignorieren. Der Erwerb eines seltsam gestalteten Gebäudes, eines sechseckigen Turmes mit zwei Stockwerken, der von einem Garten umgeben ist, (der ,,Pavillon", rue des Lavoirs), isoliert ihn noch mehr. Dorthin zieht er sich oft zurück, um zu meditieren, zu lesen und den Garten zu bestellen. Inmitten der Blumen hat er eine Marienstatue aufgestellt, die ihm ein frommes Fräulein geschenkt hatte.
Frau Martin beunruhigt sich, ihn mit 34 Jahren noch unverheiratet zu sehen. Während sie Kurse besucht, um die

Herstellung der Alençon-Spitzen zu erlernen, hat sie ein lebendiges, liebenswürdiges, sehr christliches Mädchen bemerkt, das sehr begabt ist für diese Kunst der Herstellung jener Spitze, die Alençon in Europa berühmt gemacht hat. Wäre es nicht eine treffliche Frau für ihren Louis?

Zélie Guérin

Marie Azélie Guérin wurde am 23. Dezember 1831 in Gandelain im Departement Orne geboren und ging nun auf ihr sechsundzwanzigstes Lebensjahr zu. Sie war die Tochter eines ehemaligen Kämpfers von Wagram, der sich als Gendarm in Saint-Denis-sur-Sarthon einfindet, nachdem er unter Masséna und Soult Portugal und Spanien durchzogen hatte. Zélie hat keine glückliche Jugend gekannt. Ihr Vater Isidore hatte 1828 Louis-Jeanne Macé, eine ziemlich rauhe Bäuerin, geheiratet. Eines Tages wird Zélie an ihren Bruder schreiben: ,,Meine Kindheit und Jugend waren traurig wie ein Leichentuch; so sehr Mutter Dich verwöhnte, so sehr war sie, wie Du weißt, mir gegenüber zu streng. Obwohl sie sehr gut war, verstand sie nicht, mich richtig zu nehmen; auch mein Herz hat viel gelitten."
Sie ist intelligent, tut sich im Schreiben leicht und arbeitet ungeheuer. Von dieser strengen Erziehung her behält sie eine gewisse Ängstlichkeit, eine Neigung zu Skrupulosität, die durch die Spiritualität ihrer Zeit begünstigt wird. Ihre Schwester in der Heimsuchung wird ihr oft vorwerfen, sie sei ,,erfinderisch, sich selbst zu quälen". Ihr kräftig-gesunder Menschenverstand gewinnt aber rasch

Azélie, Isidore und Marie-Louise (Schwester Marie-Dosithée) Guérin im Jahre 1857

die Oberhand. ,,Ich will eine Heilige werden; das wird aber nicht leicht sein, denn es gibt viel abzuhauen, und das Holz ist steinhart."
Auch sie hat daran gedacht, Ordensfrau zu werden. Doch die Oberin des Krankenhauses in Alençon hat die Postulantin rundweg entmutigt. In ihrer Enttäuschung stürzt sie sich in die Herstellung von Alençon-Spitzen. Sie zeichnet sich in dieser tüfteligen Arbeit so rasch aus, daß sie sich im Jahr 1853 (sie ist zweiundzwanzig Jahre alt) auf eigene Kosten in der rue Saint-Blaise 36 einrichtet. Zunächst arbeitet sie mit

ihrer älteren Schwester Marie-Louise zusammen; doch bald verläßt ihre Schwester sie, um in das Heimsuchungskloster in Le Mans einzutreten. Ihr Briefwechsel wird erst mit dem Tod der Heimsuchungsschwester aufhören, die immer ihre treue Beraterin gewesen ist.
Zwischen dem ersten Treffen mit Louis Martin und der Hochzeit verstrichen kaum drei Monate. Am 13. Juli 1858 gaben sich die Spitzenherstellerin und der Uhrmacher das Jawort in der Kirche Notre-Dame, und zwar nach einem Brauch der damaligen Zeit um Mitternacht. Ihr eheliches Leben begann in einer erstaunlichen Weise: Louis schlug seiner Fau vor, wie Bruder und Schwester zu leben. Fügsam und unerfahren, wie sie war, willigte sie ein. Doch nach zehn Monaten solch monastischen Lebens brachte ein Beichtvater die beiden dazu, ihre Meinung zu ändern, und zwar gründlich ... Sie hatten dann neun Kinder, sieben Töchter und zwei Knaben.
Von 1859 an bis 1870 folgten sich die Geburten und die Trauerfälle in raschem Wechsel. Die Kindersterblichkeit bleibt eine Geißel in dieser zweiten Hälfte des neunzehnten Jahrhunderts. In dreieinhalb Jahren verlieren die Martins drei Kinder in frühem Alter und eine süße kleine Helene mit fünfeinhalb Jahren.[5]
Diesen Trauerfällen schlossen sich in den Jahren 1859 bis 1868 der Tod der Eltern und des Schwiegervaters von Frau Martin an. Man versteht, daß sie nach der Geburt ihrer jüngsten Tochter schreiben konnte: ,,Ich habe in meinem Leben schon so viel gelitten."
Freilich hat sie sich gewünscht, eine andere ,,kleine Therese" zu haben anstelle jener, die im Oktober 1870 gestorben war. Sie ist sich wohl bewußt, daß sie nun ihr letztes

Kind zu Welt bringen wird, denn seit ungefähr sieben Jahren leidet sie an einem Übel, das langsam fortschreitet, an einer Drüsengeschwulst in der Brust. Ihr intensiver Arbeitseifer hat sich dadurch nicht verlangsamt, aber sie beunruhigt sich: ,,Gäbe Gott mir doch die Gnade, das Kind zu nähren! Es wäre mir eine Freude, es aufzuziehen. Ich habe Kinder schrecklich gern; ich wurde geboren, sie zu bekommen. Aber es wird bald Zeit, daß das aufhört; am 23. dieses Monats werde ich einundvierzig Jahre, ein Alter, in dem man Großmutter wird!"

Familie Martin in Alençon

Die Allerletzte kommt in diesem Heim an. Sie wird verhätschelt und zärtlich geliebt. Vier Mädchen gehen ihr voraus, die sich alle mit dieser ,,Puppe" abgeben wollen. Marie, die Älteste, ist dreizehn Jahre alt und die Bevorzugte ihres Vaters. Es zeigt sich, das sie unabhängig ist und originell: sie will weder vom Heiraten noch vom Ordensleben etwas hören. Pauline, zwölf Jahre alt und zusammen mit ihr im Pensionat der Heimsuchung in Le Mans, folgt ihr rasch nach. Sie ist entschieden und lernbegierig und wird die Vertraute ihrer Mutter sein. Die ,,arme Leonie", zehn Jahre alt, steht zwischen der Gruppe der beiden Großen und jener der beiden Kleinen. Ihre Krankheiten, ihr wenig anziehendes Gesicht, ihre Rückstände in der Schule isolieren sie immer mehr. Man zögert, auch sie zur Tante in der Heimsuchung zu schicken. Sie wird dort auch nur sechs Monate bleiben. ,,Was soll man da tun? Welch ein Kreuz!" Dagegen ist Celine mit vier Jahren voll Lebensfreude, doch ist sie sehr zart. Sie wird dem Neuankömmling viel näher stehen.

Beim Ehepaar Martin spielt die Mutter eine ausschlaggebende Rolle. Sie klagt aber nicht über die friedliche Güte von Louis: ,,Was ist mein Mann doch für ein heiliger Mensch! Einen ähnlichen wünsche ich allen Frauen." Durch strenges Arbeiten und dank einer wachsamen Geschäftsführung sind die Ehegatten vor Not geschützt. Bei ihrer Eheschließung legten sie 34 000 Franken[6] zusammen, zwei Häuser und den Pavillon. Frau Martin beschäftigt etwa bis zu zwanzig Heimarbeiterinnen, die jede Woche ihr Stück Spitze abliefern. (Man benötigt ungefähr sechzig Arbeitsstunden, um davon acht cm^2 anzufertigen). Zélie selbst, die früh aufsteht und spät zu Bett geht, übernimmt die delikate Arbeit der Zusammenfügung. Jeden Donnerstag empfängt sie ihre Kunden. Im April 1872 schreibt sie : ,,Ich bin jetzt vollständig versklavt durch die Aufträge, die aufeinander folgen und mir keinen Augenblick Ruhe lassen. Ich habe fast einhundert Meter Spitze anzufertigen." Im Jahr 1870 verkaufte ihr Mann sein Uhrmachergeschäft an seinen Neffen Adolphe Leriche, um sich der Verwaltung des Geschäftes seiner Frau zu widmen, wobei er gute Absatzmöglichkeiten ausfindig macht.

Mit der Befreiung des Landes verschwinden nach und nach die Erinnerungen an den nicht weit zurückliegenden deutsch-französischen Krieg. Doch die Martins haben das ungeheure ,,Kriegsmaterial der Preußen", das über Alençon hinwegzog, nicht vergessen. Sie hatten neun Soldaten aufnehmen müssen, die ,,weder böse waren noch Plünderer", die aber ,,alles ohne Brot" verzehren,

Thereses Geburtshaus im Alençon

empört sich Zélie. Nach deren Abzug erholt sich das Geschäft.
Im Jahre 1873 bleiben die Katholiken sehr besorgt.[7] Nach den schrecklichen Tagen der Kommune befürchten sie eine neue Revolution. Im Mai 1872 hatte Louis Martin an einer

Wallfahrt nach Chartres teilgenommen, an der sich 20 000 Männer beteiligten. Er kehrt im Mai 1873 dorthin zurück; dann begibt er sich im Sommer nach Lourdes. In dieser unsicheren Zeit sagen so viele Gerüchtemacher, so viele ,,Propheten", die verschiedensten Katastrophen voraus. Das bringt Zélie Martin schließlich so weit, daß sie sich nicht mehr verwirren läßt durch deren Unheilsdrohungen.

Alençon zählte damals 16 000 Einwohner. Die friedliche Stadt der Herzöge mit ihren Werkstätten für Spitzen und Leinwand, mit ihren drei Wochenmärkten und ihren sieben Jahrmärkten ist nicht ohne Charme. Von zwei Flüssen durchzogen, der Briante und der Sarthe, besitzt Alençon ein mit Zinnen versehenes Schloß, den geräumigen Wohnsitz Heinrichs IV. aus rötlichen Ziegelsteinen, das später Präfektur wurde, dazu ein Theater und alte malerische Häuser.

Die Familie Martin, die sich dem Niveau des aufsteigenden kleinbürgerlichen Lebens beigesellt, liebt diese Stadt, die dem ländlichen Leben so nahe steht. Die kleine Therese wird dort nur dreieinhalb Jahre leben; aber die Kindheitsjahre sind immer entscheidend.

Bei der Amme in Semallé
(März 1873—2. April 1874)

Nach der Freude über die Geburt (,,Alle sagen mir, sie sei schön; sie lächelt schon") kommen die Besorgnisse mit Macht wieder: Probleme beim Stillen, Darmstörungen, unruhige Nächte ... Wird dieses schöne Baby an Darmentzündung sterben wie die anderen? ,,Oft denke ich an die Mütter, die das Glück haben, ihre Kinder selbst zu nähren, und ich muß sie — eines nach dem anderen — sterben sehen!"

Alarmzeichen im Januar, dann im März. Eines Nachts kommt die Kleine an den Rand des Todes. Der Arzt, Dr. Belloc, erklärt kategorisch: ,,Man muß dieses Kind an der Mutterbrust stillen, sonst ist es verloren." Die verstörte Mutter bricht am frühen Morgen des folgenden Tages zu Fuß auf in Richtung Semallé, das acht km entfernt liegt, um eine Amme zu suchen. Rose Taillé ist siebenunddreißig Jahre alt und hatte schon die beiden kleinen Martinskinder gestillt, die verstarben. Nur zu Fuß kommt sie mit dem Kind dort an. Nachdem das Baby gesaugt hat, schläft es ein und wacht dann lächelnd auf. Es ist gerettet!

Das Bauernhaus von Rose Taillé in Semallé

Aber man muß sich damit abfinden, es dem Heim von Rose und Moise anzuvertrauen. Sie hat vier Kinder, von denen Eugen, das letzte, dreizehn Monate alt ist. Der Mann brummt zwar ein wenig, aber seine Frau hat Charakterstärke. In diesem sehr kleinen Bauernhaus, das mitten in der normannischen Landschaft ganz vereinsamt dasteht, wird Therese nun über ein Jahr leben.

Das gesunde bäuerliche Leben bekommt ihr ausgezeichnet. Immer wird sie deshalb die Natur lieben, das Wasser, die Blumen, die Bäume und die Tiere. Im Juli schon ist sie ,,ein pummeliges Baby, von der Sonne gebräunt". Es setzt ein häufiges Hin und Her zwischen dem Weiler von Carrouges und der rue Saint-Blaise ein. Jeden Donnerstag geht die ,,kleine Rose" auf den Markt von Alençon, um Butter, Eier, Gemüse und die Milch ihrer einzigen Kuh Roussette zu verkaufen. Die ganze Familie Martin kommt, um die Jüngste zu besuchen. Diese Ausflüge aufs Land sind für Marie, Pauline, Leonie und Celine ein Vergnügen. Sie genießen das Schwarzbrot der Familie Taillé, und die Kinder der Amme essen das Weißbrot aus der Stadt. Schon ist Therese ein richtiges Bauernkind geworden und wird ,,im Schubkarren mit aufs Feld gefahren und sitzt hoch auf Grashaufen". Die Kleine tut sich schwer, sich wieder an das Leben der Stadt zu gewöhnen. Wenn aus Anlaß ihrer häufigen Besuche im Elternhaus die schönen Kundinnen ihrer Mutter sie in ihre Arme schließen, heult sie, weil sie verwirrt ist durch deren Kleidung und vor allem durch ihre Hüte. Sie will Rose nicht mehr verlassen. Um ihr Schreien und ihr Stampfen mit den Füßen zu verhindern, muß man sie mit ihrer Amme gehen und am Marktstand sich hinsetzen lassen.

Rückkehr zur rue Saint-Blaise

Mit einem Jahr schon kann das kleine Mädchen allein gehen. Für die Familie dauert es viel zu lang, sie heimkehren zu sehen. Donnerstag, der zweite April 1874, wird als Tag ihrer Rückkehr festgelegt. Es ist ein Freudentag für die Familie. Therese darf zum ersten Mal ein himmelblaues Kleid und kleine blaue Schuhe anziehen und einen weißen Hut mit Bändern aufsetzen. „Ich habe außer der Ältesten nie ein so kräftiges Kind gehabt. Sie scheint sehr intelligent zu sein. Ich bin sehr glücklich, sie zu haben. () Sie wird schön sein und ist jetzt schon anmutig."
Therese ist durch ihr Jahr auf dem Land stark geprägt. Mit fünfzehn Monaten entdeckt sie die Welt ihrer Familie: drei Zimmer im Parterre, die Zimmer im oberen Stockwerk, den kleinen Garten, wo ihr Papa eine Schaukel aufgestellt hat. Man bindet das Baby daran fest mit einem Strick. „Geht es nicht hoch genug, dann schreit sie." Durchs Fenster sieht sie die Präfektur auf der gegenüberliegenden Straßenseite. In Begleitung ihrer Schwester Celine wird sie später dorthin spielen gehen mit Genny Bechard, „der kleinen Präfektin". Doch dort erschrecken sie die riesigen Zimmer, die Balkone, der Park und dieser ganze Luxus. Ihren winzigen Garten zieht sie vor.
Fast jeden Sonntag schreibt Frau Martin an ihre beiden Töchter im Pensionat in Le Mans und an die Guérins in Lisieux. Ihre Briefe sind voll von Einzelheiten über alles, was die Jüngste tut, über ihre Gebärden, über ihr Äußeres und über ihr Temperament.

„Mein glückliches Naturell"

Einige lebhafte Freuden erhellen in diesem Kinderdasein die eintönige Abfolge der Tage, zum Beispiel die Rückkehr der beiden Ältesten in die Familie für die Zeit der Schulferien. Beim Wiedersehen gibt es Freudenschreie, Umarmungen und Lachen ohne Ende.
Therese bevorzugt eindeutig Pauline, ihr *Ideal*. Wenn sie sich langweilt, dann denkt sie an diese ihre Schwester.
Auch die Feste unterbrechen die Strenge des Kleinstadtlebens; nur an ihnen sind gewisse Zimmer geheizt, und zum Frühstück gibt es Suppe. An Weihnachten und Neujahr aber, wenn die Geschenke der Eltern und der Guérins den offenen Kamin zieren, — was für Freudenausbrüche gibt es dann! Und was für Erinnerungen an die Abendunterhaltungen in der Familie! Auch die erste Reise in der Eisenbahn von Alençon nach Le Mans zum Besuch der Tante in der Heimsuchung darf hier nicht übersehen werden.
Die Empfänglichkeit des Kindes bleibt immer tief beeindruckt durch die Schönheiten der Natur, durch das Erdbeerpflücken beim Pavillon, durch die Bootsfahrten beim Fischen, durch die Spaziergänge durch die blühenden Felder, durch die Besuche in Semallé, wobei man auch von einem schrecklichen Gewitter überrascht werden kann; man kehrt dann zwar durchnäßt und hungrig, aber glücklich nach Hause zurück.
Die kleinen Unbilden dieses Alters verschonen Therese Martin nicht. Mit zwei Jahren fällt sie an einen Tischfuß und „schlägt sich die Stirn auf bis auf den Knochen". Zahnweh, Masern und Katarrhe wechseln miteinander ab.

Diese beunruhigen die Mutter sehr: „Seit sie auf der Welt ist, kommt sie aus dem Schnupfen nicht heraus, ohne sich einen anderen zuzuziehen. Die Amme hatte es mir wohl gesagt, aber das Schlimmste ist, daß sie dabei sehr krank ist."

Im gleichen Alter macht Therese den Versuch, zu entwischen, um in die Kirche Notre-Dame zu laufen. Louise, das Dienstmädchen, fängt sie im Regen wieder ein. Noch eine Stunde später weint Therese darüber.

Die erste photographische Aufnahme mißlingt, wie sie dreieinhalb Jahre alt ist. Während sie für gewöhnlich lächelt, hat sie an diesem Tag sehr gezetert, denn der Herr Photograph hat sie sehr erschreckt, als er sich unter dem großen schwarzen Tuch versteckte.

Unter ihren blonden Locken und mit ihren blauen Augen zeigt die Kleine eine frühreife Intelligenz. „Sie ist sehr weit für ihr Alter", schreibt ihre Mutter. Marie überbietet sie noch: „Sie besitzt wirklich eine unglaubliche Leichtigkeit; () ich glaube, sie wird in einem halben Jahr fließend lesen können." Sie ist noch nicht drei Jahre alt und kann schon das Alphabet; sie macht eine richtige Szene, um an den Unterrichtsstunden teilnehmen zu können, die Pauline für Celine gibt, die um dreieinhalb Jahre älter ist.

„Sie gibt für ihr Alter ganz überraschende Antworten." Wie in allen Familien sammelt man ihre kindlichen Aussprüche. *Nur nicht sich in den Kopf setzen, Papa nähme uns alle Tage mit zum Pavillon,* sagt sie zu ihren Schwestern mit einem unwiderstehlichen Mienenspiel.

Sie besitzt eine scharfe Beobachtungsgabe und, *ohne sich etwas anmerken zu lassen,* nimmt sie alles auf. „Ihre kleine Vorstellungskraft arbeitet ununterbrochen. Sie reflektiert viel; sie *denkt*. Mit vier Jahren erklärt sie Celine, warum Gott allmächtig ist, und sie bezeichnet sie mit dem Namen jenes armen, so unglücklichen Fräuleins Patira. Ihr gutes Gedächtnis erlaubt ihr sehr bald, kleine Fabeln aufzusagen. Mit Leichtigkeit imitiert sie die Personen, mit denen sie zusammengetroffen ist. Man muß sie zum Schweigen bringen, wenn sie den Gärtner nachahmt, wenn dieser erklärt, daß seine verstorbene Frau bei Nacht kommt und ihm ,,Kummer macht''.

Ihre Lebensfreude ergötzt die Familie. ,,Sie lacht und ist lustig vom Morgen bis zum Abend'' und singt aus vollem Herzen. Als kleiner ,,Schelm'' liebt sie es, ihren Schwestern Streiche zu spielen. *Ich war sehr mitteilsam*, wird Therese später sagen.

,,Sehr empfindlich''

Die warme und liebevolle Atmosphäre des Hauses paßt sehr gut zu ihrer großen Empfindlichkeit. Alle lieben sie. *Meine ersten Erinnerungen sind erfüllt mit Lächeln und Liebkosungen! ... Aber nicht nur um mich her hat Er (Gott) viel Liebe gestellt. Er senkte sie auch in mein kleines Herz, das Er liebend und zartfühlend geschaffen hatte; so liebte ich Papa und Mama sehr und bezeugte ihnen meine Zuneigung auf tausenderlei Art.*

Sie verehrt ihren Vater wirklich sehr, das einzig männliche Wesen in der Familie. Er erwidert ihr das in gleicher Weise, denn seine Kleinste und Letzte ist seine ,,Königin''. ,,Dein Vater verwöhnt sie und erfüllt ihr alle Wünsche'', schreibt die Mutter an Pauline. Dabei ist Therese ihrer Mutter gegenüber nicht im Rückstand und ruft nach ihr auf jeder Stufe der Treppe, die sie hinabsteigt. „Und wenn ich nicht jedes Mal antworte: ,Ja, meine Kleine!', bleibt sie stehen, ohne nach vorwärts oder rückwärts zu gehen."

Sie ist sehr leicht erregbar; sie weint oft und kann *durchdringende Schreie* ausstoßen, die *eine gute Stunde* dauern können. „Das Kind ist sehr leicht erregbar." Im Sprechzimmer der Heimsuchung von Le Mans gibt es beim Anblick der Gitter Tränen; dann wieder stille Tränen während der Unterrichtssunden von Pauline, von denen sie ausgeschlossen ist; Tränen bei den Streitigkeiten mit Celine; aber auch Reuetränen.

„Ich war weit entfernt, ein fehlerloses Mädchen zu sein"

Eigenwillig und stolz weiß die Kleine, was sie will. Ihre Mutter sagt ihr, sie solle den Boden küssen, dann bekäme sie einen Sou. Sie lehnt das rundweg ab. Ihre Sachen muß sie „sofort" haben. Ihr Temperament drängt sie zum Absoluten. Eines Tages bringt Leonie ihren beiden kleinen Schwestern einige armselige Stoffreste in einem winzigen Korb. Celine nimmt ein hübsches Band. Therese nimmt den ganzen Rest an sich und sagt: *Ich wähle alles!*[8]

Mit zweiundzwanzig Jahren wird Therese als Karmelitin feststellen: *Ich war weit entfernt, ein fehlerloses Mädchen zu sein*. Die Ungeduld und der Zorn sind ihre Gefahr. Nun ist sie drei Jahre alt, und die Mutter schreibt: „Da spielt Celine mit der Kleinen das Klötzchenspiel; von Zeit zu Zeit zanken sie sich. Celine gibt nach, weil sie eine Perle mehr in ihrer Krone haben will. Ich muß unsere arme Kleine, die in entsetzlichen Zorn geraten kann, strafen; wenn etwas nicht nach ihrem Sinn geht, rollt sie sich auf dem Boden und glaubt, alles sei verloren; es gibt Augenblicke, wo sie nicht Herr über sich wird und ist wie erstickt. Sie ist ein sehr nervöses Kind."

Die Mutter bemerkt: ,,Sie ist viel weniger sanft als Celine und vor allem unbezwingbar eigensinnig; wenn sie nein sagt, bringt keiner sie dazu nachzugeben; man könnte sie einen ganzen Tag in den Keller sperren, sie würde eher dort schlafen, als ja sagen."

Mit einem solchen Charakter hätte Therese einer Laune nach der anderen nachgeben können. Aber bei den Martins wird jede Anwandlung, sich als verwöhntes Kind zu benehmen, mit fester Hand zurückgedrängt. Als der Vater sie eines Tages rief, um sich einen Kuß geben zu lassen, antwortete sie von ihrer hohen Schaukel herab: *Bemüh dich selbst, Papa!* Marie greift sofort dazwischen: ,,Du ungezogenes kleines Kind, wie häßlich ist es, seinem Vater so zu antworten!" Diese Lektion hat gewirkt.

Wenn sie eine Ungeschicklichkeit begangen hat, (wie etwa eine Vase zerbrechen oder ein Stückchen Tapete abreißen), beeilt sie sich, ,,endlos um Verzeihung zu bitten". ,,Man mag ihr noch so sehr sagen, daß man ihr verzeiht, sie weint trotzdem." ,,Sie hat die geheime Hoffnung, daß man ihr leichter verzeihen wird, wenn sie ihre Fehler eingesteht."

Ihrer eigenen Auffassung nach war ihr Hauptfehler *eine große Eigenliebe*. Sie kannte auch durchaus die Gefahr der Koketterie. Als man ihr *ein hübsches himmelblaues, mit Spitzen besetztes Kleid anzog,* bedauert sie, daß man

Therese im Juli 1876 mit dreieinhalb Jahren

aus Furcht vor der Sonne ihre hübschen bloßen Ärmchen bedeckt.

„Jesus Freude machen"

Die Martins sind eifrige, aber nicht frömmelnde Christen. Je mehr die Älteren heranwachsen, desto mehr machen sich die Kleidersorgen bemerkbar. „Wir sind wirklich Sklaven der Mode", jammert die Mutter. Aber es

mißfällt ihr nicht, daß ,,Celine und Therese anders angezogen sind, als Marie und Pauline es je gewesen sind".
Auf die Vorwürfe der Tante in Le Mans, die findet, daß Marie nicht zu einer bestimmten weltlichen Veranstaltung hätte gehen sollen, reagiert Mutter Martin sehr bestimmt: ,,Soll sie sich denn in ein Kloster einschließen? Man kann nicht in der Welt leben wie die Wölfe. Bei allem, was die ‚heilige Frau' uns sagt, muß man unterscheiden und auswählen."

Gewiß, man schaut in dem Stadtviertel auf dieses Ehepaar, das jeden Morgen um 5.30 Uhr die rue Saint-Blaise hinabgeht, um der ,,Messe der Armen und der Arbeiter" beizuwohnen. Man fastet in der Familie sehr streng. Als heilig gelten die Sonntagsruhe, das Familiengebet, der Rhythmus der liturgischen Feiern das ganze Jahr hindurch. ,,Ich gehöre allen Vereinigungen an", stellt Zélie fest.

Dabei verliert sie aber weder ihr Urteil noch ihre freimütige Sprache: ,,Seit acht Tagen sind zwei Missionare hier, die drei Predigten am Tage halten. Nach meiner Ansicht predigt der eine nicht besser als der andere. Wir werden sie trotzdem aus Pflichtbewußtsein anhören, und das ist, wenigstes für mich, eine Abtötung mehr."

Man findet in dieser Frömmigkeit nichts Starres und nichts Pharisäisches. Die Martins verstehen es, zur Tat überzugehen und einen Landstreicher an ihrem Tisch aufzunehmen und Schritte zu unternehmen, daß der Betreffende im Hospiz der Unheilbaren aufgenommen wird. Sie besuchen die alleinstehenden alten Leute, die Kranken, die Sterbenden, Zélie hilft einer Mutter, die in Schwierigkeiten geraten war, und sorgt sich um ihre unerfahrenen Hausgehilfinnen. Sie entlarvt, wenn auch nicht ohne Bangen, zwei falsche Ordensfrauen, die ein Kind von acht Jahren, Armandine V., ausbeuten und terrorisieren. Therese macht sich gründlich mit dieser Welt vertraut. *Jesus Freude machen*, das bleibt ihre Sorge. *Ist er mit mir zufrieden? () Es genügte, daß man mir sagte, etwas sei nicht recht, damit mir die Lust verging, es mir ein zweites Mal sagen zu lassen.*

Das ist keine Wirkung der Furcht, denn sie weiß, daß die Verzeihung immer möglich ist; das ist vielmehr ihr Instinkt für Aufrichtigkeit, der sie mitreißt. ,,Für alles Gold der Welt würde sie nicht lügen." Ihr sehr zartes Wesen liebt die Klarheit.

Sie identifiziert sich jedoch nicht mit einem Mustermädchen, das ihre Schwestern viel später aus ihr machen werden. Sie ist sehr lebhaft. Hier eine lebenswahre Begebenheit: Marie hat sie in ein. kaltes Bett gebracht, ohne sie vorher ihr Gebet sprechen zu lassen. ,,Sie begann zu schreien und sagte, sie wolle ein warmes Bett haben. Ich hörte diese Musik während der ganzen Zeit, da ich mein Gebet verrichtete. Dessen überdrüssig, habe ich ihr einen kleinen Klaps gegeben; schließlich blieb sie still. Als ich mich zu Bett begeben hatte, sagte sie zu mir, daß sie ihr Gebet noch nicht verrichtet habe. Da habe ich ihr zur Antwort gegeben: ‚Schlaf, du kannst es morgen tun.' Aber sie hat nicht locker gelassen."

Ein andermal verlangt sie unaufhörlich, daß man zur Messe aufbricht. ,,Ich sagte ihr, daß sie in der Kirche nicht artig sei. Am Sonntag habe ich sie zur Vesper mitgenommen, aber sie hat mir keine Ruhe gelassen; auch wollten wir nur zum Segen gehen. () Dann macht sie mir

Vorwürfe, daß ich sie nicht nach Lisieux mitgenommen habe. Ich sage ihr, es sei deswegen geschehen, weil sie zu umtriebig sei. Das schmeichelt ihr keineswegs, und sie beginnt zu weinen." Mit ihren vier Jahren gähnt sie bei den endlosen Predigten: „Die Kleine hat sich ziemlich gelangweilt. Sie sagte: ‚*Es ist schöner als sonst, aber es langweilt mich trotzdem.*‘ () Sie stieß tiefe Seufzer aus! () Nun, sie konnte sich durch den Zapfenstreich mit Fackelzug entschädigen."
Ihre Neugier richtet sich auf den Himmel. Wird sie dorthin kommen? Sie findet den passenden Ausdruck und die passenden Gesten, wenn sie aufsagt:

Du kleiner Blondkopf,
Wo glaubst du wohl, ist der liebe Gott?
Er ist überall auf der ganzen Welt;
Er ist dort oben im blauen Himmel.

Mit viereinhalb Jahren spielt sie Ordensfrau. Sie ernennt sich zur Oberin. Nachdem Pauline ihr klar gemacht hat, daß man im Kloster schweigen muß, fragt sich Therese, wie man beten kann, „ohne etwas zu sagen". Sie zieht die Folgerung: *Nach allem, mein kleiner Paulin, lohnt es sich nicht, sich jetzt schon zu quälen; ich bin noch zu klein, siehst du; wenn ich dann groß bin wie du und Marie, wird man es mir, bevor ich ins Kloster eintrete, schon sagen, wie man es machen muß.*
Was für Gegensätze gibt es doch in meinem Charakter!, wird sie vor ihrem Sterben feststellen. Nachdenklich und mitteilsam; verinnerlicht und nach außen gewandt; eigensinnig und sanft; rasch auf das Absolute zugehend und unterwürfig … Sie kennt heftige innere Kämpfe, die von

ihrer Umgebung häufig nicht bemerkt werden. *Ich besaß schon eine große Herrschaft über meine Handlungen.* Sie hatte *die gute Gewohnheit gefaßt, sich nie zu beklagen,* selbst wenn man ihr wegnahm, was ihr gehörte, oder wenn man sie zu Unrecht anklagte. Sie zieht vor, *zu schweigen und sich nicht zu entschuldigen.* Das ist bei ihr *natürliche Tugend.*

In der *Geschichte einer Seele* widmet Therese ihrer Jugend in Alençon nur fünfzehn Seiten. Sie faßt diese so zusammen: *Alles lächelte mir auf Erden zu: Ich fand Blumen auf Schritt und Tritt, und mein glückliches Naturell trug ebenfalls dazu bei, mir das Leben angenehm zu machen.*

Diese Einschätzung in reifem Alter findet sich bestätigt durch die Skizze, welche von Marie an Pauline geschickt wurde unmittelbar vor dem Schicksalsschlag, der im Begriff war, die Familie Martin heimzusuchen: „Wenn Du wüßtest, wie schalkhaft sie ist und gar nicht dumm. Ich stehe voll Staunen vor diesem Blumenstrauß. Alle im Hause überhäufen sie mit Küssen; sie ist ein armer kleiner Märtyrer! Sie ist jedoch so an Liebkosungen gewöhnt, daß sie ihnen kaum mehr Aufmerksamkeit schenkt. Wenn Celine ihre gleichgültigen Mienen sieht, sagt sie ihr deshalb in vorwurfsvollem Ton: ‚Man möchte meinen, daß dies dem Fräulein geschuldet ist, alle diese Liebkosungen!' Und man muß dabei das Gesicht Thereses sehen!"

Die Krankheit von Frau Martin

Die Antwortbriefe von Pauline, die allein im Pensionat der Heimsuchung in Le Mans geblieben war, haben nicht diesen frohen Ton. Sie beschreiben den langsamen Verfall von Schwester Marie-Dosithée, die von der Tuberkulose zernagt ist. Diese lange Krankheit betrübt Zélie sehr. Bis jetzt hat sie sich selbst gut gehalten. Trotz ihres häufigen Kopfwehs, ihrer angegriffenen Augen, ihrer Magenschmerzen, (besonders während des Fastens in der Fastenzeit), hat sie sich niemals Ruhe gegönnt. Ende Dezember 1876 aber sucht sie Dr. Prévost auf. Seine freimütige Offenheit läßt keine Hoffnung mehr: es steht sehr schlimm; eine Operation dieses „faserigen Tumors" wäre nutzlos.

Nun herrscht Betroffenheit und Bestürzung in der Familie, wobei man den beiden Kleinsten die Wahrheit verbirgt. Louis ist „wie vernichtet". Seine Frau zieht klarsichtig die Bilanz: „Ich weiß seine (des Doktors) Offenheit zu schätzen, denn nun werde ich mich beeilen müssen, meine Geschäftsverpflichtungen zu lösen, um meiner Familie Ungelegenheiten zu ersparen."

Ihr Apothekerbruder veranlaßt sie, nach Lisieux zu kommen, damit sie Dr. Notta, einen anerkannten Chirurgen, konsultieren kann. Auch dieser rät von einer Operation ab: es ist zu spät. Die Kranke schreibt an ihren Mann, um ihn zu beruhigen: „Der Arzt scheint anzunehmen, daß ich so noch lange weiterleben kann. So wollen wir es Gott überlassen; er weiß besser als wir, was uns vonnöten ist. ‚Er ist es, der die Wunde schlägt, und er wird sie verbinden.'"

Immer aktiv, wie sie ist, verbirgt sie bei der Rückkehr aus Lisieux das Übel und strengt sich an, fröhlich zu sein. Eine Beunruhigung kommt für sie eher aus Le Mans, wo ihre Schwester am 24. Februar 1877 stirbt. Für Zélie ist da-

mit eine lebenswichtige Verbindung zerrissen. Pauline wird dazu bemerken: ,,Nach dem Tode meiner Tante wird sich ihr Übel verschlechtern."
Einen Augenblick lang hat sie daran gedacht, ihr Geschäft zu verkaufen, aber sie verzichtet darauf und übernimmt es, unter anderen Aufträgen, fünfzehn Meter Spitze in vier Monaten herzustellen. ,,Ich muß also bis zum Ende arbeiten!"
Sie leidet mehr und mehr, wobei sie abwechselnd durch Phasen von Hoffnung und Furcht hindurchschreitet. Ihre stechendste Sorge bleibt, wie sie ihre fünf Töchter versorgen soll. Sie betet darum, daß ,,alle Heilige seien". Marie, scheu und ängstlich, hat ständigen Widerwillen gegen die Ehe und verkündet zugleich lautstark, daß sie nie Ordensfrau sein wird. Gewisse Zeichen deuten aber dennoch darauf hin, daß sie daran denkt, wie auch ... Leonie. Ihre Mutter aber kann sie nicht ,,ohne ein Wunder" in einer klösterlichen Gemeinschaft sehen. Nachdem sie vom Einfluß der tyrannischen Hausgehilfin Louise befreit ist, weicht Leonie nicht mehr von der Kranken und überhäuft sie mit Zärtlichkeiten. Diese Veränderung gibt ihr wieder Hoffnung: ,,Das ist der Grund, weshalb ich gegenwärtig den Wunsch habe zu leben, wie ich ihn bis heute nicht gekannt habe. Dieses Kind hat mich noch nötig."
Im Gegensatz dazu sieht sie sich manchmal für verloren an, weil ihr Krebsleiden ,,erschreckende" Fortschritte gemacht hat. Doch was für eine Klarsichtigkeit! ,,Ich bin wie alle Menschen, die ich gekannt habe, die um ihren eigenen Zustand nicht wußten. Man ist ganz bestürzt, wieviel Zeit sie sich noch geben, obwohl ihre Tage gezählt sind; nur die Umgebung sieht es klar. Es ist tatsäch-

lich seltsam; aber es ist so, und ich bin wie alle anderen!"
Pauline, ihre Vertraute („Du, die Du meine Freundin bist ..."), denkt auch ernsthaft daran, Heimsuchungsschwester zu werden. Die beiden Jüngsten beunruhigen ihre Mutter nicht, vor allem nicht Therese. Trotz einiger Launen „wird sie gut sein; man sieht bereits den Keim; sie spricht immer nur vom lieben Gott". „Sie wird sich zu helfen wissen."
Der Frühling öffnet wieder den Garten für die beiden „Unzertrennlichen", Celine und Therese; sie zählen ihre Tugendübungen mit Hilfe einer Art von Rosenkranz (Therese täuscht sich manchmal; sie zählt selbst ihre Dummheiten); sie spielen Versteck, sie machen Seifenblasen, klettern auf die Bäume ... das Leben ist stärker als das Unglück.

Wallfahrt nach Lourdes (17.—23. Juni 1877)

Zélie, obwohl sie das Reisen nicht liebt, ist entschlossen, mit ihren drei Ältesten nach Lourdes zu wallfahren, während ihr Mann die beiden Kleinen betreut. Die Abfahrt von Alençon ist auf Sonntag, 17. Juni, festgesetzt.
Es findet die letzte Konsultation bei Dr. Prévost statt, der ihr sehr unsympathisch ist. Nach Hause zurückgekehrt, wirft sie sein Rezept, ohne es gelesen zu haben, ins Feuer. Nur ein Wunder kann sie retten, und sie erhofft es.
In der Heimsuchung von Le Mans findet sie eine sehr große Bewegung an Zuneigung und Geduld. Alle Schwestern haben um ihre Heilung gebetet. Ihr Hausgeistlicher sieht bereits eine Dankmesse für die Rückkehr vor.

„Sag mir, ob man eine unglücklichere Reise machen kann?", schreibt Zélie am 24. Juni an ihren Bruder Isidore. Vermehrte Schmerzen durch die stundenlange Ermüdung im Zug, Mißgeschick, Zwischenfälle aller Art (Verlust des Rosenkranzes ihrer verstorbenen Schwester, lecke Behälter für Lourdes-Wasser, ungenießbarer Reiseproviant, ein zerrissenes Kleid, ein versäumter Zug auf dem Rückweg, Klagen der Töchter …) genügen, um aus dieser Wallfahrt eine zusätzliche Prüfung zu machen.

Während der drei in Lourdes verbrachten Tage steigt die Kranke viermal in das eiskalte Wasser des Bades. Zu jeder Stunde, die vergeht, fragen sie ihre Töchter, ob sie geheilt sei, während sie Schreckliches leidet. Ihre Enttäuschung betrübt sie. Bei der Rückkehr nach Le Mans muß sie eine Flut von Fragen über sich ergehen lassen und in Alençon die faulen Witze der Skeptiker. Sie erzählt ihre Reise den Guérins: „Ich bin leider nicht geheilt, im Gegenteil, die Reise hat die Krankheit verschlimmert. () Ich bedauere es nicht, nach Lourdes gefahren zu sein, obwohl die Anstrengung die Krankheit verschlimmert hat. Auf jeden Fall kann ich mir nichts vorwerfen, wenn ich nicht geheilt werde. Wir wollen die Hoffnung nicht aufgeben!"

Es bleiben ihr noch zwei Monate zu leben. Mit Hilfe von Marie fährt sie fort, ihr Geschäft zu führen und lenkt noch das Leben der ganzen Familie. „Mama wollte noch zur ersten Messe gehen, aber sie brauchte Mut und unerhörte Anstrengungen, um bis zur Kirche zu kommen. Jeder Schritt, den sie tat, war ihr im Hals schmerzlich spürbar; manchmal war sie gezwungen einzuhalten, um ein wenig Kraft zu schöpfen."

Besonders während der Nacht werden ihre Schmerzen

unerträglich, so daß sie deswegen schreit. Aber sie muß durchhalten bis zum Schluß. Anfang August ist es eine ihrer letzten Freuden, zusammen mit Louis der familiären Preisverteilung der ,,Heimsuchung der heiligen Maria von Alençon" vorzustehen, veranstaltet durch die beiden ,,Lehrerinnen". ,,Unsere beiden Kleinen waren weiß gekleidet, und man muß gesehen haben, mit welch triumphierenden Gesichtern sie kamen, um ihre Preise und ihre Kränze entgegenzunehmen."

Dieses Zwischenspiel ist die Einleitung zu traurigen Ferien. Die Mutter will, daß ihr Gemahl die Jüngsten im Schifflein spazierenfährt. Man entfernt sie von zu Hause.
Alle Einzelheiten der Krankheit unserer geliebten Mutter sind meinem Herzen noch gegenwärtig. Ich entsinne mich vor allem der letzten Wochen, die sie auf Erden verbrachte; Celine und ich waren wie arme kleine Verbannte. All-

Die rue Saint-Blaise in Alençon

morgendlich holte uns Frau Leriche ab, und wir verbrachten den ganzen Tag bei ihr.

Therese wird nie die Zeremonie der Krankensalbung am Sonntag, 26. August, vergessen. *Ich sehe noch den Platz, wo ich neben Celine stand; wir waren alle fünf da, dem Alter nach, und das arme Väterchen war da und schluchzte ...*

Durch ein Telegramm herbeigerufen, kamen die Guérins am Montagabend des 27. August in Alençon an. Die Sterbende konnte nicht mehr mit ihnen sprechen.

Der Tod der Mutter (28. August 1877)

Frau Martin stirbt am folgenden Tag, eine halbe Stunde nach Mitternacht, im Beisein ihres Gemahls und ihres Bruders. Bald hätte sie ihr sechsundvierzigstes Lebensjahr vollendet.

Der Vater nimmt sein viereinhalb Jahre altes Töchterchen auf den Arm und sagt: *,,Komm, gib Deinem armen Mütterchen zum letzten Mal einen Kuß." Und ich, ohne ein Wort zu sagen, drückte meine Lippen auf die Stirne meiner geliebten Mutter.*

Sie, die so leicht zu Tränen geneigt war, erinnert sich nicht, viel geweint zu haben. *Ich sprach mit niemand von den tiefen Gefühlen, die ich empfand ... stumm schaute und hörte ich zu.* In der allgemeinen Aufregung des Hauses befaßt sich niemand mit ihr. Sie sieht *so manches, was man mir hätte verbergen wollen. Einmal stand ich vor dem Sargdeckel ... Lange blieb ich stehen und betrachtete ihn; noch nie hatte ich so etwas gesehen, doch ich begriff ... Ich war so klein, daß ich, obwohl Mama von klei-*

ner Gestalt war, den Kopf heben mußte, um das obere Ende zu sehen, und er schien mir gar groß ... gar traurig ...
Es ist die erste brutale Begegnung mit dem Tod, dem der eigenen Mutter. Damals weiß niemand, bis zu welcher Tiefe sie getroffen ist. In den folgenden Monaten tritt davon nichts zu Tage. Später wird sie erwägen, daß der erste Teil ihres Lebens an diesem Tag zu Ende ging. Ein Hauch des Todes ist auf ihre frühe Kindheit gefallen, die aus Liebe, Glück und lebhaften Freuden bestand.
Wie soll man weiterleben, wenn eine Mutter wie diese verschwindet, die einen solchen Platz im Hause innehatte? Das ganze Gleichgewicht der Familie ist dadurch gestört. Man muß sich anderswie „organisieren"; aber nichts wird jemals mehr so sein wie zuvor.
Bei der Rückkehr von der Beerdigung auf dem Friedhof Notre-Dame am 29. August betrachtet Louise Marais traurig die beiden kleinen Waisen und sagt: „Ihr armen Kleinen, nun habt Ihr keine Mutter mehr!" Da wirft sich Celine in die Arme von Marie und sagt: „Nun gut, nun wirst Du Mama sein!" Therese aber läuft zu Pauline hin und sagt: *Nun gut, für mich wird Pauline Mama sein!*

Der große Umzug (15. November 1877)

Der Vater ist jetzt vierundfünfzig Jahre alt. Wie wird er alles meistern, nachdem er durch den Tod seiner Frau tief getroffen ist, umgeben von fünf Töchtern? Seine Schwägerin hat den letzten Blick von Zélie erhalten; sie hat darin eine Aufforderung gesehen, sich ihrer Kinder anzunehmen. Sie schlägt eine weise Lösung vor: Die Martins sollen kommen, um in Lisieux zu leben.

Louis hat keinerlei Lust, sich nach diesem brutalen Schock zu entwurzeln. Aber er ergibt sich den Gründen der Guérins. Marie schreibt: „Für uns würde er alle möglichen Opfer bringen; er würde sein Glück opfern, sein Leben, wenn es nötig wäre, um uns glücklich zu machen; er schreckt vor nichts zurück und zögert nicht einen Augenblick; er glaubt, daß dies seine Pflicht ist und unser Wohl für alle, und das genügt ihm."

Onkel Isidore, immer aktiv, macht sich auf die Suche nach einem Haus. Schon am 10. September schickt er eine enthusiastische Beschreibung eines Wohnhauses, das er unter fünfundzwanzig anderen aufgesucht hat. Am 16. September unterzeichnet Herr Martin nach Abhaltung eines Familienrates den Pachtvertrag für die „Buissonnets". Isidore Guérin ist bestimmt als beigegebener Vormund seiner fünf minderjährigen Nichten.

Nach einem letzten Gebet auf dem Friedhof verläßt Louis Martin, umgeben von seinen fünf Töchtern in schwarzen Kleidern, die rue Saint-Blaise. Nach vier Stunden Bahnfahrt kommen sie in Lisieux an und verbringen die erste Nacht bei den Guérins am Platz Saint-Pierre.

Der Vater kehrt nach Alençon zurück, um die letzten Besorgungen zu erledigen. Am 30. November kommt er endgültig zu seinen Kindern in den Buissonnets. Er hat sein Geschäft für 3 000 Franken verkauft, abzahlbar innerhalb von fünf Jahren.

Die kleine Therese wird ihre Geburtsstadt erst sechs Jahre später wiedersehen. Die Trennung von dieser zauberhaften Welt ist nun vollständig. *Wie schnell sind die sonnigen Jahre meiner frühen Kindheit vergangen!*

Die Buissonnets

Zweiter Teil
In den Buissonnets (1877—1888)

*„ ... der zweite Abschnitt meines Lebens,
der leidvollste von den dreien ..."*

Kapitel 1
Bis zum Eintritt in die Schule
(16. November 1877—3. Oktober 1881)

Der Paradiesweg

Beim Wegzug von Alençon empfand ich keinerlei Kummer; Kinder lieben den Wechsel, und mit Vergnügen kam ich nach Lisieux.

Therese wird elf Jahre in dieser neuen Umgebung leben. Ganz nahe beim Jardin de l'Etoile (Sternpark), reserviert für Abonnenten, nicht sehr weit weg von der Kaserne Delaunney, zur Linken eines engen und steilen Weges, den Herr Martin den „Paradiesweg" nennt, öffnet sich bei einer Gaslaterne ein Torweg. Hinter einem kleinen Rasen erhebt sich ein bürgerliches Haus: ein Stockwerk, ein Aussichtszimmer „Belvedere", vier Zimmer, drei Mansarden; dahinter ein Garten, ein Waschhaus, ein Schuppen, ein Gewächshaus. Das Anwesen ist durch Mauern und Bäume ganz geschlossen, abseits von der Stadt, die man zum Teil sehen kann; gleichsam ein Nest für diese Familie in der Verbannung.

Sie richtet sich nun ein. Ebenerdig befindet sich die Küche mit ihrem großen offenen Kamin. Der Brunnen befindet sich einige Meter weit außerhalb. Die Fenster und die Türe des Eßzimmers gehen zum Garten hinaus. Eine sehr enge Treppe führt zu den Zimmern der Älteren. Daneben befindet sich das Zimmer des Vaters. Das von Celine und Therese hat einen Ausgang zum Garten auf der Rückseite, nahe beim Zimmer von Leonie. Vom Belvedere aus kann man ganz Lisieux sehen, die Türme der Kathedrale und den Glockenturm von Saint-Jacques, der Pfarrkirche der Martins. Von diesem zweiten Stockwerk aus sieht man, wie die Landschaft oft in dichte Nebel eingetaucht ist, die aus den Tälern des Orbiquet und der Touques und des Cirieux aufsteigen, sofern sie nicht getrübt ist durch die Rauchschwaden der Fabriken. Die Martins kamen im Winter an.

Lisieux im Jahre 1877

Lisieux beansprucht mit seinen 18 600 Einwohnern die Bezeichnung der ersten Industriestadt des Departements Calvados: Fabriken für Leinwand, Zwirngewebe und Bettzeug; Gerbereien, Apfelwein-Bereitung, Branntwein-Brennereien ... Der Markt am Samstag füllt die Stadt an mit den Erzeugnissen des normannischen Landes. Lisieux wahrt einen mittelalterlichen Anblick mit seinen alten Straßen voll Fachwerkhäusern: rue aux Fèvres, rue du Paradis, rue d'Ouville, place des Boucheries ... An den Festtagen belebt die Militärmusik des 119. Infanterie-Regiments die Alleen des öffentlichen Parks im Schatten der Kathedrale.
Nach dem Krieg von 1870 befindet sich die Stadt in einem Niedergang, weil die Textilindustrie sich in einem Rückgang befindet. Einige Streiks brechen aus, und der Ge-

burtenrückgang spitzt sich zu. Aber die Martins werden nur am Rande dieser Welt leben.

Ein neues Leben

Für das Kind von viereinhalb Jahren, das hier ankommt, ruft Lisieux die Ferien, die Atmosphäre des Hauses Guérin wach, die Spiele mit den Cousinen Jeanne, zehn Jahre alt, und Marie, siebeneinhalb Jahre alt. Onkel Isidore mit seinem Kneifer und seiner starken Stimme verursacht ihr einiges Entsetzen, besonders wenn er sie auf seine Knie nimmt und vom Ritter Blaubart singt. Doch allen seinen Erzählungen hört sie aufmerksam zu. Er trifft so viele Leute in seiner Apotheke.

Das kleine Mädchen empfindet lebhaft die völlige Veränderung der Atmosphäre.

In Alençon lag das Haus unmittelbar an der Straße. Das Kind sah alles, was da vor sich ging. Heimarbeiterinnen und Kundinnen brachten Leben in die engen Zimmer. In den Buissonnets herrscht die Stille. Der Garten ist viel größer, doch entzückt er sie mit seinen Blumen, seinen Büschen und bald auch mit Hühnern, Enten und einem Vogelhaus. Aber wo ist das Leben, das die tatkräftige Mutter an den Tag legte?

Hier entdeckt Therese eine ganz andere Lebensweise, die völlig durchgeordnet ist. Nach der Zeit der großen Trauer schließt sich die Familie ab. Es gibt wenig Besuche, denn man kennt niemand. Papa, von seinen Freunden abgeschnitten, kann seiner Neigung für die Einsamkeit nachgeben. Mit Vorliebe zieht er sich zum Belvedere zurück, wo er liest, schreibt und meditiert. Er arbeitet aus Pflichtgefühl im Garten, befaßt sich mit dem Hühnerhof, mit dem Holz fürs Feuer. Er ist noch keine fünfundfünfzig Jahre alt und befindet sich bereits im Ruhestand; er hat nur sein Vermögen zu verwalten, das sich auf ungefähr 140 000 Franken beläuft. Sein weißer Bart läßt ihn alt erscheinen. Für seine Töchter ist er bereits ,,der Patriarch".

Marie, die nun siebzehn Jahre alt ist, übernimmt die Führung des Hauses, unterstützt von Pauline mit sechzehn Jahren. Diese befaßt sich mit der Erziehung der beiden Jüngsten, besonders mit Therese. Leonie kommt mit vierzehn Jahren ins Pensionat der Benediktinerinnenabtei im Westen der Stadt. Celine wird dort ,,Halbpensionärin".

Nachdem Therese ihre Spielgefährtin verloren hat, verbringt sie nun lange Tage mit Erwachsenen in diesem Haus, das ihr sehr weitläufig vorkommt. Eine Hausgehilfin wird eingestellt, Victoire Pasquer. Sieben Jahre lang lebt sie mit den Martins zusammen. Andere folgen ihr.

In dieser neuen Umgebung vollzieht sich eine tiefgreifende Veränderung in Therese. *Seit Mamas Tod veränderte sich meine glückliche Art völlig. Ich, die ich so lebhaft und mitteilsam war, wurde schüchtern und sanft, über die Maßen empfindlich. Ein Blick genügte, und ich zerfloß in Tränen; niemand durfte sich um mich kümmern, dann war ich zufrieden; ich konnte den Umgang mit fremden Leuten nicht ertragen, und nur im trauten Familienkreis fand ich meinen Frohsinn zurück.* Im Lauf der Jahre wird sie sich sagen, daß die Übersiedlung in die Buissonnets *den zweiten Abschnitt (ihres) Lebens einleitete, den leidvollsten von den dreien. Diese Periode erstreckt sich von meinen viereinhalb Jahren bis zu meinem vierzehnten Jahr, wo ich meine kindliche Sinnesart wiederfand, zugleich mit dem Eintritt in den Ernst des Lebens.*

Vom fünften bis zum achten Lebensjahr

In dieser sehr weiblichen Umgebung begegnet die kleine Therese keinen anderen Männern als ihrem Vater und ihrem Onkel.
Später erinnert sie sich an den Tagesablauf, wie er für diese drei ersten Jahre typisch war. Wecken durch Pauline, ihre ,,Mama", und Aufstehen, Gebet, Frühstückssuppe. Am Vormittag Schreibunterricht durch Marie, Lese- und Katechismusunterricht durch Pauline; alles schließt ab mit einem Besuch bei ihrem Papa oben im Belvedere. Die eifrige Schülerin besitzt ein gutes Gedächtnis. Sie liebt die Heiligenlegende, aber Grammatik und Rechtschreiben lassen oft ihre Tränen fließen. Wenn am Nachmittag das Wetter nicht regnerisch ist (und Lisieux lebt häufig in der Nässe), folgt Spaziergang mit Papa zum Jardin de l'Etoile, Besuch einer Kirche, Kauf eines Geschenkes für einen oder zwei Sous; in der schönen Jahreszeit Fischen in der grünen Landschaft der Umgebung von Roques oder Hermival.
Die Leute dieses Viertels von Lisieux haben schnell den täglichen Spaziergang dieses ,,schönen Greises" und dieser kleinen Blonden mit lauter Locken bemerkt. Sie nennt ihn ihren ,,König"; er nennt sie seine ,,Königin", seinen ,,kleinen Grauwolf", ,,die Waise der Beresina", seinen ,,Blumenstrauß", seinen ,,blonden Maikäfer" ... Sie kehren nach Hause zurück, damit sie ihre Aufgaben machen kann. Nach dem Abendessen versammelt man sich um

das hell auflodernde Feuer im offenen Kamin zur Abendunterhaltung. Papa singt „*Der verbannte Bretone*", „*Der Gesang der Engel*"; er rezitiert etwas von Victor Hugo, von Lemartine; er liest einige Stellen aus „*Das liturgische Jahr*" von Dom Guéranger vor, das jüngst erschienen ist. Therese und Celine spielen mit winzigen Spielsachen, welche der einstige Uhrmacher für sie anfertigt. Nach dem Gebet Gute-Nacht-Kuß und frühzeitiges Schlafengehen in dem großen, nicht geheizten Zimmer. Ein letzter Kuß für Pauline ... Dann die Furcht im Finstern, wenn die Öllampen ausgelöscht sind.

Speisezimmer in den Buissonnets

Die Sonn- und Festtage unterbrechen glücklicherweise diesen strengen Rhythmus und bringen ein wenig phantasievolle Abwechslung. An diesen Tagen wird nach dem

Ausschlafen das Frühstück mit Milchschokolade ans Bett gebracht. Marie kleidet Therese an und provoziert ihre Schreie beim Frisieren. Dann bricht man auf zur Messe in der Kathedrale Saint-Pierre, die man der Pfarrkirche Saint-Jaques vorzieht, weil man dort die Guérins trifft. Von seiner Bank der Kirchenvorstände aus lächelt Onkel Isidore seiner Nichte zu. Einige Monate nach ihrer Ankunft in Lisieux versteht Therese die Predigt von Abbé Ducellier, der trotz seiner belegten Stimme ein guter Redner ist; hier sprach er vom Leiden Jesu.

Die Mahlzeit, die bei den Guérins folgt, ist eine Freude. Wie viele Dinge erfährt man mitten in der Stadt! Es kommt vor, daß Therese bei ihnen bleibt, manchmal mit Marie, manchmal mit Celine.

Am Sonntagabend holt Papa sie ab. Von 1878 an erweitert sich der Familienkreis durch die Fournets und die Maudelondes, Verwandte der Guérins.

Dieser schöne Tag geht nur allzu rasch vorbei. Schon am Montag muß man sich wieder ans Lernen machen. Pauline nimmt ihre Rolle als Mutter sehr ernst. Sie läßt ihrer Schwester nichts durchgehen. Der Vater ist es, der dafür eintritt, daß man den Nachmittagsspaziergang nicht ausfallen läßt, auch wenn der Unterricht am Morgen zu wünschen übrig ließ. Nie gibt es eine Anerkennung für die Schülerin; man darf sie nicht zur Eitelkeit verleiten.

Dem Garten der Buissonnets gehört ihre ganze Liebe und in noch größerem Maße der Natur. Auf den Wiesen voller Blumen von Saint-Martin-de-la-Lieue oder von Ouilly-le-Vicomte widmet sie ihrer kleinen Angelrute wenig Aufmerksamkeit. Sie schweigt, schaut und pflückt Blumen. *Meine Gedanken waren recht tiefsinnig und, ohne zu wis-*

sen, was Betrachten heißt, tauchte meine Seele ein in wahres inneres Gebet ... () Die Erde erschien mir als Ort der Verbannung, und ich erträumte den Himmel; diesen Himmel, wo sich ihre Mutter und ihre vier kleinen Brüderchen und Schwesterchen befinden. Der Gedanke an den Tod empört sie ..., besonders jener an den möglichen Tod ihres Vaters. Sie würde vorziehen, mit ihm zusammen zu sterben. *Es ist gar nicht zu sagen, wie sehr ich Papa liebte; alles an ihm flößte mir Bewunderung ein.* Er aber *tut alles, was sie will.* Er spricht mit ihr; er vertraut ihr seine Gedanken an. Um zu wissen, wie man beten soll, muß sie in der Kirche oder zu Hause am Abend nur auf ihn schauen.

Immer wieder sagt sie im Laufe der Jahre am 1. Januar und am 25. August, dem Fest des heiligen Ludwig, Gedichte auf, die von Pauline verfaßt sind. Das Zeremoniell ist dabei unveränderlich: In ihrem schönsten Kleid und gut frisiert spricht die kleine Königin im Belvedere ihren Glückwunsch aus, wo die ,,fünf Diamanten sich um ihren geliebten König scharen".

Im Sommer des ersten Jahres in den Buissonnets beschließt Herr Martin, der das Reisen liebt, seine beiden Ältesten Paris besuchen zu lassen. Während sie den Industriepalast auf der Weltausstellung und das Schloß von Versailles besichtigen, ist Therese vom 17. Juni bis 2. Juli bei ihrer Tante untergebracht. ,,Sie langweilt sich gar nicht; sie zu hüten ist nicht schwer, denn sie kann sich vergnügen mit einem Nichts. Sie zeigt sich durch und durch fröhlich." Ihr Lachen steckt Madame Guérin an; diese führt ihre Hand, um den Brief an Pauline zu vervollständigen.

In der Abteischule im Jahre 1880. Von unten nach oben und von links nach rechts: die erste in der zweiten Reihe ist Marie Guérin, die dritte ist Celine; in der fünften Reihe die dritte ist Leonie Martin

Nachdem die Guérins in Trouville eine Villa gemietet haben (die große Beliebtheit von Aufenthaltsorten am Meer hatte erst zwanzig Jahre zuvor eingesetzt), gehen die großen Schwestern abwechselnd dorthin, baden mit ihren Cousinen — die Füße — und fischen. Donnerstag, 8. August 1878, ist für Therese ein denkwürdiger Tag: ihr Vater holt Marie ab. Er nimmt seine Jüngste mit, und man fährt mit der Eisenbahn 30 km von Lisieux nach Trouville. *Nie werde ich den Eindruck vergessen, den das Meer auf mich machte.* Außerdem wird sie nicht vergessen, daß sie am gleichen Tag die bewundernden Blicke eines Ehepaars auf sich zog, das sie herzig fand. *Es war das erste Mal, daß ich sagen hörte, ich sei herzig; das machte mir wirklich Vergnügen, denn ich glaubte dies nicht.* Zu Hause sagte man ihr eher das Gegenteil.

Das einzige Ereignis aus ihrem sechsten Lebensjahr, das uns überkommen ist, ist ein Zornausbruch gegenüber Victoire, dem Dienstmädchen, das sich damit vergnügt, Fräulein Therese zur Ungeduld zu reizen. Bei einer anderen Gelegenheit sieht sich die Streitbare in demütigender Weise behandelt: *Victoire, Sie sind ein Knirps!* Obwohl für gewöhnlich sanft und zurückhaltend, bewahrt die kleine Martin im Grunde ihr Temperament und ihre Würde. Doch verhindert das nicht, daß sie eines Tages in einen Wassereimer fällt und dort eingezwängt bleibt, und ein andermal, daß sie sich, ganz mit Asche bedeckt, im offenen Kamin vorfindet, wo zum Glück kein Feuer mehr war.

Erste heilige Kommunion von Celine (13. Mai 1880)

Ihre erste heilige Beichte legt sie in diesem Jahr in der Kathedrale ab bei Abbé Ducellier. Wie sie im Beichtstuhl niederkniet, ist sie so klein, daß der Priester, nachdem er das Türchen geöffnet hat, sie nicht sieht. Aufrecht stehend muß sie dann sprechen. Von Pauline ist sie sorgfältig vorbereitet worden. Therese fragte sich, ob sie dem Vikar nicht sagen müsse, daß sie ihn aus ganzem Herzen liebe, weil er doch der Stellvertreter des lieben Gottes sei. *Seither beichtete ich an allen großen Festtagen, und es war, jedesmal wenn ich hinging, ein wahres Fest für mich.* Ängstlichkeit und Skrupel kannte sie damals noch nicht.

Zu anderen Festen gehören die Prozessionen mit dem allerheiligsten Sakrament, bei dessen Vorbeizug sie Rosen entblättert. Ihr siebtes Lebensjahr ist gekennzeichnet durch die Erstkommunion von Celine am Donnerstag, 13. Mai. Die Kleine hört alles mit, was Pauline ihrer Schwester sagt. Sie ist verdrießlich, wenn man sie wegschickt und sagt, sie sei noch zu klein. Doch die Freude von Celine wird auch die ihrige. *Mir schien, ich selber ginge zu meiner Erstkommunion. Ich glaube, ich habe an diesem Tag große Gnaden empfangen, und ich betrachte ihn als einen der* schönsten *Tage meines Lebens.* Sie sagt sich, daß sie schon von jetzt an ein neues Leben beginnen muß. Drei Jahre sind ihr nicht zuviel, um sich auf ihre eigene Erstkommunion vorzubereiten. Am folgenden Weihnachtsfest möchte sie so gerne zur heiligen Kommunion gehen und sich einfach unter die Erwachsenen einschmuggeln. *Ich bin so klein; niemand wird mich sehen.* Aber Marie verbietet es ihr.

„Prophetische Vision"

In diesen noch glücklichen Jahren wird das kleine Mädchen von einem beunruhigenden Zwischenfall heimgesucht. An einem Sonntag des Jahres 1879 (oder 1880?) hören Marie und Pauline am frühen Nachmittag ihre kleine Schwester rufen: *Papa, Papa!* Doch dieser ist in Alençon. Gern kehrt er von Zeit zu Zeit dorthin zurück, um seine Freunde Boul, Romet, Leriche und Tifenne wiederzusehen. Therese sagt, daß sie von ihrem Fenster aus *einen Mann* gesehen habe, *der genau gekleidet war wie Papa,* gebeugt, den Kopf mit einer Art Schürze bedeckt; er schritt im rückwärtigen Teil des Gartens dahin und verschwand hinter einer Hecke. Sollte Victoire einen schlechten Spaß gemacht haben? Aber das Hausmädchen protestiert; sie hat ihre Küche nicht verlassen. Man durchsucht vorsichtig das Gebüsch. Nichts ist zu finden. Die Schwestern versuchen, das Kind zu beruhigen. *Nicht mehr daran zu denken, das lag nicht in meiner Macht.* Erst nach vierzehn Jahren begreifen die Schwestern als Karmelitinnen den Sinn dieses geheimnisvollen Ereignisses.

Aufs Ganze gesehen hinterlassen die drei ersten Jahre in den Buissonnets bei Therese eine positive Erinnerung. Die warme Familienatmosphäre, sehr feminin, sehr mütterlich (*das so* zärtliche *Herz Papas hatte zu seiner eigenen Liebe noch eine wahrhaft mütterliche hinzugefügt*), stillt ihr intensives Bedürfnis nach Liebe. *Ich wurde weiterhin mit schonendster Zärtlichkeit umhegt.*

Diese noch glückliche Zeit sollte bald zu Ende gehen.

Kapitel 2

In der Schule der Benediktinerinnen
(3. Oktober 1881—März 1886)

,,Die fünf Jahre, die ich in der Schule verbrachte, waren die traurigsten meines Lebens."

Am 3. Oktober 1881 beginnt Therese mit achteinhalb Jahren ihrerseits den Weg zum Pensionat der Benediktinerinnen zu gehen, wo Leonie soeben ausgetreten ist. Sie tritt ein in die vierte, die grüne Klasse (so benannt nach der Farbe des Gürtels der Einheitskleidung). Der Weg von ungefähr eineinhalb km wird zu Fuß zurückgelegt mit Celine, mit den Cousinen Jeanne und Marie in Begleitung von Marcelline, dem Dienstmädchen der Guérins. Sie kommen gegen acht Uhr an. Am Abend holt der Vater oder der Onkel die kleine Gruppe wieder ab.
Ich habe oft gehört, wie man sagte, daß die im Pensionat verbrachte Zeit die schönste und angenehmste des Lebens sei; für mich traf das nicht zu; die fünf Jahre, die ich dort verbrachte, waren die traurigsten meines Lebens; hätte ich meine geliebte Celine nicht bei mir gehabt, so hätte ich dort keinen Monat ausgehalten, ohne krank zu werden.
Die Unterrichtsstunden von Marie und Pauline trugen ihre Früchte. Abgesehen vom Rechnen und Rechtschreiben, befindet sich Therese an der Spitze der Klasse. Aber das gemeinschaftliche Leben, das so plötzlich auf sie zukommt, verletzt sie. Schülerinnen, die sitzengeblieben waren (eine davon ist dreizehn Jahre alt), sind eifersüchtig auf sie und verfolgen sie. Therese weint und wagt nicht, sich zu beklagen. Die lärmenden Spiele in den Pausen er-

schrecken sie. Sie liebt nicht zu laufen, noch versteht sie es, mit Puppen zu spielen. Sie zieht es vor, Geschichten zu erzählen (dafür hat sie eine Begabung), die toten Vögel zu beerdigen oder sich mit den Kleinen des Kindergartens zu beschäftigen. Wenn sie durch die Großen angegriffen wird, eilt Celine, ,,die Unerschrockene", herbei, um ihre Schwester zu verteidigen.

Eine alte Lehrerin beschreibt die kleine Martin folgendermaßen: ,,Sie ist gehorsam und von einer minutiösen Treue gegenüber den geringsten Punkten der Schulordnung; sie beunruhigt sich selbst wegen eines scheinbaren Fehlers, so daß sie mitunter den Eindruck macht, skrupulös zu sein. Für gewöhnlich ist sie still und friedlich, gesammelt, (allzu sehr für ihr Alter, würde man im allgemeinen finden); manchmal war sie wie in Gedanken vertieft; es lag wie ein wenig Traurigkeit in ihren Zügen."

Welche Erleichterung, am Abend zu den Buissonnets zurückzukehren! Freudenausbrüche beim Wiedersehen mit dem Vater, mit den Schwestern, mit der Welt der Familie, mit der gezähmten Elster, die ihr im Garten überallhin nachläuft. *Hier lebte mein Herz auf.* Die Sonntage und die Donnerstage werden sehr wichtig. Hier findet sie die Stille wieder. Mit ,,Loulou", ihrer Cousine Marie, erfindet sie ein ganz neues Spiel: als Einsiedler leben im rückwärtigen Garten unter Schweigen, Gebet, verschiedenen Riten, Vermummungen bei den Altärchen, die beim Waschhaus aufgestellt sind. Eines Tages hat sie übrigens auch ihrer Mama Pauline anvertraut, daß sie gerne Einsiedlerin würde und *mit ihr* in eine ferne Wüste ziehen wolle. Mit einem Lächeln antwortete die ältere Schwe-

ster: ,,Ich werde auf Dich warten." Therese hat es geglaubt.
Im Gegensatz dazu langweilen sie die ,,weltlichen" Zusammenkünfte mit den Guérins und deren Cousinen Maudelonde bis zum Sterben, sowie die endlosen Donnerstagnachmittage, wo man Quadrille tanzen muß. Sie

Celine und Therese mit acht Jahren (1881).

gesteht ein, daß sie nicht wie die anderen Kinder zu spielen versteht.
Was sie liebt, ist das Lesen. *Es wäre mir unmöglich, die Zahl der Bücher zu nennen, die mir durch die Hände gingen.* Ritterromane begeistern sie. Sie bewundert vor allem die Heldin Jeanne d'Arc, die damals noch nicht heiliggesprochen war. Dann denkt sie, daß auch sie für den Ruhm geboren ist. Nicht für einen auffallenden Ruhm wie jener des Mädchens aus Lothringen, sondern für einen verborgenen Ruhm: *eine große Heilige werden.*
Stundenlang betrachtet sie auch Bilder. Manche von ihnen faszinieren sie. Unter anderen eines, auf dem man Jesus sieht als „Gefangenen" hinter den Gittern des Tabernakels.
Wie ist es dann hart, den Schulweg wieder anzutreten! Die einzigen glücklichen Augenblicke, die sie dabei findet, sind jene zehn Minuten vor dem Ende der Pause, wo man zum Beten in die Kapelle gehen kann.

Der Verlust ihrer zweiten Mutter (15. Oktober 1882)

Therese weiß nicht, daß ihre zweite Mama, die „feine Perle" des Vaters, sich während einer Messe in der Kirche Saint-Jacques entschlossen hat, mit zwanzig Jahren Karmelitin zu werden. Es handelt sich um eine plötzliche Eingebung, denn Pauline dachte seit langem schon an die Heimsuchung von Le Mans. Am gleichen Tag eröffnet sie sich Marie und ihrem Vater. Dieser gibt seine Zustimmung. Man macht Besuch im Karmel in der rue de Livarot, wo die Priorin Marie de Gonzague die Entscheidung gutheißt. Große Überraschung …, denn Pauline hatte zuerst daran gedacht, in den Karmel von Caen einzutreten; doch der Karmel von Lisieux hat Platz für sie. Die Guérins ihrerseits sind informiert. So kennen alle die Neuigkeit ... außer der kleinen Schwester.

Im Sommer 1882 sprechen Pauline und Marie von diesem baldigen Abschied. Therese hört es zufällig. *Es war, als hätte sich ein Schwert in mein Herz gebohrt. Ich wußte nicht, was der Karmel war, aber ich begriff, daß Pauline mich verlassen wollte, um in ein Kloster einzutreten. Ich begriff, daß sie nicht auf mich warten würde, und daß ich im Begriff war, meine zweite Mutter zu verlieren! ... Ach! Wie vermöchte ich meine Herzensangst zu beschreiben! ... In einem Augenblick begriff ich, was das Leben ist; bis dahin war es mir nicht so traurig erschienen, aber es zeigte sich mir in seiner ganzen Wirklichkeit; ich sah, daß es nur Leid ist und beständige Trennung. Ich vergoß gar bittere Tränen ...*

Im Eifer ihrer jungen Berufung fühlt Pauline nicht, daß sie ihre Schwester tief verletzt hat. Sehr viel später bedauert sie ihre Haltung: „Ah! Hätte ich gewußt, daß ich ihr so viel Schmerz bereitete, wie anders hätte ich mich verhalten, wie hätte ich ihr alles anvertraut!"

Es bleibt ihr nur übrig, Therese dadurch zu trösten, daß sie ihr erklärt, was das Leben im Karmel ist. Das Kind hört inmitten seiner Tränen mit seinem ganzen Wesen zu. *Ich fühlte, daß der Karmel die Wüste sei, wo der liebe Gott wollte, daß auch ich mich verberge ... Ich spürte dies mit solcher Gewalt, daß in meinem Herzen nicht der mindeste Zweifel war.*

Als Therese diese Zeilen dreizehn Jahre nach dieser Begebenheit niederschrieb, kommt sie einem Einwand zuvor. *Es war nicht der Traum eines Kindes, das sich mitreißen läßt, sondern die Gewißheit eines göttlichen Rufes. Ich wollte in den Karmel nicht wegen* Pauline (um so wieder zu ihrer Mutter zu kommen, die sie verlor), *sondern für Jesus allein ... Ich überdachte viele Dinge, die Worte nicht wiedergeben können, die aber einen tiefen Frieden in meiner Seele zurückließen.*

Tags darauf vertraut die Kleine ihr Geheimnis Pauline an. Die Kandidatin von neun Jahren richtet es eines Sonntags im Sprechzimmer des Karmels so ein, daß sie für einen Augenblick mit Mutter Marie de Gonzague allein ist. Diese *glaubte an meine Berufung,* doch sagte sie, daß man keine Postulantin unter sechzehn Jahren aufnehme. Therese muß also warten. Von jetzt an weiß sie, was sie aus ihrem Leben machen will.

Während der wenigen Wochen vor Paulines Abschied überhäuft Therese sie mit Küssen, stopft sie voll mit Kuchen, überschüttet sie mit Geschenken. Je näher der Abschiedstag heranrückt, um so mehr schnürt sich ihr Herz zusammen.

Dieser Montag, 2. Oktober 1882, ist *ein Tag der Tränen* trotz strahlenden Sonnenscheins. Während Herr Martin Pauline zum Karmel begleitet, wo sie ihr Seelenführer, Abbé Ducellier, und der Superior des Karmels, M. Delatroëtte, Pfarrer von Saint-Jacques, in Empfang nehmen, geht die ganze Familie, von den Guérins angeführt, zur Messe. Die Gläubigen sind erstaunt, alle diese jungen Mädchen in Tränen aufgelöst zu sehen. Das Unglück wird dadurch voll, daß man nach diesem peinlichen Gottesdienstbesuch wieder zur Schule gehen muß, um ein neues Schuljahr zu beginnen. Ganz niedergeschlagen macht sich die kleine Martin wieder auf den Weg zur Abtei. Hat sie bemerkt, daß man den dreihundertsten Todestag der heiligen Teresa von Avila sehr tatkräftig vorbereitet, der Gründerin des reformierten Karmels, ihrer Patronin?

Therese überspringt eine Klasse und „steigt auf" in die dritte, die violette Klasse, welche auf die erste heilige Kommunion vorbereitet. Der Religionsunterricht nimmt hier also einen wichtigen Platz ein. Am Donnerstag und Sonntag gibt der Hausgeistliche, M. Domin, vierzig Jahre alt, seine Unterweisungen. Außerdem ist eine Lehrerin beauftragt, sich dreimal in der Woche um die künftigen Erstkommunikantinnen anzunehmen. Therese zeichnet sich im Religionsunterricht aus. Die Aussicht auf die heilige Kommunion, auf die sie sehr wartet, bringt einen Lichtstrahl in ihre Leiden. Doch leider schließt sie ein neuer Erlaß der Diözese von der Vorbereitung aus, weil sie zwei Tage zu spät geboren ist. Herr Guérin zögert nicht, nach Bayeux zu fahren, um eine Dispens des Bischofs zu erbitten. Zwar liebenswürdig, aber entschieden, wird sie verweigert. Man kann keine Ausnahme machen, selbst nicht für die Nichte eines Apothekers, der in Lisieux als ehrenwert bekannt ist. Ein Strom von Tränen zeigt, daß dies zuviel ist für das kleine sensible Mädchen.

Die Marter im Sprechzimmer

Von der Priorin wurde den Martins das Privileg eingeräumt, Pauline jeden Donnerstag im Sprechzimmer besuchen zu dürfen. Aber selbst dies wird für Therese eine Marter. Obwohl die Postulantin für ihre Familie sichtbar ist, vergeht die halbe Stunde, die durch eine Sanduhr gemessen wird, doch allzu rasch an diesem schmucklosen Ort mit seinen doppelten Gittern und Vorhängen. Marie und die Damen Guérin reden und reden. Therese hat nur das Recht auf zwei oder drei kurze Minuten am Schluß. Pauline, nun Schwester Agnes von Jesus, die von der Unterhaltung ganz in Beschlag genommen ist, vernachlässigt ihre Schwester und bemerkt nicht einmal ihr neues Röckchen. Die Kleine läßt den Mund hängen und verläßt schluchzend das Sprechzimmer. *Ach! Was habe ich in diesem Sprechzimmer des Karmels gelitten! () Ich gestehe, daß die Leiden, welche dem Eintritt Paulines vorausgegangen waren, nichts waren im Vergleich zu denen, die ihnen folgten.*

Wie Pauline diese Zeilen später liest, sagt sie erneut: ,,Ach! Wenn ich das gewußt hätte ..." Das Kind wird ganz mutlos: *Ich sagte mir im Innersten meines Herzens: ,,Pauline ist für mich verloren!!!"* Dieser Schock ruft in ihr den Tod ihrer Mutter wach, der bisher im Untergrund geblieben war. Mit zehn Jahren hat sie schon zweimal die Mama verloren.

Beunruhigende Symptome

Gegen den Monat Dezember zu ist die Schülerin der violetten Klasse, die das Schuljahr gut begonnen hatte, von dauerndem Kopfweh geplagt, von Schmerzen in der Seite und am Herzen. Von Pickeln bedeckt, hat sie den Appetit verloren und schläft schlecht. Im Sprechzimmer beunruhigt sich Schwester Agnes von Jesus über ,,das ständig so bleiche Aussehen" ihres Benjamin. Selbst ihr Gemüt ist verstört. Diesmal hat Therese als dritte Mama Marie nicht gewählt. Die Älteste spielt diese Rolle ohne Zweifel in etwas derber Weise. Die Kleine ,,gibt" ihr immer ,,heraus", wenn sie ihr aufträgt, etwas zu tun. ,,Kleine Reibereien mit Celine" kommen zum Vorschein.

Die Karmelitin schreibt indessen reichlich kleine Zettel, auf denen sich liebevolle Verweise und gute Ratschläge mischen. Mutter Marie de Gonzague überbietet sie noch, ohne zu ahnen, daß sie das Übel anschürt: ,,Ich habe erfahren, daß meine kleine Tochter Therese vom Kinde Jesus[9] nicht viel schlief, und daß sie krank war. Ich möchte meinem engelgleichen Kind sagen, daß es nicht den ganzen Tag über an meine Agnes von Jesus denken soll; das würde unser kleines Herz ermüden und könnte unserer Gesundheit schaden!"

,,Eine so seltsame Krankheit"
(25. März—13. Mai 1883)

Die Priorin hat richtig gesehen. Ohne sich zu beklagen, setzt das Kind, das soeben zehn Jahre alt geworden ist, sein gewöhnliches Leben fort. Im Zusammenleben mit Celine haben die Rollen gewechselt; diese ist mit ihren vierzehn Jahren ein boshafter kleiner Wildfang geworden, während Therese nichts anderes ist als *ein kleines sanftes Mädchen, weinerlich bis zum Exzeß.* Daher stammen einige Zänkereien, die auch Schwester Agnes zu Ohren kommen. Sie empfiehlt der Älteren, nachzugeben.

Für die Osterferien 1883 hat Louis Martin beschlossen, die Karwoche mit Marie und Leonie in Paris zu verbringen. Therese und Celine werden bei den Guérins Unterkunft finden. Deren Tochter Marie sprach eines Tages ein grausames Kinderwort. Als Therese ihre Tante „Mama" nannte, reagiert ihre Cousine heftig und sagte: „Meine Mama ist nicht Deine Mama. Du hast keine mehr."

Am Osterabend, am 25. März, ist Isidore Guérin während des Abendtisches bei der Unterhaltung kaum mehr fröhlich. Er ruft die Erinnerung an seine Schwester wach, an das Leben in Alençon. Therese bricht in Tränen aus. Man bringt sie rasch zu Bett, während der Onkel mit seinen Töchtern zum Katholischen Zirkel geht. Sie ist von einem starken Zittern befallen, sie friert und ist sehr unruhig. Bei seiner Rückkehr, als er seine Nichte in diesem Zustand sieht, zeigt sich der Apotheker sehr beunruhigt. Am Tage darauf ruft er Dr. Notta herbei. „Sehr schwere Krankheit, von der kein Kind jemals befallen war", ist seine ungenaue, aber pessimistische Diagnose. Er verordnet eine Kaltwasserkur. Ein Telegramm ruft „die Pariser" zurück, die eilends heimkehren. Bei ihrer Ankunft zeigt ihnen Aimée, die Köchin, ein so bestürztes Gesicht, daß sie alle ein paar Augenblicke lang glauben, Therese sei gestorben. Weil sie nicht transportfähig ist, wird sie von ihrer Tante und ihrer Schwester Marie gepflegt.

Das Dienstmädchen Marcelline Husé ist Zeugin des „nervösen Zitterns, dem Krisen von Erschrecken und Halluzinationen folgen, die sich mehrmals am Tag wiederholen. In den Zwischenzeiten ist die Kranke von einer großen Schwachheit befallen, so daß man sie nicht allein lassen kann. Nach der Krise bewahrt sie eine klare Erinnerung an das, was vor sich gegangen war". Jeanne Guérin hat ebenfalls bezeugt: „In der schlimmsten Periode gab es mehrere motorische Krisen, bei denen sie Drehbewegungen des ganzen Körpers machte, zu denen sie in gesundem Zusand völlig unfähig gewesen wäre." *Die Krankheit wurde so schlimm, daß ich nach menschlichem Ermessen nicht mehr genesen sollte.*

Die Bestürzung ist allgemein, und das um so mehr, als Therese nicht aufhört zu wiederholen, daß sie bei der Einkleidung von Pauline dabei sein wolle, die auf den 6. April festgesetzt ist. Man vermeidet, vor ihr von der Karmelitin zu sprechen.

Gegen alle Erwartung erhebt sich die Kranke nach einer stärkeren Krise am Morgen dieses Freitags, 6. April, ,,geheilt" und begibt sich mit der ganzen Familie zum Karmel. Man läßt sie an der Feier nicht teilnehmen. Aber im äußeren Sprechzimmer kann sie sich dann auf die Knie ihrer wiedergefundenen Mutter setzen und sie mit ihren Zärtlichkeiten überhäufen. Den ganzen Tag über zeigt sie sich voll Freude und Lebhaftigkeit. Ihre Umgebung glaubt zu träumen. Im Wagen kehrt sie zu den Buissonnets zurück. Trotz ihrer Beteuerungen — *ich bin vollkommen geheilt* — bringt man sie zu Bett.

Doch schon am folgenden Tag kommt ein noch schlimmerer Rückfall. *Ich sagte und tat Dinge, die ich gar nicht dachte; fast ständig schien ich in einem Wahn befangen und sagte Worte, die keinen Sinn hatten; und doch bin ich sicher, daß ich* keinen einzigen Augenblick des Gebrauchs meiner Vernunft beraubt *war* ... *Ich schien oft in Ohnmacht zu liegen und machte nicht die leiseste Bewegung; ich hätte dann mit mir vornehmen lassen, was immer man wollte, sogar mich töten, und doch hörte ich alles, was um mich her gesprochen wurde.*

Marie, die sehr oft bei ihr war, die sie pflegte und *mit der*

Zärtlichkeit einer Mutter tröstete, ist Zeugin ihrer Halluzinationen. Dr. Notta bleibt ausweichend und sehr unruhig: ,,Das ist keine Hysterie..." Ist es das, was man gewöhnlich Veitstanz nennt? Herr Martin fragt sich, ob sein *armes kleines Töchterchen, das einer Schwachsinnigen glich,* sterben werde oder sein ganzes Leben lang in diesem Zustand bleiben müssse.

Die ganze Familie betet in Vereinigung mit dem Karmel. Man läßt eine Meßnovene feiern in Notre-Dame-des-Victoires, dem Pariser Heiligtum, das von den Martins und von den Guérins sehr geliebt wird. Man erfleht ein Wunder. Im Zimmer von Marie, wo Therese untergebracht ist, hat man die Statue der Jungfrau aufgestellt, die der Familie immer folgte.

Augenblicke der Erleichterung gibt es nur, wenn Therese einen Brief von Pauline erhält. Sie liest diese Briefe, liest sie immer wieder und lernt sie auswendig. Der Apothekeronkel ärgert sich, als er eine Puppe seiner Nichte als Karmelitin gekleidet sieht. Besser wäre es, dahin zu wirken, daß dieses Kind den Karmel vergißt!

Es ist eine Situation ohne Ausweg ...

,,Du, die Du kamst, um mir am Morgen meines Lebens zuzulächeln ..." (13. Mai 1883)

Am Pfingstfest, während der Novene in Notre-Dame-des-Victoires, und während Leonie auf Therese aufpaßt, hört die Kranke nicht auf, wie gewöhnlich *Mama ... Mama* zu rufen. Marie, die im Garten ist, geht schließlich hinauf. Ihre Schwester erkennt sie nicht und fährt fort mit ihren Klagen. Vergeblich strengt Marie sich an, sie zu beruhigen. Dann knien Marie, Leonie und Celine am Fußende des Bettes nieder und wenden sich der Statue zu. Therese erzählt: *Da sie auf Erden keine Hilfe fand, hatte sich auch die arme kleine Therese ihrer himmlischen Mutter zugewandt und bat sie von ganzem Herzen, sich doch endlich ihrer zu erbarmen ... Plötzlich erschien mir die Muttergottes schön, so schön, daß ich nie Schöneres gesehen hatte. Ihr Antlitz atmete unaussprechliche Güte und Zärtlichkeit; was mir aber bis ins Innerste der Seele drang, das war das bezaubernde Lächeln der Seligsten Jungfrau. Da zerstoben alle meine Leiden, zwei dicke Tränen entquollen meinen Augen und rollten lautlos über meine Wangen; aber es waren Tränen ungetrübter Freude ... Oh! dachte ich, die Seligste Jungfrau hat mir zugelächelt, was bin ich glücklich ... Aber nie will ich es jemandem erzählen, denn sonst würde mein* Glück verschwinden.

Die drei Schwestern sind Zeuginnen dieses Ereignisses und der Entspannung der Kranken. Schon am anderen Tag nimmt das Kind sein gewöhnliches Leben wieder auf. Im darauffolgenden Monat begegnet ihr Leonie zweimal im Garten. Sie fällt und bleibt einige Minuten ausgestreckt liegen, wobei die Gliedmaßen und der Rumpf ganz steif sind, jedoch ohne Irrereden und ohne heftige Bewegung. Von da an wird keine Störung solcher Art wieder zu Tage treten.

In seelischer Hinsicht aber bleibt Therese anfällig, und die Umgebung bleibt von dieser dramatischen Krankheit sehr gezeichnet. Nachdem der Arzt der Familie zur Vorsicht geraten hat in bezug auf jede starke Aufregung, die dem Kind schaden könnte, bemüht sich jeder, sie noch mehr zu verhätscheln. ,,Vorsicht vor einem Rückfall!

Widersprechen wir ihr nicht!", das ist das unausgesprochene Losungswort. Nur ist das nicht dazu angetan, Therese in ihrem Heranwachsen zu helfen.

Zwölf Jahre später wird Therese ihre eigene Interpretation ihrer Krankheit geben: *Sie kam sicher vom bösen Geist. Voller Wut über den Eintritt Paulines in den Karmel wollte er sich an mir rächen für den Schaden, den unsere Familie ihm in Zukunft noch zufügen sollte.* Und sie fügt bei: *Meine Seele war WEIT ENTFERNT, gereift zu sein.*

Ende Mai kann sie endlich wieder zum Sprechzimmer des Karmels zurückkehren, sehr hübsch, ganz in Schwarz, weil sie Trauerkleidung trägt für ihre Großmutter, die während ihrer Krankheit am 8. April verstorben ist.

„Zwei seelische Prüfungen"

Die Heilung selbst sollte für das junge Mädchen Ursprung eines doppelten inneren Martyriums werden.

Sie hatte sich vorgenommen, das Geheimnis vom Lächeln der Seligsten Jungfrau zu wahren. Aber ihre Schwester Marie brachte sie zum Sprechen und unterrichtet die Karmelitinnen. Man ruft ein Wunder aus. Die Kommunität bestaunt im Sprechzimmer die kleine wunderbar Geheilte und bedrängt sie mit Fragen: „Wie sah die heilige Jungfrau aus? Von welcher Farbe waren ihre Kleider? So wie in Lourdes? War viel Licht da? …" Das Kind wird verwirrt. Ihre Freude beginnt, sich in Angst zu wandeln, in Demütigung. Sie glaubt, gelogen zu haben. Sie kann sich nicht mehr *ohne ein Gefühl tiefen Abscheus* betrachten. Ihr Schuldgefühl vermehrt sich durch einen anderen

Zweifel, der sie fünf Jahre lang quälen sollte. Hat sie in Anbetracht der Symptome ihrer seltsamen Krankheit nicht vielleicht simuliert? Sie bildet sich ein, gelogen zu haben. Obwohl sie mit Marie und mit Abbé Ducellier, ihrem Beichtvater, darüber spricht, kann sie nichts beruhigen. *Ach! was ich gelitten habe, werde ich erst im Himmel aussprechen können!*

„Zum ersten Mal in Gesellschaft": Alençon (20. August—3. September 1883)

Aus Vorsicht läßt man die Genesende nicht sofort wieder zur Schule gehen. Es kommen die ersten großen Ferien außerhalb der geschlossenen Welt von Lisieux. Um ihre Wiederherstellung zu feiern, soll sie nun ihren „Schritt in die Welt" tun.
Zum ersten Mal kehrt sie nach Alençon zurück zu den Stätten ihrer Kindheit. Der Besuch am Grab ihrer Mutter verläuft ohne Zwischenfall. Sie findet das Grau der rue Saint-Blaise nicht wieder. Sie wird eingeführt in den Freundeskreis ihres Vaters, in die gute Bourgeoisie von Alençon, und wandert *von Schloß zu Schloß,* dem der Romets in Saint-Denis-sur-Sarthon; dem von Madame Monnier in Grogny, wo sie als Amazone auf dem Pferd reitet; dem der Rabinels, dem Stammsitz von Lanchal. In Semallé findet sie mit Freude die Familie von Rose Taillé wieder. *Alles war eitel Glück und Freude um mich her; ich wurde gefeiert, verwöhnt, bewundert.* Überall rufen die Freunde aus: „Ein Baby hatte man abreisen sehen, und nun findet man ein hübsches junges Mädchen wieder!" Der Vater ist nicht wenig stolz. „Ich versichere Dir,

es ist eine schöne Knospe von Mädchen, meine kleine Königin", schreibt er an seinen Freund Nogrix.

Mit ihren zehneinhalb Jahren, mit ihrem langen blonden Haar, ihren blaugrünen Augen läßt sie niemanden gleichgültig. Nur mit verblümten Worten spricht man von ihrer schweren Krankheit. Doch sie scheint gut erholt, fröhlich und voll Wohlbehagen in dieser neuen Welt. *Ich gestehe, dieses Leben hatte Anreiz für mich ... Mit zehn Jahren läßt sich das Herz leicht blenden.* Sie ahnt, daß sie diesem leichten Weg folgen könnte, dem der jungen Mädchen in ihrer Umgebung in Alençon. Sie denkt an Pauline in ihrem kleinen, armen Karmel. Später wird sie über diese Ferien sagen: *Vielleicht hat Jesus vor seinem* ersten *Besuch mir die Welt zeigen wollen, damit ich um so* freier *den Weg wähle, dem zu folgen ich ihm versprechen sollte.*

Am 22. August trifft sie P. Almire Pichon, jenen Jesuiten, der aus dem Departement Orne gebürtig ist, den Marie sich als Seelenführer erwählt hat und den sie verhimmelt. Der Pater stellt das gute Aussehen der jungen Therese fest. Auf Veranlassung von Herrn Martin küßt sie ihn, um ihm für seine Gebete während ihrer Krankheit zu danken.

Im Oktober 1883 kehrt sie wieder zur Abtei zurück in die gleiche violette Klasse, aber in die zweite Abteilung. Das ist nun endlich das Jahr ihrer ersten heiligen Kommunion. Sie tritt gründlich in die Vorbereitung darauf ein und ist immer die Erste im Religionsunterricht. Abbé Domin schätzt seine ,,kleine Kirchenlehrerin", aber sie tut sich schwer, gewisse Punkte seines Unterrichts anzunehmen. Sie empört sich darüber, daß die kleinen Kinder, die ohne Taufe sterben, des Himmels beraubt sein könnten.

Vom Karmel her ist die Vorbereitung nicht weniger intensiv. Von Februar bis Mai 1884 kommt jede Woche ein Brief von Pauline zu den Buissonnets. Die Karmelitin hat ein kleines Büchlein verfaßt, das anzeigt, welche täglichen Opfer man Jesus bringen und welche Gebete man ihm darbringen soll. Marie vervollständigt dies zu Hause auf ihre Art. Sie läßt Therese ein Blatt über den ,,Verzicht" meditieren, was für ihr Alter viel zu hoch ist. Die Kleine nimmt alles buchstäblich genau. *Jeden Tag versuche ich, so viele Übungen zu machen, wie ich nur kann, und ich tue alles, um mir keine Gelegenheit entgehen zu lassen,* schreibt sie an Agnes.

Vom 1. März bis zum 7. Mai bringt sie 1949 Opfer, im Durchschnitt also 28 an jedem Tag. Sie wiederholt 2773 mal die Anrufungen, die ihr von ihrer Schwester nahegelegt sind, also täglich 40.

Die Karmelitin ihrerseits bereitet sich auf ihre Gelübdeablegung vor. Beide Feiern sind auf den 8. Mai festgelegt. Für Therese ist es ein Zeitabschnitt *ohne Wolken.*

,,Der erste Kuß Jesu in meiner Seele" (8. Mai 1884)

,,Als sich in meinem jungen Herzen diese Flamme entzündete, die sich Liebe nennt, kamst du, um sie einzufordern ..."

Weil die Schülerin Therese gesundheitlich immer anfällig ist, ist sie von der Verpflichtung befreit, im Pensionat zu wohnen während des Monats, welcher ,,dem schönsten Tag ihres Lebens" vorausgeht. Sie macht nur drei Tage Exerzitien, vom 4.–8. Mai, unter vielen Vorsichtsmaßregeln und Privilegien. Beim geringsten Kopfweh, beim geringsten Husten führt man sie zur Krankenabteilung. Celine hat sogar die Erlaubnis, sie jeden Tag zu besuchen.

In einem kleinen Heft zeichnet die Exerzitantin die Unterweisungen von Abbé Domin in knapper Zusammenfassung auf. Die Überschriften sind vielsagend: die Hölle, der Tod, die sakrilegische Kommunion, das Letzte Gericht. Die Erzählungen, welche diese Kapitel beleuchten, erschrecken Therese. Wer weiß, so droht der Exerzitienleiter, ob nicht eine Exerzitantin noch vor Donnerstag stirbt? Tatsächlich, der Abbé kann seine Terrorunterweisungen nicht fortsetzen, denn die Mutter Saint-Exupère, die Priorin der Abtei, stirbt plötzlich!

Endlich bricht dieser Tag an, der seit vier Jahren vorbereitet wurde. Vergessen ist die Buchführung, die von Pauline vorgeschlagen war; entflohen die durch den Hausgeistlichen wachgerufenen Ängste. Der theresianische Sprachschatz, der die erste Begegnung mit Jesus beschreibt, gehört einer ganz anderen Tonart an. *Oh! wie wohltuend war der erste Kuß Jesu in meiner Seele! ... Es war ein Kuß der Liebe, ich fühlte mich geliebt, und auch ich sprach: ,,Ich liebe dich und schenke mich dir für immer." Es gab keine Forderungen, keine Kämpfe, keine Opfer; seit langem hatten sich Jesus und die arme kleine Therese angeblickt und verstanden ... An diesem Tage aber war es nicht nur ein Blick, es war ein Aufgehen ineinander, sie waren nicht mehr zwei, Therese war verschwunden, wie der Wassertropfen im weiten Meere sich verliert. Jesus allein blieb, er war der Herr, der König.*

Sie fürchtet keine Trennungen mehr. Nachdem sie Jesus

empfangen hat, ist sie auch mit ihrer Mutter im Himmel vereint und mit Pauline im Karmel. Ihre Gefährtinnen täuschen sich über ihre reichlichen Tränen während der Messe. Es sind Tränen der Freude, nicht des Schmerzes. Schwester Henriette erinnert sich: ,,Beim Nachmittagskaffee, der zwei Stunden dauert, sagt mir eine Kleine: ‚Wenn Sie wüßten, Schwester, um was Therese den lieben Gott bei ihrer Danksagung gebeten hat ... zu sterben, Schwester! Wie hätte man Angst davor!' Doch Therese schaut sie wie mitleidig an, ohne etwas zu sagen. Und das Wort nehmend, sage ich zu ihnen: ‚Ihr habt das nicht richtig verstanden; ganz sicher hat Therese darum gebetet, wie ihre heilige Patronin aus Liebe zu sterben.' Daraufhin näherte sie sich mir und, mir in die Augen schauend, sagte sie: *‚Sie, meine Schwester, verstehen es ... aber die anderen ...'* "

Diese Tiefe, die ihrer Umgebung entgeht, kommt ohne Zweifel von ihrer Gewohnheit her, die sie angenommen hatte, *das innere Gebet zu üben, ohne es zu wissen.* Hier war sie im Geheimen belehrt, sehr viel besser als durch M. Domin. Mehrere Male hatte sie eine ihrer Lehrerinnen gefragt: *Marguerite, ich möchte gerne, daß Sie mich lehren, wie man eine Betrachtung macht.* Weil Marie sie ,,dermaßen fromm" fand, hatte sie ihr nicht erlaubt, eine halbe Stunde lang zu betrachten, wie sie es von ihr erbat, und nicht einmal eine viertel Stunde lang. Doch wer hätte es Therese verbieten können, sich in einen leeren Zwischenraum zwischen ihrem Bett und der Wand zurückzuziehen und dort, durch einen Vorhang verborgen, zu denken *an den lieben Gott, an das Leben ...* an die Ewigkeit ...?

Die Tiefe dieser ersten heiligen Kommunion hindert sie nicht daran, auf Erden zu sein. Sie schätzt das Familienfest, die schöne Uhr und die zahlreichen Geschenke und unter anderem auch dieses ,,Kleid aus cremeweißem Wollstoff, besetzt mit granatfarbenem Samt und einem Strohhut in gleicher Farbe, geschmückt mit einer großen granatfarbenen Feder".

Weil sie die Erste im Religionsunterricht ist und auch ihrer Mutter beraubt, kam ihr das Recht zu, die Weihe an die Allerseligste Jungfrau während der Vesper im Namen ihrer fünf Gefährtinnen vorzubeten. Doch unter diesen befanden sich die beiden Nichten von Abbé Domin. Die Ordensfrauen der Abtei wollten ihrem Hausgeistlichen dadurch Freude machen, daß sie diese Ehre einer der beiden anvertrauen wollten. Therese hatte das nicht so verstanden. Es war notwendig, daß Madame Guérin und Marie einen Schritt bei Mutter Saint-Placide unternahmen und dann die ganze Familie zum Hausgeistlichen ging, um das Recht der Jüngsten zu verteidigen. Es wurde schließlich anerkannt.

Als Normannin ist Therese mystisch und realistisch zugleich. Sie notiert in einem ihrer Hefte ohne Übergang: *An Celine 20 Franken ausgeliehen. Oh! Jesus, du allein, und das ist genug.*

Bei der Erstkommunikantin entwickelt sich ein großer Hunger nach der heiligen Eucharistie. *Jesus allein konnte mich befriedigen.* Der Empfang der heiligen Kommunion hing damals von der Erlaubnis des Beichtvaters ab. Der von Therese ist sehr weitherzig, denn sein Beichtkind schreibt alle seine Kommunionen auf, vom 8. Mai 1884 bis 28. August 1885 insgesamt zweiundzwanzig.

Zweiter Besuch Jesu: Himmelfahrt, 22. Mai 1884

Ihre zweite heilige Kommunion am Himmelfahrtstag ist nicht weniger wichtig als die erste. Gegen jede Hoffnung hat Abbé Domin ihr erlaubt, nach kaum zwei Wochen wieder zu kommunizieren. Wieder fließen aus ihren Augen Tränen *vor unsagbarer Seligkeit*. Ein Satz des heiligen Paulus drängt sich ihrem Geiste auf: „Nicht mehr ich lebe, Jesus lebt in mir." Tags darauf erhält sie *eine der größten Gnaden ihres Lebens*. Später, nach einer anderen Kommunion, kommt ihr ein Wort Maries, die nun vierundzwanzig Jahre alt ist, wieder in den Sinn. Weil diese sie immer als ein kleines Kind betrachtete, hatte sie ihr vorausgesagt, daß Gott ihr den Weg des Leidens ersparen werde. Schwerlich konnte man sich noch radikaler täuschen. Genau das Gegenteil wird sich verwirklichen.
An diesem Tag fühlt Therese in ihrem Herzen *ein großes Verlangen nach Leiden* erwachen und die Gewißheit, daß eine große Zahl von Kreuzen auf sie wartet. Bei ihren Kommunionen wiederholt sie immer wieder aus der *Nachfolge Christi*, ihrem Lieblingsbuch: *O Jesus! Du unaussprechliche* Süße, *verwandle mir in* Bitterkeit *allen irdischen Trost!* Sie wiederholt diese Worte, ohne sie richtig zu begreifen, *wie ein Kind, das die Worte nachspricht, die ein befreundeter Mensch ihm einflüstert. () Bis dahin hatte ich gelitten, ohne das Leiden zu lieben; aber von diesem Tage an empfand ich eine wahre Liebe dafür.*
Während diese häufigen eucharistischen Gnaden anhalten, verschwinden die beiden seelischen Nöte, die von ihrer Krankheit herkamen, für ein Jahr vollständig.

„Der Heilige Geist muß das Leben deines Herzens sein" (14. Juni 1884)

Drei Wochen später taucht sie in der Abtei wieder mit Freude in zwei Exerzitientage ein: Bischof Hugonin wird sie firmen, und Leonie wird ihre Patin sein. Dieses *Sakrament der Liebe* versetzt sie in Staunen: Der Heilige Geist schenkt ihr *die Kraft zu leiden*.

Am 26. dieses gleichen Monats Juni nimmt sie mit Freude das *Tier mit Haaren* in Empfang, um das sie ihren Vater gebeten hatte: einen schönen weißen Spaniel, Tom, der nicht mehr von ihr weichen wird, Wächter der Buissonnets und Begleiter auf ihren Spaziergängen.

Der Sommer 1884 ist herrlich, aber seit Mai hustet Theresia viel. Sie hat sich Keuchhusten zugezogen. Im August schickt man sie zu Ferien in das Haus der Großmutter Fournet[10] in Saint-Ouen-le-Pin, zehn Kilometer westlich von Lisieux. Ihre Freude, das normannische Land, seine Flüsse und seine Wiesen wiederzufinden, ist groß. Im benachbarten Bauernhaus trinkt sie jeden Tag eine Tasse warmer Milch. Sie zeichnet, sie spielt mit dem Hund Biribi, sie geht im Wald von Theil spazieren und dehnt ihre Spaziergänge aus bis zum Schloß von Guizot, dem einstigen Minister von Louis-Philippe, der auf dem Friedhof des Dorfes beigesetzt ist. Frau Guérin schreibt an ihren Gatten: „Thereses Gesicht strahlt immer vor Glück."

Nach diesen ausgezeichneten Ferien tritt sie im Oktober 1884 in die zweite, die orange Klasse, ein. Ihre Lehrerin heißt Mutter Saint-Léon. Die gesammelte Zeit der Erstkommunion ist zu Ende. Immer noch ist sie die Jüngste und leidet unter der Zerstreutheit der Mädchen, die sich aus der Schulordnung nichts machen. Was sie liebt, ist der Religionsunterricht, wo sie immer hervorragt, den Aufsatz und die Geschichte. Rechnen und Rechtschreibung bleiben ihre schwachen Punkte. Wenn sie nicht das rote Ehrenzeichen erlangt, die Belohnung für die Erste, bricht sie in Tränen aus, und es ist ,,unmöglich, sie zu trösten". Sie hat auch die Neigung, ihren Gefährtinnen einzusagen, die während des Abfragens stumm bleiben. Mutter Saint-Léon hat beim Sammeln ihrer Erinnerungen kaum noch etwas zu sagen über diese sanfte und sensible Schülerin.

Die Osterferien erlauben Therese, in Deauville vom 3. bis 10. Mai 1885 das Meer wiederzusehen im ,,Chalet des Roses", das Herrn Guérin zur Verfügung gestellt wurde. Sie ist zwölfeinhalb Jahre alt. Marie bleibt in den Buissonnets und nennt sie immer noch ,,ihr großes Baby". Zweifellos ist sie es noch immer, denn wenn sie Marie Guérin sieht, wie sie von ihrer Mutter verhätschelt wird, versucht sie ihrerseits, sich liebkosen zu lassen, indem sie greint. Doch dafür muß sie büßen. Sie wird sich später an die Lektion erinnern und sich *für immer* als geheilt erklären *vom Verlangen, die Aufmerksamkeit auf sich zu lenken*. Ihre Kopfschmerzen waren ohne Zweifel nur durch die jodhaltige Meeresluft hervorgerufen.

,,Die schreckliche Krankheit der Skrupel" (Mai 1885—November 1886)

Sie kehrt nach Lisieux zurück, um das vorzubereiten, was man damals ,,die zweite Kommunion" nannte oder die Erneuerung.

Neue Exerzitien bei Abbé Domin! Therese zieht das kleine Heft vom vergangenen Jahr wieder hervor. Die Unterweisungen haben sich in ihrem Ton nicht geändert: *Was uns Herr Abbé gesagt hat, ist sehr erschreckend; er hat uns von der Todsünde gesprochen ...*, sagt sie über die zweite Unterweisung. Die dritte geht über den Tod. Diesmal unterbricht kein Todesfall diese Unterweisungen, die so verschieden sind von dem, was Therese bei ihren Kommunionen erlebt.[11]

Das ist zuviel für sie, die so zerbrechlich ist. Ihre Seelenpeinen wachen plötzlich wieder auf. Sie versinkt in *der schrecklichen Krankheit der Skrupel. Man muß dieses Martyrium durchgemacht haben, um es zu verstehen. Unmöglich könnte ich wiedergeben, was ich während anderthalb Jahren gelitten habe ...*

Ihr einzige Zuflucht ist Marie, die letzte Mutter, die ihr in den Buissonnets bleibt. Denn wie könnte sie im Karmel alle ihre Nöte Pauline anvertrauen, besondes wenn gewisse Skrupel, wie das vorkommen kann, sich auf die Keuschheit beziehen?[12] Pauline ist Karmelitin, also eine Heilige. Sie ist so weit weggerückt, daß ihre Schwester sie als für sie *gestorben* ansieht.

Therese vertraut Marie, die ihre *einzige, unentbehrliche Ratgeberin* geworden ist, jeden Tag unter Tränen ihre Nöte an zur Zeit des Frisierens (Marie frisiert sie nämlich jeden Tag, um dem Vater Freude zu machen). Die Jüngste verpflichtet sich, alles zu sagen, die *extravagantesten* Gedanken inbegriffen. Die einfachsten Handlungen und Gedanken werden für sie Gegenstand von Verwirrung. Dabei ist es eine erstaunliche Tatsache, daß ihre Beichtväter (Abbé Domin und nach dem Weggang von der Schule

Abbé Lepelletier) um ihre *schlimme Krankheit* überhaupt nicht wissen. Sie gehorcht blind ihrer Schwester, die ihr sagt, wessen sie sich in der Beichte anklagen soll.
Die großen Ferien bringen zum Glück eine Ablenkung. Im Juli kehrt sie wieder nach Saint-Ouen-le-Pin zurück. Sie verbirgt sehr gut ihre inneren Leiden. ,,Therese ist offenkundig glücklich", stellt ihre Tante Elisa fest. ,,Niemals habe ich sie so fröhlich gesehen." Dann folgt dieses ländliche Bild: ,,Gestern sind Therese und Marie (ihre Tochter) ganz mit kleinen Sträußen geschmückt gekommen, Marie mit Tausendguldenkraut, Therese mit Vergißmeinnicht (). Sie hatten ihre bretonischen Schürzen an; an allen Enden trugen sie sehr schön gemachte kleine Sträuße, ferner auf dem Kopf, am Ende ihres Zopfes und bis zu ihren Schuhen herab. Die eine war Rosette, die andere Bluette."
Dann folgt ein Aufenthalt in Trouville, in der Villa Rose, rue Charlemagne. Zwei Wochen am Ufer des Meeres zusammen mit Celine, welche Freude! Am Strand ist Therese mit ihren himmelblauen Bändern im Haar sehr hübsch. Doch weil sie sich für zu kokett findet, klagt sie sich darüber in der Beichte an.
Zu dieser Zeit hat Louis Martin eine große Reise durch Mitteleuropa bis hin zum Balkan unternommen über München und Wien in Begleitung von Abbé Charles Marie, Vikar an der Kirche Saint-Jacques. In Konstantinopel nehmen sie Abstand von einer Fahrt nach Jerusalem. Der Rückweg führt sie über Athen, Neapel, Rom und Mailand. Die Zeit vom 22. August bis Mitte Oktober finden die Martins-Töchter reichlich lang. Tom trauert in seiner Hundehütte seinem Herrn nach.

Die Villa Rose in Trouville, gemalt von Therese (Mai 1885)

Die ganze Familie drängt sich am Bahnhof, um den großen Reisenden zu empfangen, der die Winterabende mit der Erzählung von den wunderbaren Dingen ausfüllen wird, die er gesehen hat. *Ich liebe die langen Winterabende, die unsere Familie beim knisternden Feuer versammeln,* schreibt seine jüngste Tochter in einem Aufsatz am 3. Dezember 1885.

Am Montag, 5. Oktober, ist sie wieder zur Schule zurückgekehrt. Ein Angstkreis schließt sie wieder ein. Diesmal trifft das zu, was sie sehr gefürchtet hatte; sie ist allein in der Abteischule. Celine hat ihre Studien vollendet.[13] Marie Guérin, die häufig krank ist, kehrt nicht zur Schule zurück. ,,Die Unerschrockene", die Präfektin der Marienkinder geworden war, wird nicht mehr dort sein, um sie zu begleiten und ihre Schwester notfalls zu verteidigen. Therese ist um so mehr in Spannung, als das Schuljahr mit Exerzitien beginnt. Abbé Domin gibt glücklicherweise nur eine einzige Unterweisung. Aber nach den Notizen der Exerzitantin legt sein Vertreter den Nachdruck ebenfalls auf die Sünde, den Tod, die Hölle, das Letzte Gericht. Die gute Schülerin ist mehr denn je zu Tränen geneigt. Mutter Saint-Léon notiert: ,,Ich erinnere mich sehr gut, daß das Gesicht des Kindes eine Melancholie ausdrückte, die mich überraschte." Um ihrer Einsamkeit zu entgehen, versucht sie umsonst, sich mit Gefährtinnen ihres Alters und mit einer Lehrerin anzufreunden. *Meine Liebe wurde nicht verstanden.*

Am 2. Februar 1886 wird sie als Aspirantin in die Gemeinschaft der Marienkinder aufgenommen. Aber ihr ständiges Kopfweh zwingt sie dazu, häufig zu fehlen. Anfang März entschließt sich Herr Martin, seine Tochter von der Abtei wegzunehmen. Sie wird also nicht wie Celine bis zum Schluß der normalen Schulzeit weitermachen, die in der Oberstufe noch zwei Jahre gedauert hätte.

Bei Madame Papinau (März 1886)

Für die Schülerin von dreizehneinhalb Jahren beginnt ein neues Dasein; sie geht zur Lebensweise der Privatstunden mehrmals in der Woche über. Madame Papinau, fünfzig Jahre alt, wohnt am Platz Saint-Pierre, nahe bei den Guérins. Drei- oder viermal in der Woche empfängt sie Therese bei sich zu Hause. *Sie war ein recht lieber Mensch,* erzählt ihre Schülerin, *und von großer Gelehrsamkeit, hatte aber ein wenig das Gehabe einer alten Jungfer.* In diesem antik möblierten Zimmer entdeckt Fräulein Martin eine Welt, die von jener der Abtei sehr verschieden ist. Häufig unterbrechen Besuche die Unterrichtsstunden. Bei den kleinen Klatschereien in Lisieux fragt man: ,,Wer ist dieses hübsche junge Mädchen? Was für schöne Haare!" Die Nase in ihrem Buch, hört das junge Ding alles und wird rot vor Vergnügen.

Weil das junge Mädchen in bezug auf die Zeiteinteilung von jetzt an viel freier ist, richtet es sich eine Dachkammer im zweiten Stock der Buissonnets ganz nach ihrem Geschmack ein, *den reinsten Bazar:* Ein großes volles Vogelhaus, Pflanzen, ein Aquarium mit Goldfischen, Heiligenstatuen, verschiedene Schachteln, Körbe, Puppen, Bücher ... An der Wand hängt ein Bild von Pauline. Hier verbringt sie viele Stunden, studiert, verschlingt die Bücher, die sie so sehr liebt, meditiert, betet ...

Im Juni ist der neue Aufenthalt in Trouville im Chalet des Lilas sehr kurz. Da sie allein ist, das heißt ohne jemanden aus den Buissonnets, langweilt sie sich und wird krank. Ihre Tante ist beunruhigt und bringt sie nach Lisieux zurück. Kaum daß sie dort angekommen ist, ist sie wieder gesund. *Das war nichts als Heimweh nach den Buissonnets,* gesteht sie.

Der Abschied von Marie: Verlust ihrer dritten Mutter (15. Oktober 1886)

Diese große gemütsmäßige Anfälligkeit ist nicht dazu angetan, eine neue Trennung auszuhalten. Ihre einzige Stütze, ihre einzige Vertraute, schickt sich an, sie zu verlassen. Im August erfährt Therese, daß Marie ihrerseits in den Karmel eintreten will. P. Pichon hat dazu seine Zustimmung gegeben. Das ist zuviel! *Als ich von Maries Fortgehen erfuhr, verlor mein Zimmer für mich jeden Reiz.*

Die Jüngste hätte den Karmel hassen können, der ihr alle Stützen nacheinander wegnimmt, und diese Stunden im Sprechzimmer, wo sie so sehr leidet. Und dennoch träumt sie immer davon, selbst dort einzutreten, nicht um Pauline und Marie wiederzufinden, sondern weil Jesus sie dorthin ruft.

Für den Augenblick erlebt sie das wieder, was sie zur Zeit des Abschieds von Pauline gekannt hat: sie will Marie nicht mehr verlassen; unaufhörlich klopft sie an ihre Türe und küßt sie jeden Augenblick. Herr Martin dagegen verbirgt seinen Kummer. Er hatte gehofft, daß seine Bevorzugte, der ,,Diamant", ihn niemals verlassen würde. In der Familie des Apothekers ist das Erstaunen nicht weniger groß. Niemand hatte es erwartet, daß die unabhängige ,,Zigeunerin" (ein anderer Name, den der Vater ihr gab) sich fürs Kloster entscheiden werde.

Im Oktober beginnen für Therese wieder die Unterrichtsstunden bei Madame Papinau. Eine Reise nach Alençon bringt diesmal nur *Traurigkeit und Bitterkeit*. Am Grab der Mutter weint Therese, weil sie einen Strauß Kornblumen vergessen hat. Ihre wiederholten Tränen bewirken, daß sie von den Freunden der Familie als *charakterlich schwach* beurteilt wird. Die Guérins stimmen mit diesem Gesichtspunkt überein. Am Platz Saint-Pierre gilt sie als *ein kleines Dummerchen, gut und sanft, mit einem gesunden Urteil, aber untüchtig und ungeschickt.*

Um das Unglück voll zu machen: Leonie, welche die Klarissen in der rue de la Demi-lune, wohin ihre Mutter oft gegangen war, wiederentdeckt hat, hat die Äbtissin dahin gebracht, sie auf der Stelle in die Klausur aufzunehmen, was dann am 7. Oktober auch geschah. Marie ist voll

Zorn, den ihr Vater zu beruhigen versucht. Bei der Rückkehr nach Lisieux ist die Verlegenheit allgemein. Onkel Isidore ist der Auffassung, daß es nicht lang dauert, bis Leonie zu den Buissonnets zurückkommt.

Acht Tage später, am Fest der großen heiligen Teresa von Avila, stößt Marie im Karmel wieder zu Schwester Agnes von Jesus. Dort wird sie Schwester Marie vom heiligsten Herzen heißen.

Für die kleine Letzte ist die Bilanz dieser Wochen sehr dunkel. Die warme Atmosphäre der Buissonnets, für ihr Leben unentbehrlich, ist dabei zu verschwinden. Um den Vater bleibt niemand als sie und Celine. Diese ist nun siebzehneinhalb Jahre alt und zur Herrin des Hauses aufgerückt. Nach diesem 15. Oktober erreicht Therese die tiefste Talsohle.

Zweite Heilung (Ende Oktober 1886)

Wem soll sie in Zukunft die Skrupel anvertrauen, die sie quälen! Sie macht sich Kummer um alles. Die innere Krise erreicht ihren Höhepunkt. Wird ein Rückfall eintreten? Wieder gehorcht sie diesmal einem vitalen Reflex. Da sie niemanden mehr auf Erden findet, wendet sie sich dem Himmel zu. Von allen verlassen, erinnert sich die kleine Letzte plötzlich an ihre kleinen Brüder und Schwestern, die vor Thereses Geburt schon gestorben waren. *Ich redete in kindlicher Einfalt zu ihnen und machte sie aufmerksam, daß ich als die Jüngste der Familie stets die Meistgeliebte und am meisten mit Zärtlichkeiten Überhäufte von meinen Schwestern war (). Ihr Heimgang in den Himmel schien mir kein Grund, mich zu vergessen, im Gegenteil:*

da sie Gelegenheit hätten, aus den göttlichen Schätzen zu schöpfen, sollten sie mir von dort oben den Frieden *holen und damit zeigen, daß man auch im Himmel noch zu lieben versteht.*

Aus der tiefsten Niedergeschlagenheit kommt spontan solches Gebet Thereses. Als verlorenes Kind wendet sie sich den Kindern zu. *Die Antwort ließ nicht auf sich warten; bald überströmte der Friede meine Seele mit seinen köstlichen Fluten, und ich begriff, daß, wenn ich auf Erden geliebt war, ich es auch im Himmel war ... (). Von da an wuchs meine Andacht zu meinen seligen Brüderchen und Schwesterchen.*

Nie wird sie diese Erfahrung einer Heilung vergessen. Doch wenn auch ihre Skrupel plötzlich verschwunden sind, so bleibt doch ihre Überempfindlichkeit. Donnerstags weint sie im Sprechzimmer immer noch. Marie macht es ihr zum Vorwurf. Übrigens weint sie wegen allem, und dann *weint sie* darüber, *geweint zu haben*. Alle Vernunftgründe sind nutzlos. *Meine Empfindlichkeit machte mich wirklich unausstehlich.*

Sie ist aber nun bald vierzehn Jahre alt. Sie ist sehr gewachsen, und man ließ sie Übungen an den Ringen machen, damit sie nicht buckelig würde, aber sie zeigt sich hier nicht sehr aktiv. Celine ist es, die ihr gemeinsames Zimmer richtet. Therese nimmt an der Haushaltsarbeit kaum teil. Manchmal versucht sie, das Bett zu machen und holt abends einige Blumentöpfe aus dem Garten herein. Wenn Celine ihr dafür nicht dankt, greint sie.

Noch war ich nur ein Kind, das keinen Willen zu haben schien als den der anderen. Sie *dreht sich in dem engen*

Kreis, ohne zu wissen, wie ihm entkommen, gefangen *in den Windeln der Kindheit.*

Dabei ist sie dieses heranwachsende Mädchen, das immer davon träumt, in das harte Leben des Karmels einzutreten. Sie denkt daran und gesteht sich dabei völlig ein, daß sie nicht weiß, wie sie dort nach den kraftvollen Weisungen der spanischen Madre an ihre Karmelitinnen *mannhaft* wird leben können. Wie könnte sie, so schwach, so erregbar, eine Tochter der heiligen Teresa werden, die starke und entschiedene Postulantinnen haben wollte? Um sie zu ändern, bedürfte es eines Wunders.

Eine solche Probe wie das Ordensleben ist nicht einfach. Man sieht es an Leonie, nun dreiundzwanzig Jahre alt, die am 1. Dezember wieder zu Hause auftaucht, von einem Ekzem bedeckt, die kurzgeschorenen Haare unter einem Schleiertuch verbergend. Sieben Wochen nach der Lebensweise der Klarissen in Alençon haben ihren guten Willen unter Beweis gestellt. Ihre beiden Schwestern tun alles, um ihr zu helfen, sich über ihren Mißerfolg und ihre Demütigung zu erheben.

Die Lebensgewohnheiten in der Familie nehmen ihren Fortgang. Aber an diesem Jahresende 1886 ist das Herz fast nicht dabei. Am Weihnachtsabend gehen Louis Martin und seine drei Töchter zur Kathedrale Saint-Pierre hinab zur Mitternachtsmesse.

„Meine vollständige Bekehrung": Weihnachten 1886

„Ein Baby" — so sieht Celine damals ihre Schwester. Als Beweis dafür: Diese Gewohnheit, Geschenke in die Schuhe zu stecken und diese in den Kamin zu stellen! Mit vier-

zehn Jahren ist Therese noch einmal bereit, sich dafür herzugeben. Während sie die enge Treppe hinaufsteigt, hört sie ihren Vater, der ermüdet ist, zu Celine sagen: „Glücklicherweise ist es das letzte Jahr." Wie ihre Schwester Thereses Tränen sieht, begreift sie, daß das Weihnachtsmahl verpfuscht ist. Sie rät ihr, nicht sofort hinunter zu gehen.
Doch das ist der Zeitpunkt, in dem sich alles plötzlich ändert. In einem Augenblick fängt sich Therese, wischt sich die Augen aus, geht wieder hinunter und packt fröhlich ihre Pakete aus. Celine kann sich nicht genug darüber wundern!
Auf der Treppe hat sich soeben in ihrer Schwester eine totale Veränderung vollzogen. Eine neue, unbekannte Kraft erfüllt sie plötzlich. Sie ist *nicht mehr die gleiche. Jesus hat ihr Herz umgewandelt.* Die Nacht, in der sie lebte, wandelt sich um in *Sturzbäche von Licht.* Der Bericht, den wir von dieser *Bekehrung* haben, stammt aus dem Jahre 1895. Neun Jahre später kann Therese vom Kinde Jesus über die Festigkeit ihrer plötzlichen Umwandlung urteilen. Ein Zweifel ist für sie nicht möglich. Es handelt sich um ein *kleines Wunder. In einem Augenblick hatte Jesus vollbracht, was mir in zehnjähriger Anstrengung nicht gelungen war; er begnügte sich mit meinem guten Willen.* In diesem 25. Dezember erblickt sie einen entscheidenden Schritt ihres Lebens, der den dritten Abschnitt ihres Lebens eröffnet, *den schönsten von allen.* Nach diesen neun schmerzlichen Jahren, im besonderen von 1881 bis 1886, hat Therese *ihre Seelenstärke wiedergefunden, die sie verloren hatte* seit dem Tode ihrer Mutter, und, wie sie sagt, *die sie sich nunmehr für immer bewahren sollte!*

Ein wunderbarer Tausch hat da stattgefunden zwischen dem Kind in der Krippe, das in die menschliche Schwachheit eintrat, und der stark gewordenen kleinen Therese. Es war eine eucharistische Gnade: *Ich hatte* in dieser Nacht *das Glück, den starken und mächtigen Gott zu empfangen.*

Auf einen Schlag ist sie befreit von den Fehlern und Unvollkommenheiten der Kindheit. Diese Gnade läßt sie wachsen und reifen. Der Quell ihrer Tränen ist versiegt. Ihre Überempfindlichkeit ist geheilt. Nun ist sie endlich für das Leben gerüstet. *Seit jener gesegneten Nacht wurde ich in keinem Kampfe mehr besiegt, im Gegenteil, ich schritt von Sieg zu Sieg und begann, sozusagen* wie ein Riese zu laufen.[14]

In dieser Nacht[15] wurde eine andere Therese Martin geboren. *Jesus verwandelte mich so, daß ich mich selbst nicht wiedererkannte.* Oder besser gesagt, er hat sie ihr selbst zurückgegeben, sie heraustreten lassen aus einem schlimmen Traum, der mehrere Jahre anhielt; ihre seltsame Krankheit und die Krise ihrer quälenden Skrupel sind davon die dramatischsten Augenblicke gewesen. Ihre wahre Natur ist nicht das Greinen, die träumerische Verschwommenheit, die Anwandlungen eines schwachen Willens. In Alençon war sie nicht so. Therese ist nun das geworden, was sie wirklich ist. Nach dem Lächeln der Jungfrau, nach der Fürbitte ihrer kleinen Brüder und Schwestern, hat das Christkind, der starke Gott, sie nun endgültig befreit. Es handelt sich um ein entscheidendes, grundlegendes Ereignis. Von jetzt an weiß sie es für immer, daß Gott sie aus dem Schiffbruch gerettet hat, sie, Therese. Das ist ihre nicht umzukehrende Erfahrung. Sie ist nun *für den Krieg ausgerüstet.*

Kapitel 3

„Die dritte Periode meines Lebens, die schönste von allen"

„Wir erfreuten uns gemeinsam des angenehmsten Lebens, das junge Mädchen sich erträumen können. Unser Leben war der Inbegriff des Glücks auf Erden."

Das schöne Jahr 1887

Diese tiefe Umwandlung ist für die Umgebung mit Ausnahme von Celine nicht unmittelbar wahrnehmbar, während die physische Entwicklung Thereses für alle sichtbar wird. Am 2. Januar wird sie vierzehn Jahre alt. „Mein Baby ist sehr gewachsen", seufzt Marie hinter ihren Gittern. Die Cousine Jeanne spricht jetzt von der „großen Therese".[16] Im Juni nennt man sie mit ihren blonden Zöpfen am Strand von Trouville „die große Engländerin". In diesem Jahr 1887 entwickelt sie sich in jeder Hinsicht, und ihr Aufblühen ist umfassend. Physiologisches Wachstum und affektive Entwicklung gehen Hand in Hand. *Ich war im gefährlichsten Alter für ein junges Mädchen.* Ihr Verlangen, zu lieben und geliebt zu werden, bleibt lebendig. Ihr mütterliches Empfinden übt sich ein an zwei Waisenkindern, die in die Buissonnets aufgenommen werden; sie sind noch keine sechs Jahre alt. Ihre Reinheit, ihr Vertrauen dem „großen Fräulein" gegenüber, setzen Therese in Erstaunen.

Ihre intellektuelle Entwicklung ist nicht geringer. *Von den Skrupeln und der übermäßigen Empfindlichkeit befreit, begann sich mein Geist zu entwickeln. Ich hatte stets das Große, das Schöne geliebt, doch damals erfaßte mich ein sehr großer Drang nach Wissen.* Das Niveau der Unterrichtsstunden bei Madame Papinau bleibt bescheiden. In ihrer Mansarde stapelt Therese Bücher über Naturwissenschaft und Geschichte. Alles interessiert sie, aber die anti-intellektuellen Ratschläge der *Nachfolge Christi,* die ihr Führer ist, hindern sie daran, dem Taumel des Wissens nachzugeben. Sie hat sich fest in der Hand.

In ihre Aufsätze, die sich ziemlich der herrschenden Richtung anpassen, läßt das junge Mädchen einige vertrauliche Mitteilungen über ihre Geschmacksrichtung einfließen. Sie kommt oft auf die Freuden zurück, welche die Natur schenkt. *Der Tumult der Stadt* behagt ihr nicht. *Wenn meine Träume sich erfüllen, dann werde ich mich eines Tages aufmachen, um auf dem Land zu wohnen. Wenn ich an mein Vorhaben denke, bin ich im Geiste entrückt in ein entzückendes Häuschen voll Sonne; alle meine Zimmer schauen aufs Meer hinaus.* Sie sieht sich hier, wie sie allein lebt, eine Kuh hat, einen Esel, Schafe, Hühner, ein Vogelhaus. Ihr kleines Haus ist nahe bei einer Kirche, wo sie jeden Morgen der heiligen Messe beiwohnen würde. Dann würde sie, nachdem sie ihren Esel bestiegen hat, einige Arme besuchen gehen und ihnen *Verpflegung und Medikamente* bringen. Aufs Ganze gesehen also ein Einsiedlerleben, erfüllt von Gebet und Liebesdiensten in einer schönen normannischen Landschaft.

Celine, die Schülerin von Fräulein Godard ist, bringt ihr von Januar bis Mai das Zeichnen bei. Therese übt sich an Stilleben, Brustbildern und Landschaften. Sie modellieren zusammen mit Barbotine.[17] Doch die Jüngste hätte sehr gerne ebenfalls Stunden bei Fräulein Godard genommen. Als man sie darauf aufmerksam gemacht hat, daß sie nicht so begabt sei wie ihre Schwester, hat sie geschwiegen.

Aus Pflicht und Schuldigkeit begibt sie sich zweimal in der Woche zu den Zusammenkünften, die man ihr auferlegt hat, um in die Vereinigung der Marienkinder eingeschrieben zu werden. (Am 31. Mai wird sie dort schließlich aufgenommen.) In der Abtei kennt sie die Schülerinnen nicht mehr. Ihr einziger Zufluchtsort ist die Empore der Kapelle, wo sie lange Zeit vor dem Allerheiligsten Sakrament zubringt. Dort weilt ihr einziger Freund. Das Niveau dieser Zusammenkünfte entspricht keineswegs den Fragen, die sie sich in ihrem Alter stellt. Im Mai wagt sie es ausnahmsweise, ihren Vater zu bitten, ihr ein neuerschienenes Buch, das vom Karmel ausgeborgt war, zu leihen: *Ende der gegenwärtigen Welt und Geheimnisse des künftigen Lebens;* neun Konferenzen von Abbé Arminjon, Domherr in Chambéry und zuvor Professor der Heiligen Schrift (1881).

Besonders in der siebten Konferenz ,,Von der ewigen Seligkeit und der übernatürlichen Schau Gottes" entdeckt das heranwachsende Mädchen in dem 280 Seiten starken Band eine Zusammenschau von Offenbarung und Tradition von ganz anderer Geistesweite als die Unterrichtsstunden von Abbé Domin. *Alle großen Wahrheiten der Religion, die Geheimnisse der Ewigkeit tauchten meine Seele in ein überirdisches Licht.* Sie schreibt die Seiten ab, die sie am meisten berühren, besonders jene über ,,die vollkommene Liebe." Diese Lektüre war *eine der größten Gnaden ihres Lebens.*

Alle diese Entdeckungen teilt sie in Zukunft Celine mit, ihrer neuen Vertrauten. Ihre plötzliche Umwandlung hat

sie einander näher gebracht. *Es war sozusagen ein und dieselbe Seele, die uns Leben gab; seit wenigen Monaten erfreuten wir uns gemeinsam des angenehmsten Lebens, das junge Mädchen sich träumen können; alles um uns her entsprach unserem Geschmack, man gewährte uns die größte Freiheit, kurz, ich sagte, unser Leben sei der* Inbegriff des Glücks *auf Erden ...*
Während dieses Sommers finden sie sich am Abend im Belvedere zusammen. Es sind Gespräche zweier junger Mädchen im Mondschein. *Mir scheint, daß wir Gnaden von hohem Rang erhielten, wie sie den Heiligen zuteil werden.* Sie weist hin auf Augustinus und Monika, wie sie sich in Ostia unterhalten. *Ein Zweifel war nicht möglich; schon waren Glaube und Hoffnung nicht mehr nötig; die Liebe ließ uns jenen, den wir suchten, auf Erden finden.*
Therese scheint ihre Schwester sogar zu überflügeln. Alle ihre fraulichen Kräfte wachen auf. Der romantische Begleittext ihres Alters und ihrer Epoche fehlt dabei nicht. Die eucharistischen Gnaden fahren fort, sie innerlich umzuwandeln. Abbé Lepelletier gestattet ihr, viermal in der Woche zu kommunizieren und sogar fünfmal, wenn Feste dazwischenfallen. Es ist dies eine außergewöhnliche Erlaubnis, die sie vor Freude weinen läßt und aus der sie mit jugendlichem Eifer Nutzen zieht. *Ich fühlte in meinem Herzen eine bis dahin unbekannte Begeisterung; manchmal geriet ich in eine wahre Hingerissenheit der Liebe. Als ich eines Abends nicht wußte, wie ich Jesus meine Liebe und mein inniges Verlangen ausdrücken sollte, daß Er überall geliebt und verherrlicht werde, fiel mir mit Schmerz ein, daß Er aus der Hölle nie einen einzigen Akt*

der Liebe empfangen könne; da sagte ich dem lieben Gott, daß ich, um ihm Freude zu machen, gerne bereit wäre, dorthin verstoßen zu werden, damit Er an diesem Ort des Fluches auf ewig geliebt werde ... Wenn man liebt, empfindet man das Bedürfnis, tausend Torheiten zu sagen.

Ist es jugendliche Überspanntheit? Nein, denn es handelt sich nicht um Gefühle. Ihre Haltung hat sich völlig geändert. Diese Gnaden tragen reiche Früchte. Indem sie Celine in liebenswürdiger Weise einschließt, sagt sie: *Die Übung der Tugend wurde für uns anziehend und selbstverständlich ... Das Entsagen wurde mir leicht, selbst im ersten Augenblick.*

Weil Kühnheit ihr nicht fehlt, spürt sie nicht das Bedürfnis einer Hilfe von außen her wie ihre Schwestern, von denen jede einen Seelenführer hat. Warum? Jesus wirkt in ihr direkt, ohne Vermittler. Ihr Weg ist gerade, lichtvoll. *Ich war nur sehr kurz im Beichtstuhl; nie sagte ich ein Wort von meinen inneren Empfindungen.* Sie geht so weit, daß sie ausruft: *Oh! Wenn Gelehrte, die ihr ganzes Leben mit Studieren verbracht haben, mir Fragen gestellt hätten, sie wären sicher erstaunt gewesen, zu sehen, daß ein vierzehnjähriges Kind die Geheimnisse der Vollkommenheit versteht ...*

„Der Durst nach Seelen"

Ein anderes Zeichen, das verdeutlicht, daß sie sich nicht in die Wonnen der Innenschau einschließt, liegt in einem kleinen zufälligen Ereignis, das sie nun endgültig auf die anderen hin ausrichtet.

An einem Juli-Sonntag rutscht am Ende der Messe ein

Bild des Gekreuzigten aus ihrem Meßbuch heraus. Niemand fängt das Blut auf, das er vergossen hat. Therese trifft die Entscheidung, daß sie sich in Zukunft geistigerweise am Fuß des Kreuzes aufhalten wird, um dieses Blut zum Nutzen der Sünder aufzufangen. *Die Liebe zog in mein Herz ein.* Auch sie wird Menschenfischer sein. Dem Durst Jesu gibt der Durst Thereses Antwort. Ihre Berufung zum Karmel festigt und vertieft sich. Sie spürt das Bedürfnis, sich selbst zu vergessen. Der Fall Pranzini gibt ihr sofort die Gelegenheit, ihre Wünsche in die Tat umzusetzen.

„Ein großer Verbrecher": Henri Pranzini (März—August 1887)

In der Nacht vom 19. auf den 20. März 1887 wurden in Paris, rue Montaigne 17, auf abscheuliche Weise zwei Frauen und ein junges Mädchen ermordet. Die eine, Régine de Montille (ihr richtiger Name war Marie Regnaud), ist im ganzen mondänen Paris bekannt wegen ihres leichten Lebens; die andere ist ihre Bedienstete. Das Kind mit zwölf Jahren gehört zweifellos der ersten. Juwelen sind verschwunden.

Dieses dreifache Verbrechen findet außergewöhnlichen Widerhall. Zwei Tage später verhaftet die Polizei in Marseille einen Verdächtigen, Henri Pranzini, der in Alexandrien geboren ist. Die Anklagepunkte gegen diesen großen, schönen Mann, der ein abenteuerliches Leben führt, sind erdrückend. Er dagegen hört nicht auf, alles abzustreiten. Pranzini scheint kein gewöhnlicher Verbrecher zu sein. In unverschämter Weise bietet er Zeugen und

Richtern die Stirn. Die ganze französische und ausländische Presse berichtet von März bis Juli über diesen Fall und erwähnt die schmutzigsten Einzelheiten. Der Prozeß wird am 9. Juli eröffnet. Am 13. Juli wird Pranzini zum Tode verurteilt.

Therese hört von ihm sprechen. Sie hat nur ein Verlan-

Abguß des Kopfes von Henri Pranzini im gerichtsmedizinischen Museum

gen: sie will ihn retten. Weil dann alle Zeitungen, darunter auch *La Croix,* nur von dem ,,unheimlichen Schuft", von dem ,,Monstrum", von dem ,,schändlichen, rohen Menschen" sprechen, nimmt das junge Mädchen ihn an als ihr *erstes Kind.* Sie betet für ihn; sie vervielfältigt ihre Opfer; sie läßt durch Vermittlung von Celine heilige Messen feiern — ohne ihre Intention anzugeben! Ihre Schwester kann ihr schließlich ihr Geheimnis entlocken, und nun vereinigen sie ihre Anstrengungen. *Im Grunde meines Herzens fühlte ich mit Gewißheit, daß unser Verlangen erfüllt werden sollte; um mir jedoch Mut zu machen, im Gebet für die Sünder fortzufahren, sagte ich dem lieben Gott, ich sei ganz sicher, daß er dem unglücklichen Pranzini verzeihen werde, daß ich dies sogar glauben würde, wenn dieser* nicht beichtete und kein Zeichen der Reue *gäbe; so großes Vertrauen hatte ich in die unendliche Barmherzigkeit Jesu; aber ich bäte ihn doch um ein Zeichen der Reue, einfach zu meinem Trost ...*
Am Morgen des 31. August beteuert Pranzini im Gefängnis de la Grande Roquette seine Unschuld bis hin zum Fuß des Schafotts und weist die Dienste von Abbé Faure, des Gefangenenseelsorgers, zurück. Im letzten Augenblick jedoch verlangt er das Kreuz und küßt es zweimal vor dem Sterben.[18]
Am folgenden Tag öffnet Therese, indem sie über das Verbot ihres Vaters, Zeitungen zu lesen, hinweggeht, *La Croix,* liest den Bericht über den Tod Pranzinis und verbirgt sich, um zu weinen. Sie ist *wörtlich erhört!* Das erbetene Zeichen ist erlangt worden. Es ist das getreue Abbild von Gnaden, die Jesus ihr zukommen ließ, um sie zum Gebet für die Sünder anzuspornen: Pranzini hat die

Wunden jenes Gekreuzigten geküßt, dessen Blut Therese auffangen wollte zum Heil der Welt.

Diese *einzigartige Gnade* beschleunigt ihren Entschluß, in den Karmel einzutreten, um dort zu beten und ihr Leben für die Sünder hinzugeben. Wenn der Herr ihr Pranzini als erstes Kind geschenkt hat, dann deswegen, weil sie noch viele andere haben wird.

Kämpfe um den Karmel (Mai 1887—Januar 1888)

Es gilt, keine Zeit zu verlieren. Die Daten haben für sie große Bedeutung, und sie hat bereits das Datum ihres Eintritts festgelegt, nämlich den 25. Dezember 1887, den Jahrestag ihrer Bekehrung.
Eine ganze Reihe von immer beträchtlicheren Hindernissen aber türmen sich vor ihrem Vorhaben auf. Eines nach dem anderen muß sie überwinden. *Der göttliche Ruf war so dringend, daß, hätte ich durchs Feuer gehen müssen, ich es getan haben würde, um Jesus treu zu sein.* Sie muß *die Festung des Karmels mit des Schwertes Spitze erkämpfen.*

Ihren Vater überzeugen (29. Mai 1888)

Ein erster Schritt legt sich nahe: Sie muß das Einverständnis ihres Vaters erhalten. Sie wählt den Pfingsttag, um ihm ihr Geheimnis anzuvertrauen. Wird er ihr gestatten, mit fünfzehn Jahren ins Kloster zu gehen, er, der schon die Berufung von Pauline und von Marie hingenommen hat, während Leonie nach ihrem mißglückten Versuch bei den Klarissen ihn soeben gebeten hat, in die Heimsuchung von Caen eintreten zu dürfen? Außerdem hatte er

Zeichnung von Abbé Lepelletier am 16. Juni 1887: Celine, Therese und Leonie

am 1. Mai einen kleinen Schlaganfall gehabt, der seine ganze linke Seite für einige Stunden lähmte. Das rasche Einschreiten seines Schwagers hat jedoch alles in Ordnung gebracht. Er ist aber ein erschöpfter Mann, bleich, den die ,,kleine Königin" nun um die Erlaubnis bittet, Abschied nehmen zu dürfen, auch sie. Ängstlich, wie sie ist, hat sie lange gezögert. Den ganzen Tag über hat sie gebetet, um den Mut zu haben, zu reden.
Am Abend nach der Vesper trägt sie im Garten der Buissonnets ihr Anliegen vor. Ihr Vater hat nur den Einwand, sie sei noch so jung. Doch sie überzeugt ihn rasch von der

Echtheit und der Dringlichkeit ihrer Berufung. ,,Ihr König" sagt, daß Gott ihm ,,eine große Ehre erweist, wenn er so seine Kinder von ihm abverlangt". Dann pflückt er an der niedrigen Einfriedungsmauer ein Steinbrech-Blümchen und gibt es Therese. Er erklärt ihr, wie diese kleine Blume ihr ganzes Leben versinnbildet. Sie nimmt sie wie eine Reliquie in Empfang und legt sie in ihre *Nachfolge Christi,* von der sie sich nie trennt. Ganz in der Freude über diese väterliche Zustimmung zweifelt sie nicht daran, rasch an ihr Ziel zu kommen.

Die großen Ferien kommen …, die letzten, so hofft Therese. Zu den Augen der Guérins und der Freunde ist nichts von all diesen Ereignissen durchgedrungen. Das Leben geht weiter: Ausflug der Martinstöchter aufs Land bei Touques, zusammen mit ihrem Vater und Abbé Lepelletier, der vierunddreißig Jahre alt ist. Er ist der Beichtvater von Therese und Celine; er hat die drei Schwestern auf den Feldern gezeichnet. Die Jüngste pflückt ihrer Gewohnheit nach Blumen, Leonie blättert in einem Buch, Celine malt. Es folgt eine Wallfahrt nach Honfleur, dann die Besichtigung eines Überseeschiffes auf der internationalen Seeschiffahrts-Ausstellung in Le Havre. Schließlich eine Woche in Trouville im Chalet des Lilas, das von den Guérins gemietet ist.

Die ,,große Engländerin" genießt ihre Ferien in vollen Zügen. Mit Jeanne findet sie die Fräulein Colombe wieder. Zweimal täglich gehen sie zum Strand. ,,Gestern sind wir bei den Felsen gewesen, um Meerwasser zu suchen. Therese hat sich für einen Augenblick die Schuhe ausgezogen. () Es geht der großen Therese immer gut, und ich glaube auch, daß sie sich amüsiert."

Vom 6. bis 15. Oktober gibt der Jesuitenpater Pichon die Exerzitien im Karmel. Er ist von Schwester Marie vom heiligsten Herzen sehr in Beschlag genommen. Er macht auch einen Besuch in den Buissonnets. Celine ihrerseits bittet ihn, ihre geistliche Leitung zu übernehmen. Während Leonie am 16. Juli zur Heimsuchung nach Caen gefahren ist, ahnt Theresita[19] sehr gut, daß ihr eigener frühzeitiger Eintritt in den Karmel nicht zur Eintracht der Familie beitragen wird. Marie, die seit einem Jahr weiß, was es heißt, im Karmel zu leben, tut alles, um den Eintritt hinauszuschieben. Pauline dagegen begünstigt ihn, freilich nicht ohne den Eifer der Postulantin zu dämpfen. Nachdem Celine von dem Entschluß ihrer Schwester erfahren hat, leidet sie sehr darunter, weil sie ja dann allein in den Buissonnets bleiben wird; aber sie unterstützt sie. Therese sieht sie schon mit sich im Karmel und hat bereits deren Ordensnamen gewählt: Schwester Marie de la Trinité!

Die Widerstände des Onkels Isidore (8.—22. Oktober 1887)

Alle diese Pläne stoßen auf ein schwerwiegendes Hindernis: Onkel Isidore, der Vormund der Martinstöchter, setzt sein Veto dem Wunsch seiner Nichte entgegen. Erst sechs Monate, nachdem sie mit ihrem Vater gesprochen hat, tritt Therese am Samstag, 8. Oktober, *mit Zittern* ins Büro des Apothekers. Väterlich, aber unnachgiebig, hält er kluge Argumente den Tränen Thereses entgegen: sie ist bei weitem zu jung für ,,dieses Philosophenleben". Die ganze Stadt würde darüber sprechen. Nur keinen Skandal, das ist die Sorge eines angesehenen Bürgers von Lisieux. Seine Nichte, die zweifellos Beruf hat, soll davon zu ihm nicht mehr vor ihrem siebzehnten Lebensjahr sprechen. Es bräuchte nichts weniger als ein *Wunder,* um seine Ansicht zu ändern.

Am gleichen Tag schreibt Therese an Schwester Agnes, (die ihr den Rat gegeben hatte zu reden), um ihr den Mißerfolg der Zusammenkunft zu schildern. Die Vertrautheit zwischen ihnen ist wieder stark geworden. *Bete für Deine Theresita! Du weißt, wie sehr sie Dich liebt; Du bist ihre Vertraute.* Pauline kehrt auf den ersten Rang zurück und übernimmt die Leitung des Kampfes ihrer jungen Schwester. Die Postulantin fühlt sich voll Mut in der Gewißheit, daß Gott sie nicht verlassen wird.

Dennoch entdeckt sie während der drei Tage vom 19. bis 22. Oktober zum ersten Mal die innere Trockenheit, das Schweigen Gottes. *Es war Nacht, tiefe Nacht der Seele ... Wie Jesus im Garten der Todesangst fühlte ich mich einsam; ich fand keinen Trost, weder auf Erden noch vom Himmel her; der liebe Gott schien mich verlassen zu haben!!!* Das ist eine neue und befremdende Erfahrung für sie, die seit Weihnachten so viele Erleuchtungen gekannt hat. Sie versteht das nicht mehr. Als Schwester Agnes sie am Freitag, 21. Oktober, im Sprechzimmer in diesem jammervollen Zustand sieht, hält sie es nicht mehr aus; sie schreibt an ihren Onkel. Sie will ihm offenbar keinen Rat erteilen, ihm aber die Lage auseinandersetzen. Nach ihrer Meinung handelt es sich gewiß „um etwas ganz anderes als um den Kummer eines Kindes".

Herr Guérin hat sein Pflegekind immer geschätzt. Vom

Samstag an ändert er seine Meinung. Mag Therese also in den Karmel eintreten!

Herr Delatroëtte, der unbekehrbare Superior des Karmels (23. Oktober 1887)

Die Freude der Postulantin ist nur von kurzer Dauer. Am Sonntagabend stößt sie auf eine Ablehnung, die in anderer Weise unübersteigbar ist. Herr Delatroëtte, neunundsechzig Jahre alt, Superior des Karmels seit 1870, widersetzt sich ihrem Eintritt vor dem einundzwanzigsten Lebensjahr in absoluter Weise.

Die unmittelbare Reaktion bei Therese ist: ihn besuchen, um ihn zum Nachgeben zu bewegen. Schon am Montag, 24. Oktober, macht sie sich auf den Weg, begleitet von ihrem Vater und von Celine. Der Mann der Kirche, der durch einen neuesten Zwischenfall ähnlicher Art, von dem ganz Lisieux spricht, ein gebranntes Kind ist, will kein neues Risiko eingehen. Er bleibt hart wie Stein. Offenbar steht die letzte Entscheidung dem Bischof zu ... Und wenn dieser zustimmt ...

Im Regen bricht Therese in Tränen aus. Um sie zu trösten, verspricht ihr der Vater einen Besuch beim Bischof von Bayeux. Seine Tochter überbietet ihn noch: ,,Und wenn er nicht will, werde ich hingehen und den Papst bitten." *Ich war entschlossen, mein Ziel zu erreichen.* In der Tat, warum auch nicht, da doch ihr Vater trotz seiner Ermüdung sich zu einer Pilgerfahrt nach Rom angemeldet hat, die von der Diözese Coutances zu Ehren des Jubiläums von Papst Leo XIII. organisiert wurde?

Am Montag folgt ein neues verdrießliches Gespräch im

Sprechzimmer. Herr Delatroëtte beharrt auf seinen Positionen. Daraufhin wird eine wahre Generalmobilmachung veranstaltet: Schwester Agnes, Mutter Marie de Gonzague ,,und alle Karmelitinnen", Mutter Geneviève, die heilige kranke Gründerin eingeschlossen, zu denen sich der Hausgeistliche Abbé Youf gesellt, bestürmen den Himmel. ,,Das ist ein so charmantes Mädchen! Ah, ich selbst möchte es gerne aufnehmen!" sagt dieser gute Priester; freilich sind seine Rechtsvollmachten gleich Null. Er gibt den Rat, darüber so bald als möglich mit Bischof Hugonin zu sprechen, ohne die Pilgerreise nach Italien abzuwarten.

In Bayeux beim Bischof (31. Oktober 1887)

Schon am Montag, 31. Oktober, schmückt sich Therese mit ihrem schönsten Kleid und bindet ihre Haare zu einem Knoten auf, um älter zu erscheinen. Ihr Vater führt sie zum Bischofshaus in Bayeux. *Zum ersten Mal in meinem Leben sollte ich einen Besuch abstatten ohne Begleitung meiner Schwestern, und dieser Besuch galt einem Bischof!*
Sie hat sich an die kleinsten Einzelheiten dieses Tages erinnert: an den fürchterlichen Regen, an den Besuch der Kathedrale, wo ihr weißes Kleid und ihr weißer Hut inmitten einer Trauergemeinschaft Sensation machen; an das gute Mittagessen im Hotel in Erwartung der Audienz; an den Empfang beim Generalvikar, Herrn Révérony, und schließlich, nachdem man lange Gänge durchschritten hat, an die Begegnung mit dem Bischof.
Da sitzt sie nun verloren in einem riesigen Lehnstuhl Sei-

ner Gnaden gegenüber und erklärt schüchtern, mit Schluchzen in der Stimme, ihr Anliegen. Väterlich hört Bischof Hugonin sie an, ohne etwas zu entscheiden. Es wird nötig sein, mit Herrn Delatroëtte zu sprechen. Reichlich rollen nun die bis dahin zurückgehaltenen Tränen. Die Begegnung ist beendet. Im Garten gibt der Bischof seinem Erstaunen Ausdruck über die Bereitwilligkeit dieses Vaters, seine Tochter dem Karmel zu schenken. ,,Ich werde meine Antwort geben während Ihrer Pilgerfahrt nach Italien." Die Geschichte von den hochgesteckten Haaren amüsiert den Bischof sehr. Nachdem Herr Martin sich über einige Punkte des Protokolls bei der Papstaudienz informiert hat, erwähnt er die Möglichkeit eines Rekurses an den Heiligen Vater.

Nachdem sie weggegangen sind, schluchzt seine Tochter. *Meine Zukunft schien mir für immer vernichtet; je näher ich meinem Ziele kam, um so verwickelter schien meine Angelegenheit zu werden. Meine Seele war in Bitterkeit getaucht, aber auch in Frieden, denn ich suchte nur den Willen des lieben Gottes.*

Am folgenden Tag neue Trostlosigkeit im Sprechzimmer über den Mißerfolg. Es bleibt nur noch eine Hoffnung, Papst Leo XIII. Nachdem man den Plan für diesen ungewöhnlichen Schritt beraten hat (von dem Schwester Agnes ihr ein wenig später abraten wird), trennt sich Therese von den Karmelitinnen. Es bleiben nur noch zwei Tage, um mit Celine ,,das Ereignis" vorzubereiten, die Pilgerfahrt nach Italien.

„Oh! Was war das für eine Reise!"
(4. November—2. Dezember 1887)

Unter der Leitung von Monseigneur Germain, dem Bischof von Coutances, werden hundertsiebenundneunzig französische Pilger, darunter fünfundsiebzig Priester, das Priesterjubiläum von Papst Leo XIII. feiern. Diese Huldigung bleibt nicht unbemerkt in dem Augenblick, wo die antiklerikalen Plünderungen der italienischen Regierung, gesteuert von Francesco Crispi, die Christenheit in Bestürzung versetzen. Sowohl die französische wie auch die italienische Presse wird reichlich über diese Pilgerfahrt berichten, die zugleich einen Schritt von ultramontanem Glauben und politischer Aussage zuläßt. Die Mehrheit der französischen Katholiken bleibt königstreu, der Republik gegenüber feindlich gesinnt und stark gegen die Freimaurerei. Therese dagegen hat nur ein Ziel: für ihre Berufung kämpfen, mit dem Papst sprechen. Aber im Laufe ihrer Fahrt hört sie die Unterhaltungen und entdeckt die Bedeutung der politischen Probleme, die sich mit der Religion vermischen. Beim Verlassen des Bahnhofs von Rom nimmt die Polizei zwei junge Buchdrucker fest, die bei einer Kundgebung rufen: „Nieder mit Leo XIII.! Nieder mit der Monarchie!"
Für ihr Personsein in voller Entwicklung kommt diese Reise gerade zum richtigen Zeitpunkt. Doch in Lisieux läuft das Mundwerk munter weiter; man spricht davon, Louis Martin habe seine Jüngste zu dieser Reise veranlaßt, um sie ihre Klostergedanken vergessen zu lassen.

Die Wunder von Paris (4.—7. November 1887)

Obwohl das erste Treffen der Pilger erst auf Sonntag, 6. November, 9.00 Uhr, in der Krypta der Basilika von Montmartre[20] festgesetzt ist, brechen die drei Martins doch schon am Freitag, dem 4. November, um 3.00 Uhr morgens auf. Sie wollen Paris sehen.

Zwei Tage genügen nicht, um die dortigen Wunder erschöpfend zu besichtigen: die Champs-Elysées und ihr Kasperltheater, die Tuilerien, den Triumphbogen am Etoile, die Bastille, das Palais-Royal, den Louvre, die Läden des Printemps und ihre Aufzüge, den Invalidendom und so weiter. Die Fräulein Martin sind ganz hingerissen. Die Pferdewagen und die Straßenbahnen verwirren sie ein wenig; in jeder Straße sind sie in Gefahr, überfahren zu werden.

Für Therese *machen* all die *schönen Dinge,* die sie in Paris sieht, *nicht das Glück aus.* In ihrer Erinnerung bleibt die Hauptstadt vor allem der Ort einer besonders wichtigen Gnade. Herr Martin hatte zum Absteigen das Hotel Bouloi in der Nähe der Kirche Notre-Dame-des-Victoires gewählt, jenem Heiligtum, das der ganzen Familie so lieb war, und das noch mehr seit dem 13. Mai 1883. Im Laufe der Messe wird Therese am 4. November völlig befreit von den Zweifeln, die sich auf das Lächeln der Allerseligsten Jungfrau bezogen. Seit vier Jahren trug sie diese geheime Leiden mit sich herum. Hier zu Füßen Unserer Lieben Frau findet sie ihr Glück in Fülle wieder. *Sie war es wirklich, die mir zugelächelt und mich geheilt hatte.* Maria ist wirklich ihre Mama. Daß sie jetzt nur schnell in den Karmel eintritt, den Marienorden! Sie vertraut ihre

Reinheit der Allerseligsten Jungfrau an, denn (man hat es ihr gesagt) sie ahnt, daß diese Reise manche Prüfungen für ihre Berufung mit sich bringen wird. Sie täuschte sich nicht.

Am Tag darauf sammeln sich die Pilger auf dem Montmartre zur ersten gemeinsamen Messe und zur Einteilung in Gruppen. Die beiden Schwestern Martin, fünfzehn und achtzehn Jahre alt, lebhaft und schön in ihren sauberen Kleidern, bleiben nicht unbemerkt. Sie sind die Jüngsten bei dieser Pilgerfahrt.

Der Preis für die Fahrt (660 Franken für die erste und 565 Franken für die zweite Klasse) hat eine strenge Auslese bewirkt. Ein Viertel der Pilger gehört dem Adel an. Therese, früher so ängstlich, staunt darüber, daß sie sich ,,in der Welt" sehr leicht zurechtfindet.

Die Agentur Lubin hat die Reise gut organisiert. Die Nächte verbringt man nicht im Zug, man steigt in den besten Hotels ab. All dieser Luxus läßt die jungen Martins sehr staunen, die an die Einfachheit der Buissonnets gewöhnt sind.

In Italien (8.—28. November 1887)

Am Montag, 7. November, fährt der Sonderzug um 6.45 Uhr vom Gare de l'Est ab. Tags darauf entdecken die Reisenden die Schweizer Berge. Therese läuft von einer Seite ihres Waggons zur anderen. Der Atem stockt ihr beim Anblick der schneebedeckten Gipfel, der Seen, der Wasserfälle, der Brücken über die senkrecht abstürzenden Schluchten. Die künftige Karmelitin ist weit davon entfernt, ihre Augen vor den Wundern der Natur zu verschließen; sie zieht daraus vielmehr vollen Nutzen.

Nach dem Zoll, da endlich Italien! Am gleichen Abend taucht man ein in die Menschenmenge des hell erleuchteten Mailand. Nach der Messe um 7.00 Uhr am Grab des heiligen Karl Borromäus im Dom mit seinen sechstausend Statuen erklimmen Therese und Celine die vierhundertvierundachtzig Stufen des Turmes. Am Donnerstag, 10. November, fährt das Trio Martin im hellen Sonnenschein unter der Seufzerbrücke hindurch, doch Therese findet Venedig *traurig*. Es folgt ein kurzer Besuch in Padua, bevor man nach Bologna kommt.

Diese Stadt wird das junge Mädchen nicht vergessen. Ihr Sonderzug wurde von einer Menge Italiener erwartet, von denen viele Studenten sind. Das Aussteigen der Damen wird begrüßt durch Pfiffe, durch Witzeln. Zwei schöne junge Mädchen werden besonders bemerkt. Celine hat notiert: ,,Wir befanden uns zusammen auf dem Bahnsteig und erwarteten Papa, um unseren Wagen zu nehmen. Therese war sehr hübsch, und sehr oft hörten wir bewunderndes Gemurmel von Personen, die an ihr vorbeigingen. Plötzlich stürzt sich ein Student auf sie, nimmt sie in seine Arme und sagt ihr, ich weiß nicht was für eine Schmeichelei. Und schon trug er sie weg." Therese wird sagen: *Aber ich warf ihm einen solchen Blick zu, daß er Angst bekam, seine Beute losließ und sich beschämt aus dem Staube machte.*

Nie ist Therese den jungen Leuten und den Männern so nahe gekommen. Während ihrer ganzen Reise konnte sie bei vielen Gelegenheiten, besonders aber in Italien, sich Rechenschaft davon geben, daß sie diese jungen Leute

nicht indifferent ließ. Aber selbst auf der Pilgerfahrt erfährt sie vieles auf diesem Gebiet. ,,Man brütete Heiraten dabei aus", hat Celine noch notiert.
Nach einer Wallfahrt nach Loretto ist am Sonntagabend, 13. November, das Ziel erreicht: ,,Roma! Roma!" Die Martins sind im Hotel Süd untergebracht, um zehn Tage dort zu bleiben. Die Besichtigungen beginnen unmittelbar. Im Kolosseum können die beiden Unerschrockenen keine Barrieren brauchen, die verbieten, zur Arena vorzudringen. Obwohl ihr Vater sie zurückruft, will die Jüngste absolut den Sand küssen, wo das Blut der Märtyrer geflossen ist. Sie zieht ihre ältere Schwester mit sich. Auf den Knien bittet sie um die Gnade, für Jesus Märtyrin zu werden. *Ich fühlte im Inneren meines Herzens, daß mein Gebet erhört war.*
Die Tage sind zu kurz, um alles zu sehen, um alles zu bewundern. Die stärksten Eindrücke empfängt sie durch die römische Campagna, die Katakomben, die Kirche Santa Cecilia, (diese junge Heilige wird von da an ihre Freundin), die Kirche Sant' Agnese fuori le mura.
Ich war wirklich allzu verwegen. Obwohl sie weiß, daß sie durch den Generalvikar, Herrn Révérony, beobachtet und gehört wird, der bei der Rückkehr seinen Bericht an den Bischof geben wird, tut sich die Postulantin keinen Zwang an. Sie behauptet sich ganz als sie selbst, begierig, alles zu sehen, alles zu berühren und Reliquien zu sammeln. Da ist kein Turm und keine Kuppel, die sie nicht besteigt, kein Verlies, in das sie nicht hineingeht. In Santa Maria della Vittoria, dem Karmeliterkonvent, befindet sie sich plötzlich innerhalb der Klausur. Ein alter Ordensmann versucht umsonst, ihr den Ausgang zu zeigen. *Ich kann*

noch immer nicht verstehen, warum die Frauen in Italien so leicht exkommuniziert werden. Jeden Augenblick sagt man uns: ,,Hier dürfen Sie nicht hinein ... Dort dürfen Sie nicht hinein, sonst werden Sie exkommuniziert ...!" Oh! die armen Frauen, wie sind sie doch verachtet!

Dieses jugendliche Ungestüm der beiden Schwestern Martin hat nicht das Glück, gewissen Kirchenmännern zu gefallen. Während sie abends in ihrem Hotelzimmer am Boden sitzen und mit lauter Stimme bis spät in die Nacht hinein die Ereignisse des vergangenen Tages besprechen, klopft P. Vauquelin an die Wand, um die beiden Schwätzerinnen zum Schweigen zu bringen.

,,Die Priester, schwache und gebrechliche Menschen"

Die künftige Karmelitin ist dabei, eine entscheidende Entdeckung zu machen: Die Priester sind weder Engel noch Götter; sie sind einfach Menschen. Bisher war sie ihnen nur begegnet bei der Ausübung ihrer priesterlichen Funktionen. In den Buissonnets lud man für gewöhnlich keine Priester zu Tisch ein.

Nun aber befindet sie sich einen ganzen Monat lang unter fünfundsiebzig Priestern im Zug, im Hotel, bei Tisch. Sie hört ihre Unterhaltungen, die nach einem guten Essen nicht immer erbaulich sind; sie stellt ihre Eigenheiten fest. In allen Heiligtümern trifft sie italienische Priester an. Abbé Leconte, neunundzwanzig Jahre alt, Vikar an Saint-Pierre, läßt die Schwestern Martin nicht aus bis zu dem Punkt, daß seine ,,liebevolle Gefälligkeit", wie Celine es ausdrückt, die bösen Zungen ein wenig zum ,,Schwatzen" bringt. Man findet so etwas eben auch auf Pilgerfahrten ...

Therese zieht ihre Schlüsse aus dieser wertvollen Erfahrung. *In Italien habe ich meine Berufung verstanden.* Beten und sein Leben hingeben für die Sünder nach der Art von Pranzini, das hatte sie verstanden. Doch der Karmel betet ganz besonders für die Priester. Das kam ihr erstaunlich vor, denn ihre Seelen erschienen ihr *reiner als Kristall!* Ein Monat engen Zusammenseins mit zahlreichen Priestern hat sie aber belehrt, daß sie *schwache und gebrechliche Menschen* sind. *Wenn nun heiligmäßige Priester der Fürbitte dringend bedürfen, was soll man dann erst von den lauen sagen?*
Eine so nützliche Einsicht war die weite Reise wohl wert ...

„Das Fiasko" am Sonntag, 20. November 1887

Der Zweck der Reise ist bei ihr nicht vergessen. Die so sehr ersehnte Audienz beim Papst ist auf Sonntag, 20. November, festgelegt. *Ich hatte diesen Tag zugleich herbeigesehnt und gefürchtet; von ihm hing mein Beruf ab.* Bischof Hugonin hatte nämlich keine Antwort geschickt.
Der intensive Briefwechsel zwischen Lisieux und den Pilgern macht kein Geheimnis daraus: Der Karmel und die Guérins wissen, daß Therese mit dem Papst sprechen will. Schwester Agnes hat ihre Meinung noch geändert. Am 10. November schreibt sie an ihre Schwester, wie sie es anstellen soll. Marie Guérin ihrerseits informiert sie, daß man in Lisieux für sie betet, „bis die Betstühle brechen".
Am Samstag, 19. November, antwortet Therese: *Morgen, am Sonntag, werde ich mit dem Papst sprechen.*

An diesem Morgen regnet es in Rom in Strömen. Das ist ein schlechtes Vorzeichen, denn Therese hat in allen wichtigen Umständen ihres Lebens bemerkt, daß die Natur ein Abbild ihrer Seele war. An Tagen der Tränen weint der Himmel mit ihr; an Tagen der Freude scheint die Sonne. Um 7.30 Uhr versammeln sich die Pilger, zu denen jene aus der Diözese Nantes gestoßen waren, in der päpstlichen Kapelle. Papst Leo XIII. tritt ein, ein Greis von siebenundsiebzig Jahren, mit strengem Gesicht, sehr bleich, abgezehrt. Er segnet die Versammelten, feiert die heilige Messe in eindrucksvoller Weise, um dann kniend einer Dankmesse beizuwohnen. Daraufhin treten die Pilger in den Audienzsaal ein. Jeder Bischof stellt seine Diözese vor. Nachdem die Gläubigen aus Coutances vorbeigezogen sind, überreicht Generalvikar Révérony in Abwesenheit von Bischof Hugonin dem Papst einen Chorrock, aus Spitzen gefertigt in achttausend Arbeitstagen.

Dann beginnt der Vorbeizug der Gläubigen aus der Diözese von Bayeux: die Frauen, der Klerus, die Männer. Zunächst hat Leo XIII. ein freundliches Wort für jeden. Doch die Zeit drängt. Der Generalvikar verbietet, den übermüdeten Heiligen Vater anzusprechen. Die Weisung wird durch die Reihe der Frauen weitergegeben. Celine ist die letzte. Vor ihr kommt ihre Schwester, die ihren Mut sinken fühlt. ,,Sprich!" suffliert ihr die Unerschrockene. Therese Martin kniet sich wie alle nieder, küßt den Pantoffel des Papstes, aber anstatt seine Hand zu küssen, sagt sie zu ihm unter Tränen: *Heiligster Vater, ich möchte Sie um eine große Gnade bitten.* Seine schwarzen und tiefgründigen Augen schauen forschend auf sie. Der Papst wendet sich an Abbé Révérony: ,,Ich verstehe nicht sehr

Leo XIII. (Andenken an sein Jubiläum von 1887; dieses war die Veranlassung für die Pilgerfahrt nach Rom, an der Therese teilnahm)

gut." Unzufrieden will der Generalvikar kurzen Prozeß machen: ,,Heiligster Vater, das ist ein Kind, das mit fünfzehn Jahren in den Karmel eintreten möchte, doch die Oberen prüfen zur Zeit diese Frage." ,,Nun gut, mein Kind", sagt der Papst, ,,tun Sie, was die Oberen Ihnen sagen werden!" *Oh Heiliger Vater, wenn Sie ja sagten, wären alle einverstanden.* ,,Schon gut ... schon gut ... Sie werden eintreten, wenn der liebe Gott es will!"
Die gefalteten Hände auf den Knien von Leo XIII., möchte Therese ein entscheidendes Wort erlangen. Nachdem zwei Nobelgardisten umsonst versucht haben, sie zum Aufstehen zu bewegen, heben sie sie mit Gewalt auf und tragen sie bis zum Ausgang. Celine, sehr bewegt, kniet sich ebenfalls nieder. Sie bittet den Papst um einen Segen für den Karmel von Lisieux. Abbé Révérony ist wütend, sagt aber nur: ,,Er ist schon gesegnet, der Karmel."
Louis Martin, der sich bei der Gruppe der Männer befindet, hat nichts von dem Vorgang gesehen. Wie er zu Leo XIII. kommt, stellt ihn der Generalvikar vor als Vater von drei Ordensfrauen. Er sagt nicht, daß er auch der Vater der beiden jungen Mädchen ist, die soeben einen Zwischenfall verursacht hatten. Der Papst segnet den ,,Patriarchen" und legt ihm die Hand auf den Kopf.
Der Vater findet seine Königin in Tränen vor. Er versucht, sie zu trösten. Nein, es ist aus; diese große Reise war zu nichts nütze. Warum hat sie schon so viele Hindernisse überwunden, den Onkel, Abbé Delatroëtte, den Bischof, wenn nicht, um auf die letzte Hoffnung zu stoßen, den Papst? Am Abend geht nach Lisieux Post ab, welche die Karmelitinnen informiert über das, was Celine zwanzig Jahre später ein ,,Fiasko" nennt, eine ,,gewissermaßen

schandvolle Demütigung". Ihre Schwester gibt folgenden Kommentar: *Der gute Papst ist so alt, daß man meinen könnte, er sei tot. () Er kann fast nicht sprechen, dafür spricht Abbé Révérony. () Oh! Pauline, ich kann Dir nicht sagen, was ich empfand. Ich war wie vernichtet. Ich fühlte mich verlassen, und dann bin ich auch noch so weit, so weit weg ... Ich möchte weinen, während ich diesen Brief schreibe, das Herz ist mir so schwer. Und doch kann mir der liebe Gott keine Prüfungen schicken, die über meine Kräfte gehen. Er hat mir den Mut geschenkt, diese Prüfung zu ertragen. Oh! sie ist sehr groß ... Aber, Pauline, ich bin ja der kleine Ball des Jesuskindes. Wenn es sein Spielzeug zerschlagen will, steht ihm das frei. Ja, ich will gerne alles, was es will.*

Die Reise geht weiter. Während Herr Martin in Rom bleibt, besuchen seine beiden Töchter Pompei und Neapel. Der ganze Pilgerzug kennt jetzt Thereses Geheimnis. *L'Univers,* die Zeitung von Louis Veuillot, hat über den Zwischenfall bei der Audienz berichtet. Aber seit Mittwoch, 23. November, leuchtet ein Hoffnungsstrahl. Seinen Aufenthalt in Rom benützend, hat Herr Martin den Bruder Simeon besucht, den Direktor der Brüder der christlichen Schulen, den er zwei Jahre zuvor während seiner Europareise kennengelernt hat. Er erzählt ihm die Ereignisse vom Sonntag. Der alte Bruder mit dreiundsiebzig Jahren wundert sich über eine solche Berufung. Doch welche Überraschung! Abbé Révérony kommt, sehr liebenswürdig. Herr Martin benützt die Gelegenheit, um das Anliegen seiner Tochter zu verteidigen.

Am 24. November in der Frühe kommt der Abschied von Rom. In Assisi hat Therese die Schnalle ihres Gürtels ver-

loren und bleibt zurück. Alle Kutscher sind abgefahren, nur ein Wagen bleibt übrig, der von Abbé Révérony. Liebenswürdig nimmt er die Versprengte mit sich, die sich ganz klein macht inmitten all dieser hohen Herren.
Der Rückweg führt über Pisa und Genua. In Nizza verspricht der Generalvikar dem jungen Mädchen, die Bitte um Eintritt in den Karmel zu unterstützen. Es bleibt also Hoffnung ...
Mit dem Aufstieg zur Notre-Dame-de-la-Garde in Marseille und mit der Dankmesse in der Basilika von Fourvière geht die große Rundfahrt am 2. Dezember nachts um 1.00 Uhr am Gare de Lyon zu Ende. Diesmal haben die Martins Eile, nach Lisieux zurückzukommen. Kaum eingetroffen, eilt man rasch ins Sprechzimmer. Wie viele Dinge gibt es da zu erzählen!
In dreiundzwanzig Tagen ist Weihnachten, der erste Jahrestag der großen Bekehrungsgnade. Wie noch hoffen, Karmelitin zu sein nach dem „Mißerfolg" in Rom? Es gilt, keine Zeit zu verlieren.

**Diplomatische Kämpfe
(3. Dezember 1887—1. Januar 1888)**

Seit Samstag, 3. Dezember, handelt es sich weniger darum, im Sprechzimmer unzählige Erinnerungen zu erzählen, als vielmehr eine Strategie zuwege zu bringen. Abbé Lepelletier, durch den Artikel von *L'Univers* alarmiert, war so zu der Neuigkeit gekommen; so wollte sein junges Beichtkind also noch in diesem Jahr in den Karmel eintreten? Ohne ihr das Schweigen zu verübeln, bewundert er ihre Entschlossenheit. Die Situation mit dem Superior dagegen bleibt gespannt. Er will nicht durch die Karmelitinnen gestört sein; er fürchtet ihre unterirdischen diplomatischen Umtriebe sehr. Am 8. Dezember erwidert er der Mutter Geneviève, die ihn um den Eintritt Thereses zu Weihnachten gebeten hatte, vor der ganzen Kommunität sehr derb: ,,Sprechen Sie mir nicht mehr von diesem Eintritt! Könnte man bei all diesen inständigen Bitten nicht glauben, daß das Heil der Kommunität vom Eintritt dieses Kindes abhängt? Im Aufschub liegt keine Gefahr. Sie soll bei ihrem Vater bleiben bis zu ihrer Volljährigkeit. () Ich bitte, daß man mir nicht mehr von dieser Affäre spricht."

Nach einer sehr peinlichen Unterredung am 10. Dezember mit Abbé Delatroëtte im Sprechzimmer, bei der Mutter Marie de Gonzague in Tränen ausbricht, legt sich Herr Guérin ins Zeug. Sein Zusammentreffen mit dem Superior scheitert ebenfalls. Therese entwirft einen Brief an Bischof Hugonin, der vom Onkel durchgelesen und verbessert wird. Zehn Tage vor dem schicksalsschweren Tag wird der Brief zur Post gegeben und zugleich ein anderer an Abbé Révérony, um ihn an sein Versprechen von Nizza zu erinnern. Alles Menschenmögliche ist damit geschehen. Es bleibt nichts mehr übrig, als zu warten.

Jeden Tag erwartet die Postulantin nach der Messe, bei der sie glühende Gebete zum Himmel schickt, begleitet von ihrem Vater, eine Antwort auf der Post. Nichts ...

Und nun ist Weihnachten 1887 da ... Bei der Mitternachtsmesse gibt es Tränen ... Aber Therese entdeckt, daß die Prüfung ihren Glauben und ihre Hingabe wachsen läßt. Man setzt Gott keine Termine mehr. Doch trotz ihrer Bitternis macht es ihr Spaß, einen hübschen neuen Hut

aus marineblauem Etamin aufzusetzen, der mit einer weißen Taube aufgeputzt ist.
Endlich! ... Am 1. Januar, dem Vortag ihres fünfzehnten Geburtstages, teilt ein Brief von Mutter Marie de Gonzague die Antwort von Bischof Hugonin mit: ein Ja! Am 28. Dezember hat er an die Priorin geschrieben, sie solle selbst die Entscheidung treffen.
Wird nun endlich die Freude ausbrechen? Nein, weil das letzte Hindernis sich erhebt: der Karmel selbst. Der Eintritt der jungen Postulantin soll erst im April nach der Strenge der Fastenzeit stattfinden. *Beim Gedanken an einen so langen Aufschub konnte ich meine Tränen nicht zurückhalten ...* Was Herrn Martin angeht, so ärgert er sich über Pauline, die so unbeständig ist; denn sie ist es, welche die Priorin beeinflußt hat, den Eintritt ihrer kleinen Schwester aufzuschieben.
Ich will gerne glauben, daß ich unvernünftig scheinen mußte, weil ich nicht freudig meine drei Monate Verbannung annahm, aber ich glaube auch, daß trotz gegenteiligen Anscheins diese Prüfung sehr groß war und mich an Hingabe und anderen Tugenden sehr wachsen ließ. Nach diesem langen Kampf, der so viele verschiedene Kräfte mobilisiert hat, gestattet ihr dieser Aufschub, alles abzuschließen und sich in Frieden auf diesen ungewohnten Akt vorzubereiten, der von der Reformatorin des Karmels, der großen Teresa von Jesus, nicht vorgesehen war: mit fünfzehn Jahren und drei Monaten in die Klausur eines Klosters einzutreten, in dem bereits zwei ihrer Schwestern leben.

**Bilanz einer Reise und eines Lebens
(1. Januar—9. April 1888)**

Zu all diesen Aufregungen kommt noch die Rückkehr von Leonie nach Hause hinzu, die das Leben der Heimsuchungsschwestern in Caen nicht hat ertragen können. Nach diesem zweiten Versuch sind ihr Gemüt und ihre Gesundheit angegriffen. Die Jüngste bemüht sich, ihr die Anpassung zu erleichtern.

Das Leben in den Buissonnets fängt friedlich wieder an. Therese findet wieder den Weg zu den Privatstunden bei Madame Papinau. Sie denkt an ihre Reise, die sie *mehr gelehrt hat als lange Studienjahre.* Sie, die so sehr an der Geschichte interessiert ist und an allem, was schön ist, hat die Wunderwerke der Kunst betrachtet, hat etwas begriffen von der Geschichte der Völker und der Geschichte der Kirche. Gewiß hat sie kaum eingeführt werden können in eine solide Kenntnis der Kultur (mit Humor imitiert sie später im Karmel die Schnitzer der italienischen Führer), aber sie hat sich einen reichen Vorrat von tiefen Eindrücken angelegt. Zum ersten und zum letzten Mal ist sie über ihre heimatliche Normandie hinausgekommen, hat sie die Wunder der Natur gesehen, die Berge der Schweiz und Italiens, die römische Campagna, die Riviera und die Côte d'Azur ... Sie hat Paris gesehen, Mailand, Venedig, Bologna, Rom, Neapel, Florenz, Genua, Nizza, Marseille, Lyon ... Sie hat die Entdeckungen vervielfacht und ist anderen sozialen Milieus begegnet. *Wie interessant ist es doch, die Welt zu studieren, wenn man im Begriff ist, sie zu verlassen!* Die ,,große Welt", jene der Titel und der Besonderheiten, hat sie keineswegs geblendet.

Ich begriff, daß die wahre Größe in der Seele liegt und nicht im Namen.
Die Entdeckung ihrer selbst ist nicht weniger wichtig. Sie glaubte, sie sei ängstlich und unbeholfen. Nun hat sie die Tiefe ihrer Umformung feststellen können. Sie fühlt sich sehr wohl inmitten der Leute, fröhlich, lebenslustig, voll von Humor, den sie mit Celine teilt. Sie hat Kenntnis gewonnen von ihrer Fraulichkeit, ihrer Schönheit. Der Weg zu einer strahlenden Hochzeit konnte sich ganz groß vor ihr auftun. *Leicht hätte mein Herz sich von der Zuneigung gefangen nehmen lassen.* Jetzt kann sie *frei* wählen, sich *aus Liebe zur Gefangenen* zu machen hinter den Gittern des Karmels, *dieser Wüste, wo der liebe Gott wollte, daß auch sie sich verberge.*
Diese neunundzwanzig Tage sind entscheidend gewesen und haben ihr genügt, ihre Entscheidung zu festigen. Sie hat erkannt, daß es wirklich Dinge gab, *eine ungefestigte Berufung zu erschüttern.* Ihre Schwester Agnes hatte recht, als sie schrieb: ,,Sie ist erst fünfzehn Jahre alt, aber ich glaube, daß der Eindruck dieser Reise ihr ganzes Leben lang andauern wird, denn *ihre Seele ist schon alt.*"
In einem Jahr ist sie so ganz anders geworden!
Um die Wartezeit auszufüllen, schlägt ihr Vater, der immer bereit ist zu reisen, ihr *die* Pilgerfahrt par excellence vor: ,,Kleine Königin, willst du nach Jerusalem fahren?" Sie hat großes Verlangen, die heiligen Stätten zu besuchen, wo ihr Vielgeliebter gelebt hat. Aber dann müßte man den Eintritt in den Karmel aufschieben. Deswegen lehnt sie ab. Es ist dringender, Jesus dort zu finden, wo er sie erwartet.
Zunächst ist sie versucht, vor dem Eintritt in das strenge

Leben des Karmels ein bißchen leicht dahinzuleben, aber sie fängt sich rasch. Sie begreift *den Wert der Frist.* Durch die Übung kleiner *Nichtigkeiten* bereitet sie sich auf ihren Eintritt vor: den eigenen Willen brechen, ein Wort des Widerspruchs zurückhalten, kleine Dienste erweisen, ohne diese ins Licht zu stellen, und so weiter. Ende März (und diesen Monat behält sie als einen der schönsten ihres Lebens in Erinnerung) erfährt sie endlich das Datum, das für ihren Eintritt festgesetzt ist: Montag, 9. April, am Fest der Verkündigung.

Am gleichen Tag erhält Celine mit neunzehn Jahren einen Heiratsantrag.

Ein junger Schüler von Madame Papinau hat von Therese Martin einige Tage vor ihrem Abschied von der ,,Welt" diese genaue Erinnerung aufbewahrt: ,,An diesem Tag erwartete Therese ihren Vater, der einen Augenblick in den Spezereiladen Bouline in der Grande-Rue gegangen war, nicht weit von der Place Thiers. Ich sehe sie noch am Rand des Gehsteigs, wie sie mit einer mechanischen Geste die Spitze ihres Schirms in der Fuge eines der Rinnsteine dreht. Sie trug ein grünes Kleid, verziert mit feinem Astrachanpelz und Schnüren; die Haare hatte sie mit einem himmelblauen Band gebunden. Ihre Erscheinung ist mir sehr gegenwärtig geblieben."

Der Eingang zum Karmel von Lisieux, rue de Livarot, im Jahre 1890

Dritter Teil

Im Karmel (1888 — 1897)

,,Keineswegs um mit meinen Schwestern zusammenzuleben, bin ich in den Karmel gekommen, sondern ausschließlich, um dem Ruf Jesu zu folgen."

Kapitel 1

Postulantin (9. April 1888—10. Januar 1889)

Was Pauline mit zwanzig und Marie mit sechsundzwanzig Jahren erlebt haben, das erlebt Therese nun ihrerseits mit fünfzehn Jahren: die Bereitstellung der Aussteuer, das Verlassen ihres Zimmers, den letzten Gang durch den Garten mit Tom, der um sie herumspringt. Die letzte Mahlzeit im Speisezimmer findet am 8. April statt, zusammen mit der ganzen Familie Guérin. Dann der Abschied von den Buissonnets, wo sie nun mehr als zehn Jahre gelebt hat! Sie muß Leonie verlassen, Celine ... und vor allem Papa.

Am nächsten Morgen finden sich alle um 7.00 Uhr in der Karmelkapelle in der rue de Livarot zur Messe ein. Nur Therese weint nicht, aber ihr Herz schlägt heftig. *Ach! Welch ein Augenblick! Man muß ihn selbst erlebt haben, um zu wissen, was das ist ...*

Angesichts der Pforte aus Holz mit zwei Schlössern und zwei Riegeln kniet sich das junge Mädchen vor ihrem Vater nieder. Er nimmt die gleiche Stellung ein, um sie unter Tränen zu segnen. Die Pforte öffnet sich langsam. Die ganze Kommunität mit den großen, herabgelassenen schwarzen Schleiern ist versammelt. Abbé Delatroëtte hat sich mit dem Eintritt von Fräulein Martin nicht abgefunden. Sein Wort zum Empfang hält das Schluchzen der Familie rundweg an und bringt die ganze Versammlung zum Erstarren: ,,Nun gut, meine verehrten Mütter, jetzt können Sie ein Te Deum singen! Als Vertreter des Bischofs übergebe ich Ihnen dieses Kind von fünfzehn Jahren, dessen Eintritt Sie gewollt haben. Ich wünsche, daß es Ihre Erwartungen nicht enttäuscht, doch erinnere ich Sie daran, falls es anders kommt, daß Sie allein die Verantwortung dafür tragen."

Therese überschreitet die Schwelle. Die schwere Pforte schließt sich. Mutter Marie de Gonzague führt sie in den Chor, bevor sie ihr im ersten Stock ihre Zelle zeigt, einen Raum von 2,10 auf 3,70 m, ein Bett mit brauner Decke, eine kleine Bank, eine Petroleumlampe, eine Sanduhr. An der Wand hängt ein bloßes Holzkreuz. Durch das Fenster sieht man ein Schieferdach und den Himmel.

Bei ihrem Gang durch das Haus erscheint der Postulantin alles entzückend. *Mit Freude wiederholte ich die Worte: ,,Nun bin ich hier für immer, für immer!"*

Am Tag darauf schreibt der Vater an seinen Freund Nogrix: ,,Gestern ist meine kleine Königin in den Karmel eingetreten. Nur Gott kann ein solches Opfer fordern; aber er hilft mir so mächtig, daß mein Herz inmitten meiner Tränen von Freude überströmt."

Der Karmel von Lisieux im Jahre 1888

,,Klein und armselig", so hatte Marie das Kloster bei ihrem Eintritt beschrieben. Der Kreuzgang aus roten Ziegeln, das Refektorium, der Garten mit der Kastanien- ,,Allee" ... Ja, es ist wohl klein und armselig, dieses Kloster, dessen fünfzigjähriges Bestehen man bald schon zu feiern im Begriffe ist.

Die Gemeinschaft von sechsundzwanzig Ordensfrauen mit einem Durchschnittsalter von siebenundvierzig Jahren, die Therese Martin aufnimmt, ist ihr nicht unbekannt. Seit sechs Jahren kommt sie häufig hierher. Etwas ganz anderes ist es, hier zu leben. Doch Gott hat ihr *die Gnade* gewährt, *keine einzige Illusion beim Eintritt in den Karmel zu haben.*

Das Karmelleben ist im sechzehnten Jahrhundert durch Teresa von Avila, der Patronin der Postulantin, reformiert worden. Diese außergewöhnliche Frau, Mystikerin und Praktikerin zugleich, hat kleine ,,Wüsteneien" gegründet, wo die klausurierten Ordensfrauen Gott im persönlichen Gebet (zwei Stunden Betrachtung täglich) und im ge-

Der Innenhof des Karmels, Südflügel. Am offenen Fenster sieht man Mutter Marie de Gonzague und stehend Mutter Agnes von Jesus

meinsamen Gebet suchen, wobei sie zugleich arbeiten in einem Klima schwesterlicher Liebe und Freude. Die spanische Gründerin hat voll von gesundem Menschenverstand und Realismus eine ausgewogene Lebensform geschaffen, wo die Liebe bei allem den Vorrang haben muß, die Bußübungen eingeschlossen, die nur Mittel sind.

Dreihundert Jahre später waren manche Karmel mehr oder weniger zu asketischen Praktiken, die eingedrungen waren, abgeglitten, und die mitunter zu einem engen Moralismus führten. Der Karmel von Lisieux war diesem Abgleiten nicht entgangen, das die allgemeine Atmosphäre des französischen Christentums unter dem Einfluß des Jansenismus begünstigt hatte. Der Geist der Buße und der Abtötung lief bei den Besseren Gefahr, den Sieg über die Dynamik der Liebe davonzutragen. Die Furcht vor einem Gott, der nur Richter ist, erschreckte mehr als nur eine Karmelitin.

Das Herz der jungen Postulantin wendet sich der Mutter Marie de Gonzague zu, die vierundfünfzig Jahre alt ist, geborene Marie-Adèle-Rosalie Davy de Virville. Als Priorin hat sie so viel Interesse für ihre Theresita gezeigt und so sehr für ihren Eintritt gekämpft! Ihr vornehmes Wesen, ihre große Gestalt, der Zauber, den sie natürlicherweise ausstrahlt, ihre guten Beziehungen zu den Martins, ihr Urteil, das von den Priestern in Lisieux sehr geschätzt wird, all dies zieht die neue Schwester zu ihr hin. Diese liebt auch schon die alte Mutter Geneviève de Sainte-Thérèse, eine der Gründerinnen des Karmels (1838), die seit vier Jahren krank ist, leidet und schweigt. Viele, unter ihnen auch der Arzt der Klostergemeinschaft, halten sie für eine Heilige. Zusammen mit ihr und den alten Schwestern, Schwester Saint-Joseph de Jésus, der ältesten, und Schwester Fébronie de la Sainte-Enfance, die Subpriorin ist, zählt die Kommunität außerdem noch fünf Laienschwestern, genannt vom „weißen Schleier", die das Chorgebet nicht mitverrichten, und zwei Windenschwestern außerhalb der Klausur, welche die Verbindungen mit der Außenwelt sichern.

Doch im Augenblick ist das Leben Thereses mehr an die vier Schwestern im Noviziat gebunden. Schwester Marie des Anges, die Novizenmeisterin, eine geborene Jeanne de Chaumontel, ist dreiundvierzig Jahre alt und versammelt jeden Tag diese kleine Gruppe. Schwester Marie-Philomène mit achtundvierzig Jahren gilt als „sehr heilig und sehr borniert"; Schwester Marie vom heiligsten Herzen findet mit Freude ihr Patenkind wieder; Schwester Marthe de Jésus ist dreiundzwanzig Jahre alt, Waise und seit drei Monaten Postulantin als Laienschwester, „eine arme kleine Schwester ohne Intelligenz", wie Mutter Agnes sagte.

Aus dieser, menschlich gesprochen, ziemlich armseligen Kommunität ragen die Priorin, die Schwestern Martin und zwei oder drei andere Schwestern hervor. In einer Zeit, in der die Frauen ihre Studien bereits mit fünfzehn Jahren beenden, erscheinen diese wenigen Privilegierten als sehr „gelehrt" in der Gemeinschaft, die vom Land kommt, wo die sehr harte knechtliche Arbeit sehr früh beginnt.

In langem blauen Kleid, in eine schwarze Pelerine gehüllt, eine kleine dunkle Haube auf dem Kopf, die ihre vollen blonden Haare umschließt, so wird die Postulantin in die Bräuche des Karmellebens eingeführt. Sechs Stunden Gebet im Chor, Tischzeiten um 10 und um 18 Uhr (niemals Fleisch, außer für die Kranken), jedesmal gefolgt von einer Stunde gemeinsamer Erholung; sieben Stunden Schlaf im Winter; außerhalb der „Wärmestube" besitzt kein Raum einen Ofen; fünf Stunden Handarbeit (Bereitung von Hostien, von Bildern, Nähen, Haushalt, Wäsche ...). All das zusammen vollzieht sich streng geregelt im Schweigen und in der Einsamkeit.

Die Anfänge (April—Juni 1888)

Für die Postulantin besteht die Arbeit im Flicken. In den Buissonnets hat Therese kaum die Nadel geführt. Ihre Novizenmeisterin findet sie langsam. Das Kehren eines „Schlafraumes"[21], einer Treppe, ein bißchen Gartenarbeit am Nachmittag, um Luft zu schöpfen, vervollständigen ihre Beschäftigungen. Sie studiert nicht mehr. Schwester Marie des Anges erklärt im Noviziat jeden Tag die Ordensregel und die Gebräuche des Ordenslebens: die Art und Weise sich zu kleiden, zu essen, innerhalb des Klosters umzuziehen. Schwester Marie vom heiligsten Herzen, die als ihr „Engel"[22] aufgestellt ist, vervollständigt diese Einführung. Wie muß man mit den schweren lateinischen Stundenbüchern für das Choraloffizium umgehen?

Der brutale Kontrast zum „Traumleben" in den Buissonnets scheint die junge Neue nicht zu berühren. Diese kleine, so sehr ersehnte Karmelitin polarisiert aber dennoch die Blicke der Kommunität. Ist sie nun, von ihren Schwestern umgeben, dabei, „das Spielzeug des Karmels" zu werden?

Am 17. Mai schreibt die Priorin an Herrn Guérin: „Was für eine Vollkommenheit bei dieser Loulou![23] Niemals hätte ich an ein so fortgeschrittenes Urteilsvermögen im Alter von fünfzehn Jahren glauben können! Kein zurechtweisendes Wort muß man ihr sagen; alles ist vollkommen ..."

Die drei ersten Monate füllen Therese tatsächlich aus. *Meine geliebte Celine, es gibt Augenblicke, da ich mich frage, ob es denn wirklich wahr ist, daß ich im Karmel bin.* Weil sie die Blumen so sehr liebt, hat sie die größte Freude daran, daß der Frühling den Garten davon überquellen läßt. Und schon kommt ein Fest! Am 22. Mai legt ihre Schwester Marie in Anwesenheit von P. Pichon ihre Gelübde ab. Dem Brauch entsprechend setzt ihr Therese die Krone aus Rosen auf.

Der Jesuit hält den Karmelitinnen mehrtägige Exerzitien. Bis jetzt hat Therese nie einen Seelenführer gehabt. Sie erinnert sich an ihren diesbezüglichen Wunsch, den sie im vorausliegenden Monat Oktober zum Ausdruck gebracht hatte. *Da Sie sich meiner Schwestern* (Marie und Celine) *annehmen, habe ich gedacht, Sie würden wohl auch die Letzte annehmen.* „Der Seelenführer der Familie Martin" nimmt an.

Eine Befreiung (28. Mai 1888)

Therese hat es nie verstanden, von ihrem tiefen Innenleben zu sprechen. Die Begegnung mit ihrem neuen Ratgeber am 28. Mai ist wegen dieser Schwierigkeit von Tränen verschleiert. Sie legt eine Generalbeichte ab. Als der Jesuit sie am Vorabend im Chor beim Gebet gesehen hatte,

hatte er sie für ein Kind ohne Probleme gehalten. Jetzt aber erklärt er ihr: ,,In Gegenwart des lieben Gottes, der Seligsten Jungfrau und aller Heiligen erkläre ich, daß Sie nie eine einzige schwere Sünde begangen haben." Diese feierliche Formel erklärt sich ohne Zweifel dadurch, daß er einen Menschen beruhigen will, der zu Skrupeln neigt. Nachdem er selbst an dieser Krankheit gelitten hat, ist er daraus doch befreit worden. Als einstiges Opfer der Verheerungen des Jansenismus in seiner Umgebung, eines Erzeugers von Skrupulanten, predigt er nun einen Gott der Liebe. Er fügt bei: ,,Danken Sie dem lieben Gott für das, was er an Ihnen getan hat, denn verließe er Sie, so würden Sie, statt ein kleiner Engel zu sein, ein kleiner Teufel werden." Therese kommentiert: *Ach, es fiel mir nicht schwer, das zu glauben.* Und der Beichtvater schließt: ,,Mein Kind, der Herr sei stets Ihr Oberer und ihr Novizenmeister!"

An diesem Tag findet sich Therese außerdem endgültig befreit vor von der Seelenpein, die sie seit fünf Jahren quälte. Nein, sie hat ihre Krankheit nicht simuliert. Seit diesem Tag ist sie in dieser Hinsicht *völlig ruhig.*

Was bedeuten nach dieser glücklichen inneren Befreiung die Strengheiten, welche die Priorin *(ohne es zu wissen,* wird Therese später sagen) gegenüber der Postulantin an den Tag legt? Diese entdeckt eine ganz andere Marie de Gonzague als bei den Unterredungen im Sprechzimmer, wo sie so liebenswürdig war. Sie sieht sie wenig, aber bei jeder Gelegenheit wird sie von der Priorin in dieser oder jener Weise gedemütigt. Therese küßt den Boden sehr häufig.[24] Will Mutter Marie de Gonzague, die leidend ist und von wechselndem Humor, dieses junge Mädchen

,,brechen", dessen Neigungen zum Stolz sie hat wahrnehmen können? Oder will sie ein Gegengewicht schaffen gegen das, was die Anwesenheit ihrer beiden Schwestern ihr an Erleichterung bringen könnte? Therese, die sich spontan zu ihr hingezogen fühlt, klammert sich manchmal am Treppengeländer fest, wenn sie an der Zelle der Priorin vorbeigeht, um nicht anzuklopfen und sie um eine Erlaubnis zu bitten und so *einige Tropfen Freude zu finden.*

Die Unterredungen mit ihrer Novizenmeisterin sind ihr eher eine Tortur; sie weiß nicht, was sie sagen soll. Schwester Marie des Anges hört nicht auf, zu reden und sie auszufragen. Als die Postulantin eines Tages nicht mehr weiß, was sie tun soll, wirft sie sich ihr an den Hals und küßt sie!

Sie entdeckt auch, daß das Gemeinschaftsleben mit sechsundzwanzig klausurierten Frauen zahlreiche Schwierigkeiten mit sich bringt. Welche Verschiedenheiten im Temperament, der sozialen Herkunft, der Art, wie man sich im täglichen Leben benimmt! *Natürlich begegnet man im Karmel keinen Feinden, aber es gibt schließlich Sympathien, man fühlt sich zur einen Schwester hingezogen, während man einer anderen wegen am liebsten einen großen Bogen macht, um die Begegnung mit ihr zu vermeiden.*

Nach neun Jahren gemeinschaftlichen Lebens wird sie in voller Klarheit feststellen: *Der Mangel an Urteil, an Erziehung, die Empfindlichkeit gewisser Charaktere, lauter Dinge, die das Leben nicht sonderlich angenehm machen. Ich weiß wohl, diese Charakterschwächen sind chronischer Art, es gibt keine Hoffnung auf Heilung.* Später verlassen drei Schwestern die Kommunität, von denen eine in eine Nervenheilanstalt kommt.

Die Kommunität während der Rekreation in der Kastanienallee am 20. April 1895. Therese stehend links

Manche erste *Nadelstiche* treffen ihre lebhafte Empfindlichkeit. Schwester Saint-Vincent-de-Paul, eine Laienschwester mit bissigem Geist, schont die Neue kaum, der sie den Übernamen „das große Zicklein" gibt. Therese, die bisweilen die Kritik dieser sehr gefürchteten Alten hört, begnügt sich damit, ihr zuzulächeln. Diese Schwester, die eine sehr gute Stickerin ist, unterläßt es nicht, der Priorin zu sagen, daß die junge Postulantin kein Geschick habe für manuelle Arbeiten, und daß sie für die Kommunität niemals nützlich sein werde. Außerdem wollen sich die Schwestern Agnes von Jesus und Marie vom heiligsten Herzen zu sehr um die ewige kleine Letzte annehmen wie in den Buissonnets. Das ruft einige Plänkeleien hervor. Eines Tages erhält Marie von ihrem Patenkind eine Antwort, die ihr ein wenig Abtötung abverlangt:

Ich danke Ihnen. () Ich wäre sehr froh, bei Ihnen bleiben zu können, aber es ist besser, daß ich darauf verzichte, denn wir sind nicht mehr bei uns zu Hause. Schwester Agnes ihrerseits faßt den Entschluß (den sie dann nicht einhält), sich nicht mehr mit dem ,,kleinen Schilfrohr" zu befassen. ,,Es reicht völlig aus, wenn wir uns mit uns selbst befassen. () Gehen wir ganz gerade unseren Weg …, sonst werden wir so viele Gelegenheiten zur Verwirrung finden, daß man sich nicht daran halten kann."
Es ist eine sehr schwierige Situation für Therese, die *für Jesus* zum Karmel kommt und dort ihre beiden dienstfertigen Mütter vorfindet. Sie ermißt die Gefahr des Erstickens, die ihr droht, wenn sie ihre eigene Freiheit finden und nicht immer einfach ihren älteren Schwestern folgen will.

Die Flucht des Vaters (23.—27. Juni 1888)

Aus diesem noch heiteren Himmel des Sommers 1888 erschallt plötzlich ein Donnerschlag!
Celine ist am 29. April neunzehn Jahre alt geworden. Das wurde auch im Sprechzimmer gefeiert. Der Heiratsantrag, der ihr gemacht wurde, hat sie verwirrt. Nicht ohne Kampf hat sie ihre Entscheidung getroffen. Am 15. Juni informiert sie ihrerseits den Vater von ihrem Wunsch, in den Karmel einzutreten.
Bereits erschüttert durch die soeben erst erfolgte Hinopferung seiner kleinen Letzten, ahnt Louis Martin den Abschied seiner fünften Tochter in das kontemplative Leben und die Vereinsamung seines Alters. Hatte Pauline ihm nicht im Sommer geschrieben: ,,Ich wünsche Dir nichts

auf der Welt, als uns fünf alle im Hause des Herrn zu sehen! Ich glaube, Dir dadurch Freude zu machen, weil Du selbst nichts darüber hinaus wünschest."

Seit der großen Reise nach Italien ist Herr Martin sehr gealtert. ,,Dieses arme Väterchen", schreibt Celine an Therese, ,,scheint mir jetzt so alt, so verbraucht. Wenn Du ihn sehen würdest, wie er sich jeden Morgen an der Kommunionbank niederkniet, wie er sich stützt, sich hilft, so gut er kann, dann bringt einen das zum Weinen. Mein Herz ist zerrissen, und ich stelle mir vor, daß er bald sterben wird." Ein sehr alter Insektenstich hinter dem linken Ohr, der noch von Alençon her stammt und nie richtig ausgeheilt wurde, erweitert sich. Dieses Epithel, so groß wie eine Handfläche, schmerzt ihn. Viel schwerer noch sind die Verkalkung und die Krisen durch Harnvergiftung, welche Schwindelanfälle hervorrufen, Gedächtnisverluste, Stimmungswechsel und Fluchtwünsche.

Am Morgen des 23. Juni herrscht Panik in den Buissonnets: Leonie und Celine, unterstützt vom Dienstmädchen, suchen überall ihren Vater. Er ist verschwunden. Die Guérins, die verständigt werden, haben ihn nicht in der Apotheke gesehen. Es folgt eine Nacht voller Angst. Am 24. kommt ein Telegramm aus Le Havre. Louis Martin bittet um Geld. Schließlich verständigt man auch den Karmel. Am 25. reist Celine in Begleitung ihres Onkels und Ernest Maudelonde nach Le Havre, um ihren Vater zu suchen, ohne eine Anschrift von ihm zu haben.

Am folgenden Tag gibt es eine neue Aufregung für Leonie, die allein zurückgeblieben war. Das Haus Prévost, das neben den Buissonnets liegt, wird durch Feuer zerstört. Die Feuerwehrleute löschen das Dachwerk des

Hauses Martin, das zum Glück nur wenig Schaden nimmt.

Nach vier Tagen tödlicher Unruhe wird Herr Martin im Postamt von Le Havre gefunden. Er ist wieder klar geworden, aber er ist von einer fixen Idee verfolgt: ,,Sich zurückziehen in irgendeine Einsamkeit, um dort als Eremit zu leben." Diese Absicht ist natürlich nicht dazu angetan, die Seinen zu beruhigen.

Diese Ereignisse verwunden die ganze Familie. Nichts könnte die Jüngste der Schwestern Martin mehr treffen, die in der Tiefe ihrer Kindesliebe verwundet ist. In diesem Augenblick, da ihr Vater sie nötig hätte, ist sie eine ,,Gefangene". Wie soll sie den indiskreten Fragen mancher Schwestern ausweichen, den ungeschickten Bemerkungen und dem Echo der Schwätzereien in Lisieux? Wenn Herr Martin ,,verrückt" wurde, ist das dann nicht zurückzuführen auf den Weggang aller seiner Töchter ins Kloster, besonders der Jüngsten, die er so sehr liebte?

Die Kraft fehlt der jungen Postulantin in diesen schwierigen Anfängen nicht. Die Briefe an ihren Vater geben sich besonders fröhlich, locker und rufen mit gutem Humor die schönen Augenblicke der Reise nach Italien in Erinnerung, ihre Verbundenheit in den Schelmereien. An Celine aber schreibt sie in einem ganz anderen Ton. Zu diesen schweren Sorgen gesellen sich die ersten Trockenheiten im Gebet. Bis jetzt war das Gebet ihre Freude; sehr bald jedoch tritt sie in die große Dürre ein. *Das Leben ist oft niederdrückend, welche Bitterkeit ... aber auch welche Süßigkeit. Ja, das Leben kostet etwas. Es ist mühsam, einen Arbeitstag zu beginnen. () Wenn man Jesus noch fühlte, oh! man würde gerne alles für ihn tun. Aber nein, er scheint tausend Meilen fern. Jesus verbirgt sich.* Aber die Kämpferin, die *für den Krieg gerüstet* ist, wird nun offenbar. Ihre inneren Kämpfe zeigen sich nicht nach außen hin.

In einem Brief an Marie Guérin, die ihre ersten Ferien auf dem glänzenden Anwesen von La Musse nahe bei Evreux verbringt, das ihr Vater erst geerbt hat,[25] scherzt sie wie ein junges Mädchen. Sie setzt ihre Novizenmeisterin in Erstaunen. Eines Abends im Juni, als diese in Thereses Zelle ging, um ihr einige Worte der Ermutigung zu sagen, hat sie Therese in langem Nachthemd angetroffen mit aufgelösten Haaren und diese Antwort erhalten: *Ich leide viel, aber ich fühle, daß ich noch größere Prüfungen ertragen kann.*

Aufschub der Einkleidung
(Oktober 1888—Januar 1889)

Nach einem kurzen Aufenthalt in Alençon mit Celine und Leonie erleidet der Patriarch am 12. August eine neue gesundheitliche Attacke. Die Situation der Familie bleibt unbeständig. Therese hätte normalerweise nach sechs Monaten Postulat, im Oktober also, das Ordenskleid bekommen müssen. Mit Erlaubnis von Bischof Hugonin stimmt das Kapitel tatsächlich für ihre Zulassung. Abbé Delatroëtte, immer reserviert, macht ihm davon in einem ziemlich trockenen Brief Mitteilung. Nun muß man noch ein genaues Datum finden. Schon schickt Herr Martin, der dem Karmel gegenüber immer großzügig ist, Alençonspitzen zum Schmuck des Festkleides seiner Königin.
Die Abfahrt von P. Pichon nach Kanada macht diese

Pläne nicht leichter. Celine, der in Zukunft die Führung des Hauses obliegt, und die über die Gesundheit des Vaters wachen muß (Leonie träumt nur davon, in die Heimsuchung zurückzukehren), weint ihrem Seelenführer nach. Therese schreibt ihr: *Jesus bleibt uns!* Von da an schickt sie Monat um Monat einen Brief nach Kanada, um dem Jesuitenpater ihre innere Entwicklung klarzulegen, den sie nicht mehr sehen wird.[26]

Am 30. Oktober zieht Celine ihren Vater und Leonie mit sich nach Le Havre, um von ihrem Seelenführer Abschied zu nehmen, der sich für die Neue Welt einschifft. In Honfleur erleidet Herr Martin einen schweren Rückfall. Es ist eine schreckliche Reise. Der Kranke schluchzt. Er rezitiert ein Gedicht: ,,Der Tod allein hat für mich unwiderstehliche Anziehungskraft." In Le Havre ist P. Pichon nicht zu finden. Man trifft ihn schließlich in Paris. Der Geisteszustand von Herrn Martin beeindruckt ihn sehr. ,,Der ehrwürdige Greis, wieder zum Kind geworden, wird zweifellos nicht zögern, seinen Aufschwung zum Himmel zu nehmen" (Brief an Marie).

Unter diesen Umständen muß die Einkleidung verschoben werden. Der Bischof wird erst im Januar frei sein. ,,Man wird sagen, daß das liebe Lämmlein (ein anderer Übername für Theresita) den Widerspruch bei jeder Gelegenheit wird hinnehmen müssen", stellt der Jesuitenpater fest.

Im Dezember bessert sich der Zustand des Kranken. Nachdem der Pfarrer der Kathedrale eine Unterschriftensammlung für die Anschaffung eines neuen Hochaltares in Gang gesetzt hat, legt Herr Martin die dafür notwendigen 10 000 Franken vollständig auf den Tisch.[27] Sein

Schwager, der soeben seine Apotheke verkauft hat, findet diese Freigebigkeit übertrieben. Therese selbst billigt die Hochherzigkeit ihres Vaters. Viel schlimmer dabei ist, daß er soeben 50 000 Franken auf Aktien des Panama-Kanals verloren hat zur Zeit des Finanzskandals, der die junge französische Republik erschüttert.
Schließlich legt man das Datum der Einkleidung auf Mittwoch, 9. Januar, fest. Neun Monate, auf den Tag genau, nach ihrem Eintritt in den Karmel am Fest der Verkündigung. Die Postulantin, die immer auf der Lauer nach der Übereinstimmung der Daten ist, ist davon entzückt.

Schmerzliche Exerzitien (5.—9. Januar 1889)

Am 2. Januar feiert sie ihren sechzehnten Geburtstag. Am Abend des 5. Januar beginnt sie ihre Exerzitien. Vierzehn Zettel, die sie mit ihren Schwestern austauscht, sprechen von den Schwierigkeiten, den „Traurigkeiten" dieser Tage der Einsamkeit. Die Trockenheit, die sie seit einigen Monaten kennt, verschärft sich während der drei oder vier Stunden täglicher Betrachtung. *Nichts bei Jesus, Trockenheit! ... Schlaf! ...* (Sie hat nicht genügend Schlaf trotz der Erleichterung in bezug auf die Stunden des Aufstehens, die sie ausnützt.) ... *Jeden Trostes beraubt ... in den Finsternissen. () Jesus macht keine Umstände, um sich mit mir zu unterhalten.*
Durch die Exerzitien bei Abbé Domin ist sie sehr stark beeindruckt, so daß sie immer Furcht hat in den Exerzitien, seien es private oder gemeinschaftliche mit Vorträgen. Aber der „kleine Ball", wie Schwester Agnes sie nennt, bleibt im Frieden jenseits all dieser Wirrnisse. Ihre

Liebe treibt sie an zu männlicher Tat. *Wenn Jesus schlafen will, warum sollte ich ihn daran hindern; ich bin froh genug, daß er sich mit mir nicht ziert ... () Ich möchte ihn so sehr lieben! ... ihn mehr lieben, als er jemals geliebt wurde. () Es ist unglaublich, wie groß mir mein Herz scheint. () Ich möchte alle Sünder der Welt bekehren und alle Seelen des Fegfeuers erretten.*

Auf der Ebene des Gemüts hat sie einen harten Streit zu bestehen. Sie dankt dem, *der bald (ihr) Bräutigam sein wird,* da er nicht duldet, daß sie sich *an IRGEND ETWAS Geschaffenes* hänge. Er weiß genau, *gäbe er mir nur einen Schatten von Glück, so würde ich mich mit aller Energie, mit der ganzen Kraft meines Herzens daran hängen.*

Mitten in ihren Exerzitien erfährt sie, daß die Feier wegen eines Todesfalles verschoben werden muß. Was liegt schon am Datum! Jesus ist der Meister.

Die *Nadelstiche der Geschöpfe* bereiten ihr mehr Qual. Sie lächelt Schwester Saint-Vincent-de-Paul an, die selten eine Gelegenheit vorübergehen läßt, um eine unangenehme Bemerkung über sie zu machen. *Jene, die mich umgeben, sind sehr gut, aber irgend etwas stößt mich ab!*

In bezug auf die Gesundheit des Vaters bleibt die Angst. Wird er die gemütsmäßige Belastung durch die Feier ertragen können? Niemand wagt, davon zu reden. Fünfundzwanzig Jahre später erinnert sich Mutter Agnes von Jesus an ihre eigenen Besorgnisse. ,,Dieses arme Väterchen war jeden Augenblick in der Gefahr einer Krise; ich hatte Angst vor irgendeinem Zwischenfall während der Feier. Ich zittere deswegen immer noch, wenn ich daran denke, und ich erinnere mich noch, daß ich am Vorabend den lieben Gott anflehte, daß er in der Kapelle nicht zu schreien anfange."

Wenn Schwester Therese vom Kinde Jesus später auf die neun ersten Monate ihres Lebens im Karmel zurückkommt, stellt sie fest, daß die ersten Schritte *der kleinen Verlobten von sechzehn Jahren mehr Dornen als Rosen* begegneten. Neue Nahrungsweise, Mangel an Schlaf, Kälte, aber vor allem Demütigungen, verdrängtes Gemütsleben, Leiden durch das Gemeinschaftsleben ... all das wäre nichts ohne die Krankheit ihres Vaters. Lämmlein, Spielzeug Jesu, kleiner Ball, kleines Schilfrohr, Atom ... Diese Symbolsprache, die durch ihre Umgebung aufkommt, nimmt sie gelehrig hin. Das ist für sie eine Einladung zum verborgenen Leben, zur Kleinheit, zur Hingabe, zum Schweigen. Aber im Herzen trägt sie Feuer.

Diese Einkleidung durchlebt sie als eine totale Schenkung ihrer selbst an ihre Liebe, an Jesus. Es bedeutet wenig, wenn er schläft! Sie beurteilt die schwierigen Tage, die sie durchlebt, so: *Ich glaube, Jesu Arbeit während dieser Exerzitien bestand darin, mich von allem zu lösen, was nicht er ist ...*

So endet ihr Postulat. Beim Eintritt in den Karmel *streckte das Leiden seine Arme nach mir aus, und ich warf mich mit Liebe hinein ...* Nach einem solchen Eintritt ins Wesentliche hätte jede andere Heranwachsende zerbrechen können.

Die Einkleidung (10. Januar 1889)

In ihrem weißen Samtkleid mit langer Schleppe, während ihre Haare auf ihre Schultern herabfallen, unter einer

Krone von Lilien, die von ihrer Tante gestiftet waren, steigt Therese am Arm ihres Vaters ins Schiff der Karmelkapelle hinab. Bischof Hugonin hält die Ansprache. Er täuscht sich in bezug auf den Ritus: Anstelle des *Veni Creator* stimmt er das *Te Deum* an. (Ist das vielleicht die Erfüllung der Prophezeiung, die Abbé Delatroëtte neun Monate zuvor gemacht hatte?) Sie, die nun ins Noviziat eintritt, strahlt. In bezug auf ihren Vater sagt sie: *Niemals war er schöner,* würdiger *gewesen ... Alle bewunderten ihn.*

Wie sie in die Klausur zurückkehrt, bemerkt Therese voll Entzücken, daß die Natur sich mit ihr gleichgestimmt hat: Schnee bedeckt den Garten. Sie liebt ihn so sehr, und sie hatte ihn erbeten, wenngleich die Temperatur an diesem Morgen eine solche Überraschung nicht vorausahnen ließ. Die kleine Verlobte sieht darin eine Aufmerksamkeit ihres Vielgeliebten, der ihre kleinsten Wünsche erfüllt. *Der Schnee an meinem Einkleidungstag erschien als ein kleines Wunder; die ganze Stadt verwunderte sich darüber.*

Von jetzt an trägt sie mit Freude das Kleid des Karmels: Gewand und Skapulier braun, Brusttuch und Schleier weiß, Ledergürtel mit Rosenkranz, Leinenstrümpfe[28], Kordelsandalen. Nach dem Fest beginnt der Alltag wieder.

In ihren Briefen jedoch gibt es eine kleine, sehr bezeichnende Änderung: Künftig wird Therese ihre Briefe oft unterzeichnen mit ,,Schwester Therese vom Kinde Jesus *vom heiligen Antlitz".* Seit 26. April 1885 war sie Mitglied der Erzbruderschaft vom heiligen Antlitz in Tours, eine Verehrung, die durch Schwester Marie de Saint-Pierre und Herrn Dupont verbreitet wurde. Im Chor des Karmels von Lisieux brannte Tag und Nacht eine Lampe vor dem Bild des heiligen Antlitzes. Es brauchte aber die Leiden dieser neun Monate, bis sie entdeckt, daß das Jesuskind, dessen Namen sie angenommen hatte, schon von der Krippe an ein Opferleben begonnen hat, das zum Kalvarienberg führen sollte. Seit dem 25. Dezember 1886 weiß sie, daß Weihnachten nicht Süßlichkeit bedeutet, sondern Geheimnis der Stärke. Dadurch, daß sie zu Beginn ihres Ordenslebens die Wahl traf, ihren Namen so zu ergänzen, engagiert sie sich wirklich für die Nachfolge Jesu. P. Pichon bestätigt ihre Wahl von Kanada aus: ,,Das, was die Größe Ihrer Berufung ausmacht, ist das Siegel des Kreuzes. () Jesus hat Ihnen seine Kindheit und seine Passion geschenkt. Was sind Sie bevorzugt! Welch unvergleichliche Mitgift!"

Kapitel 2

Novizin
(10. Januar 1889—24. September 1890)

,,Er verdemütigte sich so, daß sein Antlitz verborgen war und niemand ihn erkannte ... Und auch ich will mein Antlitz verbergen."

Der Novizin überträgt man eine neue Aufgabe: Wasser und ,,Bier"[29] im Speisesaal bereitzustellen, das Brot im Winkel Saint-Alexis unter der Treppe, wo große Spinnen sie erschrecken. Sie reiht sich künftig in die Gemeinschaftsdienste ein; sie muß verschiedene Glocken läuten, während der Mahlzeiten lesen, die Versikel im Chor an-

Der Speisesaal im Karmel

stimmen. Wie Schwester Agnes von Jesus ist auch sie für den Speisesaal verantwortlich. Die Versuchung, miteinander zu sprechen, ist für beide Schwestern groß. Die Novizin widersteht dem mit Festigkeit. Immer hat sie Sorge, die Familienatmosphäre könne in ihrem klösterlichen Dasein wieder aufleben.

Am 13. Februar wird Mutter Marie de Gonzague als Priorin auf drei Jahre wiedergewählt. Schwester Marie-Philomène verläßt das Noviziat; dort bleiben mit Schwester Therese Schwester Marthe und Schwester Marie vom heiligsten Herzen.

Zwei photographische Aufnahmen vom Januar 1889[30] zeigen die Novizin ein bißchen verloren in ihrem weiten neuen Gewand, die Wangen dick und rund, lächelnd bei dem Kreuz im inneren Klosterhof. Die karmelitische Ernährungsweise, reich an Stärkemehl, ließ sie dicker werden. Erst vom 21. Lebensjahr an wird sie fasten. In Wirklichkeit hat sie täglich Magenschmerzen. Wie Schwester Marie des Anges ihr aufgetragen hat, sie zu verständigen, wenn sie krank sei, klopft Schwester Therese jeden Tag bei ihr. Weil aber die andere ihre Anweisung bereits vergessen hat, klagt sie über die dauernden Unpäßlichkeiten ihrer Novizin! Der Dialog zwischen ihnen bleibt schwierig.

„Die große Prüfung" des gedemütigten Vaters (12. Februar 1889)

Kaum zwölf Tage nach dem *Triumph* des Vaters aus Anlaß der schönen Feier beunruhigt sein Gesundheitszustand Celine sehr. Er ist bettlägerig. Plötzlich bricht das Drama los.
Eine jähe Krise setzt ein. „In seiner Einbildung sieht der Kranke schreckliche Dinge, Blutbäder, Schlachten, hört Kanonendonner und Trommelwirbel." Er greift nach seinem Revolver — um uns zu verteidigen, sagt Celine —, und er will sich nicht mehr von ihm trennen. Isidore Guérin, der herbeigerufen wird, fürchtet um das Leben seiner Nichten und um das von Maria Cosseron, des Dienstmädchens. Von seinem Freunde Auguste Benoît unterstützt, entwaffnet er seinen Schwager. Der Arzt ordnet die fristlose Einlieferung in das Sanatorium vom Guten Hirten in Caen an.
Unter dem Vorwand eines Spaziergangs führt man den Kranken fort, der wieder ruhig geworden ist. Es schneit.

Damit verbunden ist ein kleiner Besuch im Sprechzimmer des Karmels, wo Pauline allein ihn sieht. Er schenkt ihr einige kleine Fische, die er in sein Taschentuch eingewickelt hat. Wie oft hat er den Ertrag seines Fischens den Pfortenschwestern gebracht!

In Caen ist Herr Martin Schwester Costard anvertraut, die eine ganze Abteilung des Asyls leitet. Drei Jahre lang wird er dort interniert sein. Eine Woche später beziehen Leonie und Celine vom 19. Februar bis zum 5. Mai ein Zimmer bei den Schwestern des heiligen Vinzenz von Paul, ganz in der Nähe des Guten Hirten. Täglich gehen sie hin, um Neuigkeiten zu erfahren. Ihren Vater können sie nur einmal in der Woche besuchen. Ein intensiver Briefverkehr verbindet Caen mit Lisieux.

So sieht die Wirklichkeit aus, die noch wenige Tage zuvor unvorstellbar war. Der verehrte ,,Patriarch" lebt unter den ,,Verrückten". *Ich wußte nicht, daß am 12. Februar, also einen Monat nach meiner Einkleidung, unser geliebter Vater den bittersten, den demütigendsten Kelch trinken sollte. Ach! an diesem Tage sagte ich nicht mehr, daß ich noch mehr leiden könne!!! Worte können unsere Herzensangst nicht wiedergeben ...*

Die Familie Martin ist nun zerstreut. Die mitleidsvollen — oder auch böswilligen — Redereien in Lisieux gehen munter weiter, manchmal ungeschickterweise mit Rückwirkungen in der Klausur. In dieser Qual versucht jede der Töchter, sich aufrecht zu halten, und sie helfen sich gegenseitig. Welchen Sinn kann eine solche Prüfung haben?

Der Kranke, der zwischen zwei Krisen friedlich geworden ist, setzt die Ärzteschaft durch seine Vornehmheit und seine Willigkeit in Erstaunen. Muß man da von seinen Leiden, seiner Demütigung sprechen? Zu einem der Ärzte sagt er: „Ich war immer gewohnt, zu befehlen, und sehe mich nun gezwungen, zu gehorchen; das ist hart. Aber ich weiß, warum der liebe Gott mir diese Prüfung geschickt hat: Ich hatte nie in meinem Leben eine Demütigung; eine wenigstens mußte ich haben"; woraufhin der Gesprächspartner antwortet: „Nun gut! Das kann man gelten lassen!"

Schwester Therese vom Kinde Jesus, von Celine getrennt, (und sie sieht diese fünfzehn Monate lang nicht mehr)[31], taucht ein in das Schweigen. Sie erforscht das Wort Gottes, das ihr die Liturgie und ihre Lesestunden darbieten. Der Mut der jungen Novizin setzt in Erstaunen, selbst wenn sie ihre Tränen mitunter nicht verbergen kann. Die ganze Zeit ihres Noviziates ist gekennzeichnet durch diese große Prüfung, die ihre Herzmitte trifft.

Im April kaufen die Guérins ein Haus in Lisieux, 19 rue de la Chaussée. Bis sie es beziehen können, wohnen sie in den Buissonnets, wohin Leonie und Celine zurückgekehrt sind, weil ihr Aufenthalt in Caen nutzlos geworden war. Im Juli ziehen alle in die neue Wohnung ein.

Am 18. Juni erreicht *die Passion* von Herrn Martin einen Höhepunkt: Man läßt ihn eine Urkunde unterschreiben, durch die er auf die Verwaltung seiner Güter verzichtet. Sein Schwager fürchtete nämlich, er werde sich durch unüberlegte Freigebigkeit ruinieren. An diesem Tage ist der Kranke hellwach. Er schluchzt: „Ah! meine Kinder sind es, die sich von mir lossagen!"

„Du hast mich für immer in deinem Antlitz verborgen"

In dieser langen Periode innerer Spannung (das Schriftbild ihrer Briefe zeigt dies mitunter bis an den Rand des Zusammenbruchs) erleuchtet Anfang Juli eine plötzliche Gnade Schwester Therese eine ganze Woche lang. In einer kleinen künstlichen Grotte am Ende des Gartens befindet sich eine der heiligen Magdalena geweihte Einsiedelei; hier erlebt sie eine neue Erfahrung. *Es war, als läge für mich ein Schleier über allen Dingen der Erde ... Ich war ganz geborgen unter dem Schleier der heiligen Jungfrau. () Damals war ich mit dem Refektorium betraut. () Ich tat meine Arbeit, als täte ich sie nicht; es war, als hätte man mir einen Leib geliehen. In diesem Zustand blieb ich eine ganze Woche lang.*

Es handelt sich um eine ganz außergewöhnliche Gunstbezeugung, denn für gewöhnlich erfährt sie die Schwierigkeiten des Betens, oder der Schlaf, der ihr abgeht, überwältigt sie. Auf Vertraulichkeiten von Schwester Agnes während des Dienstes mir ihr zusammen im Speisesaal — wenn sie die Erlaubnis haben zu reden — antwortet Schwester Therese nicht; sie hört nur zu. Eines Tages wird sie, indem sie die Erinnerung an diese Periode wachruft, ihrer Schwester sagen: *Sie sind dahin gekommen, mich nicht mehr zu kennen.*

Die Furcht vor der Sünde spürt sie immer noch und manchmal auch Anfälle von Skrupeln. Eine Antwort von P. Pichon bezeugt dies: „Im Namen Gottes verbiete ich Ihnen, Ihren Gnadenstand in Frage zu stellen. Der Teufel lacht darüber aus vollem Hals. Ich protestiere gegen dieses häßliche Mißtrauen. Glauben Sie hartnäckig daran, daß Gott Sie liebt."

Dennoch ist es die gleiche Therese, die zwei Briefe „der Seelenführung" an ihre Cousine Marie Guérin schreibt, die ebenfalls von Skrupeln heimgesucht ist. Aus Anlaß einer Reise nach Paris besucht sie mit Leonie und Celine die Internationale Austellung[32] und Museen, wo die „Nuditäten" sie verwirren. Sie geht nicht mehr zur heiligen Kommunion. Indem die junge Novizin aber ihre eigene Erfahrung wachruft, schreibt sie ihr voll Festigkeit: *Ich habe* alles *verstanden. () Deine arme kleine Therese errät alles. Sie versichert Dir, daß Du ohne Furcht Deinen einzigen wahren Freund empfangen kannst ... Auch sie hat das Martyrium der Skrupel durchgemacht, aber Jesus gewährte ihr die Gnade, trotzdem zu kommunizieren. () Dein Herz ist geschaffen, Jesus zu lieben, ihn leidenschaftlich zu lieben. Bete viel, damit die* schönsten Jahre *Deines Lebens nicht in eingebildeten Ängsten verstreichen. () Kommuniziere oft, sehr oft ... Das ist das einzige Heilmittel, wenn Du gesund werden willst.*[33]

Während ihr Vater in der Nacht seiner Prüfung in weiter Ferne lebt, sinkt sie ein in die Nacht ihrer Wüstenberufung. Sie will „verschwinden, um zu lieben", *dieses verborgene Sandkorn sein, im Dunkel, vergessen, für nichts geachtet, mit Füßen getreten. Welch ein Glück, so verborgen zu sein, daß niemand an einen denkt! Selbst jenen Menschen unbekannt zu sein, mit denen man zusammenlebt ...*

An wen denkt sie? Die „Kämpfe" des Gemeinschaftslebens dauern an. Oft muß die junge Therese *ihre Eigenliebe unter ihre Füße* legen. Schließlich erobert sie die

Freundschaft der alten Schwester Saint-Pierre (die durch ihre vielen Krankheiten sehr schwierig geworden ist) dadurch, daß sie sie jeden Abend in den Speisesaal führt und diesen sehr peinlich genauen Dienst mit einem komplizierten Ritual durch ihr frohestes Lächeln beschließt. Sie weiß bereits, daß sich ihre Liebe in die geringfügigsten Dinge kleiden muß. Die Armut zieht sie in besonderer Weise an. Sie wählt für sich die häßlichsten und unbequemsten Dinge. *Ich befliß mich vor allem, die kleinen Tugenden zu üben, da ich keine Möglichkeit hatte, die großen zu üben.*
Während sich die Beziehungen mit Schwester Agnes, mit der sie zusammenlebt, entspannen, werden jene, die sie mit Celine ,,in der Welt draußen" verbinden, paradoxerweise intensiver. Unterredungen im Sprechzimmer und Briefwechsel ergänzen sich. Das Leiden, für Jesus angenommen, bleibt das bevorzugte Thema dieses Austauschs. Leiden in Armseligkeit, in kleinen Stücken, ohne fühlbaren Mut. Die beiden Schwestern rufen sich die Kürze des Lebens ins Bewußtsein, die Freude des Himmels, die endgültige Wiedervereinigung der ganzen jetzt zerstreuten Familie. *Das Leben vergeht rasch. Im Himmel wird es uns gleich sein, ob die Überbleibsel aus den Buissonnets da- oder dorthin wandern! Was liegt an der Welt?*

Das Ende der Buissonnets (Weihnachten 1889)

Sie muß allem entsagen. Alles, was ihre Jugend, die noch so nahe liegt, ausgemacht hat, verschwindet. Ihre Familie? Sie ist zersplittert. Die Buissonnets? Sie sind aufgegeben.

Im Oktober sehen die Nachbarn einen kläglichen Auszug; die Möbel sind verstreut. Der Karmel erbt einige davon. Ein Schubkarren kommt durch die Pforte der Arbeiter in den Garten der Karmelitinnen. Der treue Tom war ihm gefolgt. Mit Windeseile durchbricht er die Klausur, wo mehrere Schwestern mit tief herabgelassenem großen Schleier den Geleitzug erwarten. Mit sicherem Instinkt hat sich der weiße Spaniel auf seine junge Herrin geworfen, um ihre Tränen zu lecken.

Das Gebet der Karmelitinnen wird künftig beim Ticktack der Uhr aus den Buissonnets stattfinden. Der Pachtvertrag für das Haus ist an Weihnachten abgelaufen, am dritten Jahrestag der Bekehrung Thereses. Celine hat bei ihrem letzten Rundgang durch den Garten ein Efeublatt für ihre Schwester gepflückt. Eine Seite im Leben der Novizin, die nun siebzehn Jahre alt ist, ist endgültig umgeblättert. Es bleibt ihr wirklich nur Jesus. Wegen ihrer Leiden bemitleidet sie sich aber nicht. Sie opfert sie auf, um *die Seelen zu retten. Seien wir Apostel, retten wir vor allem die Seelen der Priester! () Ach, wie viele schlechte Priester, Priester, die nicht heilig genug sind. () Beten wir, opfern wir für sie.* Ihr Novizinnen-Briefwechsel wiederholt diese Ermahnungen unaufhörlich. Wenn man sie so sieht, lächelnd unter ihrem weißen Schleier, wer würde sich dann denken können, was in der Tiefe dieses jungen Menschen lebt?

Mit Verzögerung zur Profeß (Januar—September 1890)

Ihre Rufe der Liebe zu Jesus, die sie für gewöhnlich Celine anvertraut, drücken ihr Verlangen aus, sich ihm gänzlich zu weihen, und dies so bald wie möglich. Zu Beginn des Jahres 1889 hat sie ein privates Gelübde der Keuschheit abgelegt.

Das Noviziat, das der Profeß vorausgeht, dauert für gewöhnlich ein Jahr. Schwester Therese kann also hoffen, sich vom 11. Januar 1890 an endgültig zu binden. Nochmals taucht ein Hindernis auf: Mutter Marie de Gonzague bittet sie im Einverständnis von Schwester Agnes, auf diese Freude zu verzichten. Man kann der Novizin nichts vorwerfen, aber man hat das Vorgefühl, daß Abbé Delatroëtte ein Hindernis bereiten könnte. Der Superior ist noch nicht entwaffnet: Therese ist zu jung für eine endgültige Bindung. Wäre die Krankheit des Vaters nicht außerdem ein Grund, den man nicht zu erwähnen wagt?

Die Novizin empfindet eine tiefe Enttäuschung: Warten, warten, das ist ihr Los. Im Gebet aber begreift sie, daß in diesem *Wunsch, die heiligen Gelübde abzulegen, ein großes Stück Selbstsucht lag.* Sie überläßt sich ihrem Vielgeliebten: *Ich werde warten, solange Du es willst ...* Sie darf diese Zeit nicht verlieren, sondern muß mit Eifer ihre Hochzeit vorbereiten. Wie? Indem sie sich ganz dem Willen Jesu überläßt.

Ja, ich sehne mich danach, vergessen zu werden, und nicht nur von den Geschöpfen, sondern auch von mir selbst. Ich möchte so sehr zu nichts werden, daß ich keinen Wunsch mehr habe ... Die Ehre meines Jesus, das ist alles; meine eigene übergebe ich ihm, und wenn er mich zu vergessen scheint; nun, er ist frei, denn ich gehöre nicht mehr mir, sondern ihm ... Er wird es schneller leid sein, mich warten zu lassen, als ich, ihn zu erwarten!

Als ein Jesuit, Pater Blino, zu Exerzitien im Karmel ist,

hat sie ihm ihre ständige Hoffnung anvertraut, eine große Heilige zu werden und Jesus in gleichem Maß zu lieben wie Teresa von Avila. Der Exerzitienleiter ist durch diese Äußerung schockiert, die von einer so jungen Novizin kommt. Er findet hier Spuren von Stolz und Anmaßung. „Mäßigen Sie Ihre verwegenen Wünsche!" — *Warum, mein Vater? Unser Herr hat gesagt: ,,Seid vollkommen, wie euer himmlischer Vater vollkommen ist!"* Dieses Schriftargument überzeugt den Jesuiten nicht. Dennoch wird er von dieser Novizin in Paris im Karmel der rue de Messine rühmend sprechen.

Was sie selbst betrifft, so bewirken die Einwände von P. Blino bei ihr keine Meinungsänderung. Celine, die von einer Pilgerfahrt nach Tours[34] und Lourdes zurückkommt, vertraut sie an: *Glaubst Du, die heilige Teresa habe mehr Gnaden empfangen als Du? ... Von mir selbst her möchte ich Dir nicht sagen, Du sollst ihre seraphische Heiligkeit anstreben, wohl aber vollkommen sein, wie Dein himmlischer Vater vollkommen ist! ... Ah! Celine,* unser unendliches Verlangen *ist also weder Traum noch Hirngespinst, weil Jesus selbst uns diese Weisung gibt.*

Mit siebzehn Jahren läßt sie sich nichts weismachen. Immer die gleiche, wagt sie auszusprechen, was sie denkt: *Du weißt, ich sehe das Herz Jesu nicht wie jedermann* (ihre Schwester war in Paray-le-Monial gewesen), *ich denke, das Herz meines Bräutigams ist ganz mein und das meine ist ganz sein, und ich spreche zu ihm in dieser köstlichen Einsamkeit von Herz zu Herz, bis ich ihn dann einmal von Angesicht zu Angesicht schauen darf!*

Zwei wichtige Quellen helfen ihr viel während dieses langen Noviziates, zwei Lesungen, die sie erleuchten und ihre Erfahrung einwurzeln lassen im Erdreich des Wortes Gottes und der karmelitanischen Überlieferung.

„Ohne Schönheit, ohne Glanz"

Seit zwei Monaten betrachtet Schwester Therese das Antlitz Jesu, dessen Augen gesenkt sind (denn *wenn man seine Augen sehen würde, würde man vor Freude sterben*). Das Antlitz ihres Vielgeliebten fasziniert sie. Die liturgischen Texte, die sie während dieser Fastenzeit hört, kristallisieren in ihr eine neue Intuition aus. Gelesen, wieder gelesen und meditiert, tauchen sie erst im Juli auf. Die Novizin schickt an Celine ein Blatt, auf dem sie Texte abgeschrieben hat, die darüber *ihrer Seele sehr viel sagen*. Mit einem sehr sicheren biblischen Instinkt (sie hat auf diesem Gebiet keinerlei Ausbildung erhalten)[35] sind ihr diese Abschnitte aus dem Propheten Jesaja, Kapitel 53, ein Schlüssel zum Lesen des Lebens Jesu, des „leidenden Gottesknechtes". *Diese Worte von Jesaja haben den Grund gelegt für meine Andacht zum heiligen Antlitz, oder besser gesagt, für meine ganze Frömmigkeit.* Gleichzeitig geben sie ihr Licht über den Sinn der schrecklichen Prüfung ihres verbannten, einsamen Vaters. Auch er ist der Gerechte, der, in Caen interniert, leidet: *Papa! Ah! Celine, ich kann Dir nicht alles sagen, was ich denke ... () Wie soll ich Dinge sagen, die der Gedanke selbst kaum wiedergeben kann, Tiefen, die in die innersten Gründe der Seele reichen! () Jesus hat uns das bestausgesuchte Kreuz geschickt, das er in seiner unermeßlichen Liebe zu erfinden vermochte ... Wie sollten wir uns beklagen, wenn er selbst als ein von Gott geschlagener und gedemütigter Mann angesehen wurde!*

Schon immer war ihr Vater für sie ein Abbild des Vaters im Himmel gewesen. Jetzt entdeckt sie, daß auch der gedemütigte, verachtete, unkenntliche Sohn ein Bild des Vaters ist. Das Leiden verweist sie auf die Vernichtung des Sohnes, auf das Geheimnis des Kreuzes. Die Liebe ist bis zu diesen unauslotbaren Grenzen gegangen ... *Jetzt sind wir Waisen, können aber in Liebe sprechen: ,,Vater unser, der du bist im Himmel." Ja, es bleibt uns noch das einzige Alles unserer Seelen!* Diese Reinigung des Herzens läßt sie eine entscheidende Schwelle überschreiten.

,,Unser Vater, der heilige Johannes vom Kreuz"

Auf demselben Blatt zitiert Therese zum ersten Mal einen Abschnitt des heiligen Johannes vom Kreuz. *Oh! wie viele Erleuchtungen habe ich aus den Schriften unseres Vaters, des heiligen Johannes vom Kreuz geschöpft! Im Alter von siebzehn bis achtzehn Jahren* (1890—1891) *bildeten sie meine einzige geistliche Nahrung. () Ich flehte den lieben Gott an, er möge in mir wirken, was er sagt.*

Diese Lektüre ist im Karmel von Lisieux für eine so junge Novizin ein wenig ungewohnt. Mutter Coeur de Jésus ist erstaunt über diese und jene Auslegung, welche Schwester Therese während der Erholung vom Werk des spanischen Karmeliten gibt. In gleicher Weise erstaunt ist auch Schwester Marie des Anges während der Augenblicke der geistlichen Führung. Man las in den französischen Karmelklöstern damals kaum Johannes vom Kreuz, doch die dritte Jahrhundertfeier seines Todes (1591—1891) beeinflußte die Verbreitung seiner Schriften sehr günstig.[36]

,,Der Lehrer der Liebe" erfüllt die tiefsten Sehnsüchte

des brennenden Herzens der Novizin. *Meine liebe kleine Marie, für mich kenne ich kein anderes Mittel, um zur Vollkommenheit zu gelangen, als die Liebe. Lieben, wie ist unser Herz dafür geschaffen! ... Manchmal suche ich ein anderes Wort, um die Liebe auszudrücken, aber im Lande der Verbannung sind die Worte unfähig, alle Schwingungen der Seele wiederzugeben, deshalb müssen wir uns an dieses einzige Wort halten: lieben!* Die Furcht vor Gott, die sie bei manchen Schwestern feststellt, lähmt sie. *Ich bin von Natur so beschaffen, daß die Furcht mich zurückschlägt; mit der Liebe aber schreite ich nicht nur voran, ich fliege ...*

Nach achtmonatiger Verlängerung ihrer ,,Brautzeit" schreibt Abbé Delatroëtte endlich an die Novizin, daß er sich trotz seiner Zurückhaltung nicht widersetzen wird und daß sie ihr Gesuch um Zulassung zur Profeß an den Bischof schreiben soll. Die Kommunität, die dem Brauch entsprechend dreimal befragt wird, billigt diesen Schritt. Anfang August schickt Bischof Hugonin seine Zustimmung.

Die Profeß einer Karmelitin geschah damals in zwei Feiern: die erste innerhalb der Klausur im Kapitelsaal (die auf Montag, 8. September, festgesetzt wird); die zweite in Anwesenheit der Gläubigen, genannt ,,Schleierfest" (festgesetzt auf Mittwoch, 24. September).

Schwester Therese vom Kinde Jesus vom heiligen Antlitz kommt endlich an ihr Ziel; bald wird sie mit siebzehneinhalb Jahren endgültig Karmelitin sein.

„Exerzitien in großer Dürre"
(28. August—7. September 1890)

Diese unwiderrufliche Verpflichtung muß durch zehntägige Exerzitien, die am Donnerstag, 28. August, beginnen, vorbereitet werden. Noch einmal bringt diese Zeit der Einsamkeit der Exerzitantin gar keinen Trost. *Gänzliche Trockenheit, beinahe Verlassenheit war mein Teil.* Sie vergleicht *ihre Hochzeitsreise* mit dem Eintreten in einen *unterirdischen Gang, wo es weder kalt noch warm ist (), wo ich nur gedämpftes Licht sehe, das Licht, das die gesenkten Augen im Antlitz meines Verlobten ausstrahlen; er sagt nichts zu mir, und ich sage nichts zu ihm, außer daß ich ihn mehr liebe als mich selbst ...*

Am Sonntagabend, 7. September, während sie nach der Matutin ihren Kreuzweg betet, erfaßt sie eine Panik, ein schrecklicher Zweifel an ihrer Berufung, eine Angst, die sie bis jetzt nie gekannt hat. *Ich habe keine Berufung! Ich will nur alle täuschen!*

Während die ganze Kommunität zum Gebet bis Mitternacht im Chor ist, läßt sie am Vorabend ihrer Profeß ihre Novizenmeisterin herauskommen, um ihr ihre Ängste anzuvertrauen. Schwester Marie des Anges beruhigt sie, doch Schwester Therese möchte die Bestätigung ihrer Priorin haben. Auch diese kommt aus der Kapelle heraus und begnügt sich damit, ihre Novizin auszulachen.

Ein Strom des Friedens überflutet am nächsten Morgen jene, die, auf den Boden niedergestreckt, von ihrer Gemeinschaft umgeben, die ewigen Gelübde ablegt. Auf ihrem Herzen trägt sie einen Zettel mit dreiundzwanzig Zeilen beschrieben, der ihren Schritt erklärt. Sie opfert sich

Jesus, den sie mit „Du" anredet, vollständig auf und bittet ihn, daß ihr auch der kleinste freiwillige Fehltritt erspart bleibe. Sie bittet um das *Martyrium des Herzens oder des Leibes oder lieber noch um alle beide,* und *daß heute* viele Seelen gerettet werden.

Eine Graphologin qualifiziert diesen Zettel als „pathetisch". „Man ermißt das Ausmaß ihrer Beeindruckbarkeit, ihrer Schwäche, ihrer Befürchtungen, der Erschütterungen ihrer Empfindlichkeit, ihres Mangels an Vertrauen auf die eigenen Kräfte, ihrer Ängstlichkeit und ihrer Angst", aber auch „eine eiserne Entscheidung, einen Willen zum Kampf, eine unbändige Energie: Entsetzen eines Kindes und Entschiedenheit eines Kriegers".

Am 2. September geht die junge Karmelitin in die Kapelle draußen. (Celine benützt die günstige Gelegenheit, um „ihre sehr zarten und so frischen Wangen" zu küssen.) Sie muß auf die Fragen der kanonischen Prüfung Antwort geben: „Warum sind Sie in den Karmel gekommen?" — *Ich bin gekommen, um die Seelen zu retten, und besonders, um für die Priester zu beten.* Das Ziel ihres ganzen Lebens bleibt unveränderlich fest.

Mutter Marie de Gonzague hat ihr nahegelegt, an ihrem Gelübdetag die Heilung ihres Vaters zu erbitten, aber die Professin betet so: *Mein Gott, ich flehe dich an, gib, daß es dein Wille ist, daß Papa gesund wird!* Sie hört nicht auf, an ihren Vater zu denken. Anfang September hat sie einen Segen von Papst Leo XIII. erhalten, um den Bruder Simeon in Rom gebeten hatte für sie und für „den heiligen Greis, der durch seine Leiden so sehr geprüft ist".

Im Hinblick auf die öffentliche Feier haben Therese und Celine eine einfältige Hoffnung gehegt: Herrn Martin von

Caen kommen zu lassen. Am 23. September machen sie im Sprechzimmer ihr Komplott fertig, aber der Onkel Guérin widersetzt sich entschieden.

Ein Tag „ganz von Tränen verschleiert": Schleierfest am 24. September 1890

Die junge Verlobte hatte, halb scherzend, halb im Ernst, eine Anzeige ihrer Hochzeit verfaßt, wobei sie sich von jener ihrer Cousine Jeanne Guérin inspirieren ließ, die am 1. Oktober Dr. Francis La Néele zu heiraten im Begriff stand. *Gott, der Allmächtige, Schöpfer des Himmels und der Erde, alleiniger Herrscher der Welt, und die glorreiche Jungfrau Maria, Königin des seraphischen Hofes, beehren sich, Ihnen die Vermählung ihres erhabenen Sohnes Jesus Christus, des Königs der Könige und des Herrn der Herren, mit Fräulein Therese Martin anzuzeigen ...* usw.

Doch der Tag der Hochzeit ist *ganz von Tränen verschleiert*. Therese weint über die Abwesenheit ihres Vaters. Unmittelbar vor dem Eintreten in den Vorraum des Chores fährt ihre Schwester Agnes sie an: „Ich begreife nicht, warum Sie weinen. Wie konnten Sie nur hoffen, unseren armen Vater bei Ihrer Feier zu haben? Wenn er da wäre, wären wir weit größeren Schwierigkeiten ausgesetzt als durch seine Abwesenheit." Ja, um sich zur Nachfolge Jesu zu verpflichten, ist Therese ganz allein; ihr Vater ist in der Heilanstalt, ihr geistlicher Vater in Kanada, der Bischof ist durch eine Krankheit in Bayeux zurückgehalten. *Alles war Trauer und Bitterkeit ... Doch der Friede, immer der gleiche Friede, fand sich auf dem Grund des Kel-*

ches ... Das hindert sie aber nicht, noch am Nachmittag im Sprechzimmer mit Celine zu weinen. *Ihren eigenen Kräften überlassen,* fühlt sich die Karmelitin von siebzehneinhalb Jahren noch *sehr schwach.*

Das Bild, das Mutter Marie de Gonzague von ihr am Tag nach der Profeß zeichnet, zeigt, daß die Priorin trotz der Schwankungen ihres Charakters richtig sah. In einem Brief an die Priorin des Karmels von Tours spricht sie von einem ,,Kind, das sie gestern geopfert hat, diesen Engel von Kind mit siebzehneinhalb Jahren und einer Urteilskraft von dreißig Jahren, die klösterliche Vollkommenheit einer alten Novizin und die Selbstbeherrschung vollendet in ihrer Seele tragend; das ist eine perfekte Ordensfrau; kein Auge blieb gestern trocken angesichts ihrer großen und vollständigen Hinopferung".

Am 24. September fand sich unter den Anwesenden ein junges Mädchen von zwanzig Jahren in ihrer Berufung gefestigt: An diesem Tag entscheidet sich Marie Guérin, Karmelitin zu werden wie ihre junge Cousine.

Kurz vor ihrem Eintritt in den Karmel hatte die junge Therese Martin ihrer Schwester Agnes geschrieben: *Ich will eine Heilige sein ... Vor kurzem las ich die Worte, die mir sehr gefielen; ich erinnere mich nicht mehr, welcher Heilige sie gesagt hat; sie lauteten:* ,,*Ich bin nicht vollkommen, doch ich WILL es werden.*" Sie hat WILL mit großen Buchstaben geschrieben und unterstrichen. Ihrem Vater gegenüber hatte sie dasselbe Verlangen ausgedrückt: *Ich will versuchen, Dir Ehre zu machen, indem ich eine große Heilige werde.*

Seit zwei Jahren führt sie nun diesen Kampf um die Heiligkeit. Das Leiden, das ihr nicht gefehlt hat, ist ihr als ein privilegierter Weg vorgekommen, um ihre Liebe zu Jesus unter Beweis zu stellen. Hatte ihre *Nachfolge Christi* ihr nicht gesagt: ,,Die Liebe kann alles erreichen; die unmöglichsten Dinge erscheinen ihr nicht schwierig."? Wie das Blatt von ihrer Profeß zeigt, war sie mit allen ihren Kräften angespannt, unruhig über ihre Schwäche, besorgt um ihre innere Reinheit.[37] Sie beginnt zu ahnen, daß die Heiligkeit sich nicht so leicht erringen läßt.

Kapitel 3

Das Begrabensein
(24. September 1890—20. Februar 1893)

,,Christus ist meine Liebe; er ist mein ganzes Leben."

Von jetzt an dringt Schwester Therese vom Kinde Jesus mehr und mehr ein in die Wüste, wo sie sich vergraben wollte mit ihrem Vielgeliebten, der selbst verborgen ist. Es wird still um ihren Vater, dessen Gesundheitszustand unsicher bleibt. Leonie und Celine besuchen ihn in Caen regelmäßig. Nichts läßt seine baldige Rückkehr nach Lisieux vorausahnen. Im Karmel nennt man seinen Namen nur noch mit leiser Stimme wie den eines geächteten Menschen. Im Zusammenhang mit der Freude über die Hochzeit von Jeanne und Francis zeigen sich die Guérins im Sprechzimmer weniger häufig. Für die junge Karmelitin ist es ein Jahr der Dunkelheit.

Sehr oft unterläuft es ihr, das *Gebet des heiligen Petrus* zu verrichten[38] oder in den inneren Finsternissen zu weilen. Abbé Youf schilt sie, aber Mutter Marie de Gonzague

Die Kommunität am 19. April 1895 im Waschhaus. Therese ist die vierte von links

beruhigt sie. Sie soll so weitergehen ohne Tröstungen: „So werden Sie eine echte Karmelitin sein in der Dunkelheit der Wüste, in den Finsternissen der Nacht." Der Winter 1890/91 ist sehr streng. *Ich habe gefroren bis zum Sterben,* wird Therese ihr sehr viel später anvertrauen. Sie wird fortfahren, ihre ganze Liebe in die kleinen Dinge des täglichen Lebens hineinzulegen. *Ich hatte Freude daran, die von den Schwestern vergessenen Mäntel zusammenzulegen und ihnen all die kleinen Dienste zu erweisen, die ich tun konnte.* Sie *bemüht sich, kein einziges kleines Opfer sich entgehen zu lassen, keinen Blick, kein Wort, und will die geringfügigsten Handlungen benützen und sie aus Liebe tun.*

Diesen Heroismus in den Geringfügigkeiten bemerkt niemand. Schwester Therese mischt sich nicht in die „Geschichten", welche die Kommunität mitunter bewegen; sie verteidigt sich nicht, wenn man sie ungerechterweise anklagt; sie lächelt den Schwestern zu, die mit ihr am unangenehmsten umgehen. Sie ißt alles, was man ihr gibt, ohne zu protestieren. Schwester Marthe unterläßt es nicht, ihr Reste anzureichen, die niemand will. Therese wird sich unter anderem erinnern an *„Stiefelsohlen" von Eierkuchen, an einen Fraß*. Schwester Saint-Raphael, die im Refektorium neben ihr sitzt, trinkt beinahe die ganze Karaffe Apfelwein aus, ohne Rücksicht zu nehmen.

Tag für Tag so zu leben, ohne „geladen" zu sein, dabei geschmeidig zu bleiben, wahrhaftig und lächelnd: so lebt sie. Es ist wahr, daß sie mitunter sehr heftig kämpfen muß, um den Zorn, der in ihr hochsteigt, zu bändigen, denn ihr Ungestüm bleibt.

Kurz nach ihrem achtzehnten Geburtstag erhält sie eine andere Beschäftigung. Man ernennt sie zur Gehilfin der Sakristanin, von Schwester Saint-Stanislas, einer guten alten Schwester, die ihrer Gehilfin den Übernamen gibt „die kleine Schwester So-sei-es (Amen)". Nachdem sie nicht mehr im Speisesaal ist, sieht sie auch ihre Schwester Agnes nicht mehr. Im Juli 1891 verläßt Marie vom heiligsten Herzen das Noviziat. Therese muß ihre Ausbildung dort noch drei Jahre zusammen mit Schwester Marthe weiterführen. Sie hat festgestellt, daß diese eine zu große und ausschließliche Anhänglichkeit an die Priorin zeigt. Im Schweigen und im Gebet erwägt sie, daß sie eines Tages darüber mit ihrer Gefährtin reden muß; denn diese Anhänglichkeit, *ähnlich wie der Hund seinem Herrn* anhänglich ist, scheint ihr nicht richtig. Aber die Stunde für ein Einschreiten ist noch nicht gekommen.

Diese vermehrte Einsamkeit hat sie gewollt allein für Jesus, um ihm Seelen zu retten, besonders jene der Priester. Gerade einer von ihnen gibt Veranlassung, daß man über ihn in Frankreich ungemein viel spricht.

Der ,,abtrünnige" Karmelit

Pater Hyacinthe Loyson, welcher der Reihe nach Priester von Saint-Sulpice, Dominikanernovize, dann Karmelit und Provinzial seines Ordens und glänzender Prediger von Notre-Dame in Paris geworden war, hat die katholische Kirche im Jahr 1869 verlassen. Drei Jahre später hat er eine junge amerikanische Witwe geheiratet, Protestantin, von der er einen Sohn bekam. 1879 hat er die ,,katholisch-anglikanische Kirche" gegründet, welche die auf dem Ersten Vatikanischen Konzil im Jahr 1870 proklamierte päpstliche Unfehlbarkeit verwirft, die Wahl der Bischöfe durch den Klerus und das Volk befürwortet, die Heirat der Priester verteidigt und die Liturgie in französischer Sprache fordert ...

Seit die große Exkommunikation über ihn verhängt worden war, durcheilt er ganz Frankreich und vervielfacht seine Konferenzen. In der Lokalpresse ruft sein Auftauchen großen Lärm hervor. Schwester Therese hat mehrere Artikel der Zeitung *La Croix du Calvados* bekommen, die von Celine ausgeschnitten waren. Während die klerikalen Zeitungen P. Loyson als den ,,abgefallenen Mönch" bezeichnen, während Léon Bloy wütend auf ihn stichelt, schreibt Schwester Therese vom Kinde Jesus an Celine, daß sie für ihren *Bruder* betet. Kann Gott das, was er für den Mörder Pranzini getan hat, nicht an dem aufrührerischen Priester erneuern? *Lassen wir nicht nach im Gebet, das Vertrauen wirkt Wunder.* In Zukunft wird sie nicht mehr ablassen, für ihn zu beten, und zwar bis zu ihrem Tod. Ihre letzte Kommunion opfert sie am 19. August 1897 für P. Hyacinthe auf, dessen Namen niemand mehr im Karmel auszusprechen wagt. ,,Diese Bekehrung hat sie während ihres ganzen Lebens beschäftigt", wird Schwester Agnes bezeugen.

Sie sorgt sich auch um die Ehe von Marguerite-Marie (Maudelonde), einer Cousine der Guérins, die einen atheistischen Richter geheiratet hat, René Tostain. Die junge Frau gerät unter den Einfluß der Auffassungen ihres Mannes und bekommt Glaubenszweifel. Therese bittet Celine, ihr das Buch von Arminjon zu leihen, das ihr vier Jahre zuvor so nützlich gewesen ist. Immer hat sie dieselbe Sorge: *Ah! Celine, vergessen wir die Seelen nicht, sondern vergessen wir uns selbst um ihretwillen ...*

Die Zukunft von Celine

Celine ... *die Hälfte ihres Herzens* ... Celine bereitet ihrer Schwester Sorgen. Um dieses hüsche Mädchen von zweiundzwanzig Jahren werden Heiratspläne geschmiedet, vier innerhalb von fünf Jahren. Henri Maudelonde, Anwalt in Caen, verliebt sich in sie und zeigt es deutlich auf Schloß La Musse, wo bei den Guérins glänzende Empfänge stattfinden. Jeden Sommer kommt Celine zu ihren Cousinen auf diesen schönen Grundbesitz. Am 8. Dezember 1889 hat sie ein privates Gelübde der Keuschheit abgelegt und ihre Absicht, Ordensfrau zu werden, zum Ausdruck gebracht. Sie erfährt aber auch heftige

Versuchungen. Selbst ihre Gesundheit ist davon in Mitleidenschaft gezogen. Inständig betet sie zur Jungfrau vom Lächeln. Therese beunruhigt sich. Zutiefst aber bleibt sie davon überzeugt, daß sie ihre Schwester im Karmel wieder treffen wird, und sie tut alles, daß sie dorthin gelangt. Hier ist es, wohin Jesus sie ruft.
Für Schwester Marthe, ihre Gefährtin im Noviziat, kämpft Schwester Therese ebenfalls. Um ihr Freude zu machen und ihr zu helfen, schiebt sie den Termin ihrer Jahresexerzitien hinaus, um die Zeit der Einsamkeit für sie beide zusammenfallen zu lassen. Für die Jüngere bedeutet das ein wahres Opfer, denn Schwester Marthe wird die seltenen freien Augenblicke ihrer Gefährtin während dieser schwesterlichen Gespräche, die von der Priorin gebilligt sind, zu einem Nichts zusammenschrumpfen lassen.
Sich noch mehr vergessen, bestünde darin, wenn sie nach Indochina in den Karmel von Saigon abreisen würde, der vom Karmel von Lisieux gegründet worden war. Therese hat davon geträumt. Dort wäre sie wirklich verborgen, in der Verbannung und von allen vergessen.

„Auf den Fluten des Vertrauens und der Liebe" (7.—15. Oktober 1891)

Solche Exerzitienzeiten bleiben für die junge Profeßschwester Quelle der Beunruhigung. Die Exerzitienleiter dieser Epoche lassen es sich nicht entgehen, die skrupulösen Seelen dadurch in Schrecken zu setzen, daß sie immer wieder auf die Sünde, die Leiden des Fegfeuers beziehungsweise der Hölle zurückkommen. Ein Satz, den sie in einem Vortrag gehört hat, veranlaßt sie zu vielen Tränen: ,,Niemand weiß, ob er der Liebe oder des Hasses würdig ist." In diesem Augenblick erfährt sie *große innere Prüfungen aller Art, die so weit gehen, daß sie sich manchmal fragt, ob es einen Himmel gibt.* Wie soll sie zur Heiligkeit gelangen, wenn die Sünde derart von allen Seiten her droht?

Abbé Youf, der Hausgeistliche, ist selbst ein großer Skrupulant. Eines Tages kommt Thérèse de Saint-Augustin, eine strenge und sehr regeltreue Schwester, ganz in Tränen aus seinem Beichtstuhl, klopft bei ihrer Priorin und sagt: ,,Meine Mutter, der Hausgeistliche hat mir soeben gesagt, daß ich bereits einen Fuß in der Hölle habe und daß ich, wenn ich so weitermache, bald auch den zweiten dort haben werde!" — ,,Seien Sie beruhigt", antwortete Mutter Marie de Gonzague, ,,ich habe schon alle beide dort!"

Wird Schwester Therese diese Exerzitien von 1891 in solcher Beunruhigung beginnen? ,,Während der ganzen Zeit dieser Exerzitien", wird Schwester Agnes bezeugen, ,,sah ich sie bleich und niedergeschlagen; sie konnte weder essen noch schlafen, und sie wäre krank geworden, wenn das noch länger gedauert hätte."

Die Exerzitien dieses Jahres kündigen sich eher unter einem schlimmen Vorzeichen an. Die Priorin hat als Exerzitienleiter P. Bénigne de Janville, den Provinzial der Franziskaner, gewonnen. Doch weil er in der letzten Minute verhindert ist, hat er P. Alexis Prou, einen Franziskaner von Saint-Nazaire, damit beauftragt. Dieser volkstümliche Prediger, siebenundvierzig Jahre alt, wird in Lisieux eher kühl aufgenommen. Er ist Spezialist für große Menschenmassen; er predigt in den Fabriken und scheint nicht dazu geschaffen, um Karmelitinnen zu helfen. Eine einzige nur wird bei ihm große Stärkung finden: Schwester Therese vom Kinde Jesus.

Die warme Vortragsweise von P. Prou über die Hingabe, über die Barmherzigkeit, und mehr noch seine persönliche Unterweisung weiten ihr Herz. Sie, die sich für gewöhnlich schwer tut, ihr Innenleben aufzudecken, fühlt sich, nachdem sie nur wenige Worte zu dem Franziskaner gesagt hat, *auf wunderbare Weise verstanden und sogar erraten ... Meine Seele war wie ein Buch, worin der Pater besser zu lesen vermochte als ich selbst ... Er warf mich mit vollen Segeln auf die Fluten des* Vertrauens *und der* Liebe, *die mich so stark anzogen, aber auf die ich mich nicht hinauswagte ... Er sagte mir, daß* meine Fehler dem lieben Gott keinen Kummer bereiteten, *daß er* als sein Stellvertreter *mir in seinem Namen sage, der liebe Gott sei mit mir sehr zufrieden ...*

Lebhafte Erleuchtung und Freude! Nie hatte sie sagen hören, daß die Fehler dem lieben Gott keinen Kummer bereiten konnten. Was das Vertrauen und die Liebe betrifft, so zogen sie Therese so sehr an! Aber in der Atmosphäre, die sie umgab, getraute sie sich nicht. Nach diesem ersten so befreienden Gespräch hat sie nur ein Verlangen, nämlich nochmals mit P. Prou zu sprechen. Aber warum verbietet ihr Mutter Marie de Gonzague, indem sie ihre Vollmachten überschreitet, den von der Vorsehung geschickten Exerzitienleiter noch einmal zu sehen? Für die Gehilfin der Sakristanin ist es eine echte Qual, auf der anderen Seite der Winde zu hören, wie P. Prou während seines Breviergebetes auf und ab geht, während sie nur ein

Zeichen geben müßte, um mit ihm zu sprechen, wie das Recht sie dazu befugt. Aber der Gehorsam scheint ihr einer neuen Zusammenkunft gegenüber den Vorzug zu haben. Niemand freilich wird ihr den Frieden und die Hoffnung nehmen, welche dieser durchreisende Priester, den sie nie mehr sehen wird, ihr geschenkt hat.

Ihr ,,kanadischer" Seelenführer bringt ihr nämlich kaum Hilfe. Überlastet durch einen anstrengenden Dienst, antwortet er auf ihre zwölf Briefe im Jahr nur einmal. Schließlich wird Jesus ihr *Seelenführer* sein.

Der Tod einer Heiligen (5. Dezember 1891)

Während dieses harten Winters 1890/91 ist der Tod dabei, sich auf den Karmel zu stürzen. Zuerst ist es Mutter Geneviève de Sainte-Thérèse, deren Leben am Samstag, 5. Dezember 1891, im Alter von siebenundachtzig Jahren nach einem harten Todeskampf erlischt. Die Gründerin, die von allen ihren Schwestern als Heilige betrachtet wird, hatte soeben ihr sechzigjähriges Ordensjubiläum gefeiert. Seit 1884 hatte sie große körperliche und seelische Leiden durchmachen müssen.

Therese war seit ihrem Eintritt durch diese Ordensfrau angezogen worden, deren Erfahrung, deren Unterscheidungsgabe und Sanftmut ihr in der Folgezeit ein Licht auf ihrem Weg war. Diese alte Schwester hatte sie vieles gelehrt. *Das war eine unschätzbare Gnade, unsere heilige Mutter Geneviève gekannt zu haben und neben einer* Heiligen *zu leben, die nicht unerreichbar war, deren Heiligkeit in verborgenen und gewöhnlichen Tugenden bestand. Jesus lebte in ihr und bestimmte ihr Handeln und Spre-*

chen. Ach, diese Art Heiligkeit *scheint mir die* wahrste, *die* heiligste; *nach ihr verlange ich, denn man begegnet darin keinerlei Täuschung.*

Mutter Geneviève hat Therese bisweilen in ihrer Nacht gestützt, indem sie sie daran erinnerte, daß ,,unser Gott der Gott des Friedens ist". Schwester Therese hat einige ihrer vertraulichen Mitteilungen sorgsam aufgeschrieben. Dieser Tod war der erste, bei dem sie im Karmel dabei war; weit entfernt, sie zu erschrecken, findet sie ihn *wundervoll*. Heimlich fängt sie die letzte Träne ihrer alten Freundin auf. Einige Zeit nachher träumt sie, daß Mutter Geneviève ihr dreimal sagt: ,,Ihnen lasse ich mein *Herz*!"

,,Überall herrschte der Tod" (Winter 1891/1892)

Kaum ist Mutter Geneviève beigesetzt, sucht die Grippe, die damals in Frankreich wütet, die ganze Kommunität im Karmel von Lisieux heim. Schlag auf Schlag stirbt zuerst die Älteste mit zweiundachtzig Jahren am 2. Januar 1892, dem neunzehnten Geburtstag Thereses; dann am 4. Januar die Subpriorin und am 7. eine Laienschwester, die sie tot in ihrer Zelle findet.

Die ganze Kommunität liegt im Bett, drei junge Schwestern ausgenommen: Marie vom heiligsten Herzen, Marthe und Therese vom Kinde Jesu. Das Gemeinschaftsleben ist völlig durcheinander; es gibt kein Glockenzeichen, kein Chorgebet, keinen gemeinsamen Tisch …

Schwester Therese, die immer nur die Zweite bei jeder Verrichtung gewesen war, und die man als langsam beurteilte, stellt ihre Geistesgegenwart und ihre Intelligenz unter Beweis. Endlich dazu frei, Entscheidungen zu treffen, bewährt sie sich in jeder Hinsicht. Weit davon entfernt, sie zu bedrücken, spornt sie diese Atmosphäre der Panik an. Sie wird in bedächtiger Weise aktiv in einer Art innerer Munterkeit. Sie muß alles herrichten, die Toten ins Leichentuch hüllen, die Kranken pflegen,[39] die Beerdigungen vorbereiten. Doch die Stärke wohnt ihr ein. *Überall herrschte der Tod,* alle Gepflogenheiten hören auf. Während die Kranken der heiligen Kommunion beraubt sind, hat die gesunde Sakristanin die große Freude, sie *täglich* empfangen zu können. Einer ihrer großen Wünsche ist endlich erfüllt!

Der Superior, Abbé Delatroëtte, der seit vier Jahren der Jüngsten gegenüber so reserviert war, streckt endlich die Waffen. Diese Prüfung hat den Wert dieser Schwester von neunzehn Jahren unter Beweis gestellt. ,,Sie ist", so wird er künftighin sagen, ,,eine große Hoffnung für die ganze Kommunität." Dieser Sturm war notwendig, daß die ,,kleine So-sei-es" ihre wahre Natur als starke Frau zeigen konnte.

Nachdem der Karmel nun auf zweiundzwanzig Ordensfrauen verringert ist, erholt er sich langsam von seinen Aufregungen. Die Wahl der Priorin sollte am 2. Februar stattfinden, aber unter diesen ungewöhnlichen Umständen entscheiden die Vorgesetzten, die Amtszeit von Mutter Marie de Gonzague und ihres Rates um ein Jahr zu verlängern.

Die Rückkehr des Vaters (Mai 1892)

Eine andere große Prüfung soll ihr Ende finden. Am 10. Mai holt Onkel Isidore seinen Schwager aus dem Sanatorium Bon Sauveur in Caen nach einer Internierung von neununddreißig Monaten ab. Am 12. Mai sieht Herr Martin seine Töchter im Sprechzimmer wieder. Es ist der erste Besuch seit vier Jahren — und der letzte. Sie finden ihn sehr verändert, abgemagert. An diesem Tag ist sein Geist klar, aber er spricht nicht. Unter vielen Tränen hebt er im Augenblick des Abschieds den Zeigefinger nach oben und kann nur sagen: ,,Im Himmel!" Es ist die letzte, herzzerreißende Begegnung mit dem gedemütigten Vater. Der Greis wird zuerst bei den Guérins untergebracht, dann im Juli, ganz in der Nähe von ihnen, in der rue Labbey zusammen mit Leonie und Celine. Die beiden Schwestern werden durch ein Dienstmädchen und ein Hausmädchen unterstützt, denn die Beine des Kranken tragen ihn nicht mehr. Man muß ihn von hier nach dort bringen, ihn zum Essen aufmuntern und darf ihn nicht verlassen. Die drei Karmelitinnen wissen wenigstens, daß er in Zukunft nicht mehr in Bon Sauveur ist, diesem schrecklichen Ort, und daß er dauernd von der Familienliebe umgeben ist. Celine opfert sich ganz für seinen Dienst. Sie denkt immer an den Eintritt in den Karmel, aber diese Aufgabe hält sie im Augenblick zurück. Therese hört nicht auf, sie sowohl im Sprechzimmer wie durch Briefe zu stützen wie eine echte Mutter. Eines Tages schärft sie ihr unter Tränen ein, bei der Hochzeit von Henri Maudelonde nicht zu tanzen. Der Anwalt ist es überdrüssig geworden, auf Celine zu warten. Diese findet ihre Schwester in der Klausur sehr streng und ein bißchen ,,übertrieben". Doch tatsächlich: Nachdem sie sich freiwillig schön gemacht hat, ist sie während des Empfangs unfähig, mit einem jungen Mann zu tanzen, der, rot vor Bestürzung, den Ball verläßt. Therese ist von diesem Vorfall entzückt: Celine soll ihr Herz nicht einem gewöhnlichen Sterblichen schenken; Jesus wartet auf sie.

In der rue Labbey mit Herrn Martin in der Mitte: Marie Guérin, Leonie, zwischen zwei Angestellten Celine, Isidore Guérin, Frau Guérin mit einer Freundin und Tom, Thereses Hund, im Jahre 1892

Celine weiß aber auch, daß der Superior formell gegen den Eintritt einer vierten Schwester Martin in den Karmel ist und daß P. Pichon ein Augenmerk auf sie hat. Aktiv und dynamisch, wie sie ist, würde er sie gerne als Leiterin einer Gründung in Kanada sehen; er befiehlt jedoch seinem Schützling, nichts davon zu sagen, auch nicht Therese, ihrer Vertrauten. Von Schloß La Musse aus, wo Celine ihre Ferien verbringt, schreibt sie an ihre Schwester verlegene Briefe. Ihr innerer Zustand ist nichts als Finsternis.

Dagegen sind die Antworten, die vom Karmel kommen, voll Licht. Immer wieder findet Therese ihre Nahrung im Wort Gottes. Gibt es etwas Natürlicheres für eine Karmelitin, für die der Zentralpunkt der Regel lautet, dieses Wort „Tag und Nacht zu meditieren"? Dennoch nährte sich die Frömmigkeit ihrer Zeit mehr von den Kommentaren als von den Quellen der Offenbarung selbst. Weil Therese keine Heilige Schrift zur Verfügung hat, bittet sie Celine, die Evangelien und die Briefe des heiligen Paulus für sie in einem kleinen Band binden zu lassen, den sie dann auf ihrem Herzen tragen wird. Manche Schwestern sind darüber erstaunt, aber mehrere ahmen sie nach. *Das Evangelium gibt mir vor allem das Nötige für das innere Gebet; in ihm finde ich alles, was meine arme kleine Seele braucht. In ihm entdecke ich immer neue Klarheiten und geheimnisvolle Bedeutungen ...* Sie gesteht, daß alle anderen Bücher sie in der Trockenheit lassen.

Mir scheint, daß das Wort Jesu Er selbst ist ... Er, Jesus, *das* Wort *Gottes!* Dieses Wort liest sie und liest es immer wieder, sie meditiert es. In der Schrift sucht sie ihren Weg. *Dein Wort ist die Lampe, die meine Schritte erleuchtet.* Die verschiedenartigen Übersetzungen betrüben sie. *Wäre ich Priester geworden, dann hätte ich Hebräisch und Griechisch studiert, um das Wort Gottes zu lesen, wie er sich würdigte, es in menschlicher Sprache auszudrücken.*

Mehr und mehr gibt sie sich Rechenschaft, daß sie ein Widerstreben gegen die Erhabenheit der *großen Seelen* hat. Ihre privaten Exerzitien im Oktober 1892 lehren sie eher einen absteigenden Weg. *Hören wir, was Jesus uns sagt, (wie Zachäus im Evangelium): ,,Steig schnell herab, ich muß heute in deinem Hause bleiben! ... () Er, der König der Könige, verdemütigte sich so, daß sein Antlitz verborgen war und niemand ihn erkannte ... Auch ich will mein Antlitz verbergen. Ich will, daß allein mein Vielgeliebter es sehen kann.*

Kampf für die Wahrheit

Ein wenig später ergreift Schwester Therese nun endlich eine Initiative, die ihr hätte teuer zu stehen kommen können, aber nach Monaten der Geduld und des Gebetes ist sie entschlossen zu handeln. Es geht um einen Eingriff, der ihre Liebe zur Wahrheit und ihre Charakterstärke unter Beweis stellt. *O mein Gott, gib, daß ich die Dinge so sehe, wie sie sind!* Die Stunde ist gekommen, Schwester Marthe aufzuklären über ihre übertriebene Anhänglichkeit, die sie an Mutter Marie de Gonzague fesselt. Um dem Rat des Evangeliums zu folgen: ,,Wenn dein Bruder sündigt, dann geh zu ihm hin und weise ihn unter vier Augen zurecht" (Mt 18,15), geht Therese ein großes Risiko ein, das sie Schwester Agnes anvertraut: *Beten Sie für mich! Die Heilige Jungfrau hat mich inspiriert, Schwester Marthe aufzuklären. Ich bin daran, ihr zu sagen, was ich von ihr denke.* — ,,Aber Sie riskieren, mißverstanden zu werden; dann wird unsere Mutter Sie nicht mehr ertragen können, und Sie werden in ein anderes Kloster geschickt werden." — *Ich weiß das sehr gut, aber weil ich jetzt sicher bin, daß es meine Pflicht ist, zu reden, darf ich nicht auf die Folgen schauen.*

Am gleichen Abend erklärt sie Schwester Marthe mit viel Zuneigung, *(Ich kann nur mein Herz sprechen lassen)*, worin die wahre Liebe besteht: nicht in Anhänglichkeit, sondern im Opfer seiner selbst zugunsten des anderen. Die Zärtlichkeit wird stark und selbstlos, wenn die Liebe sich nicht selbst sucht. Schwester Therese spricht aus Erfahrung. Diese schwesterliche Zurechtweisung trägt unmittelbar ihre Früchte. Schwester Marthe sieht nun klar und wird den Tag ihrer inneren Befreiung niemals vergessen. Fünf Jahre später wird Therese selbst nicht zögern, dieses Geschehen Mutter Marie de Gonzague zu erzählen, indem sie Jesus anfleht, ihre ,,Hirtin" zu erleuchten, die um sich herum nur schmeichelhafte Lügen hört. Nichts zerstört eine Gemeinschaft mehr als dieses *Gift des Lobes.*

Schwester Therese vom Kinde Jesus vom heiligen Antlitz wird am 2. Januar 1893 zwanzig Jahre alt. Hinter ihr liegen fünf Jahre des Lebens im Karmel, fünf Jahre des angenommenen Leidens. Langsam taucht sie auf aus diesem langen Winter, aus diesem angenommenen Begrabensein, das sie in Liebe suchte für Ihn, den ihr Herz liebt. Ein bedeutendes Ereignis ist im Begriff, ihr zu helfen, in eine Frühlingsperiode einzutreten.

Kapitel 4

Der Reife entgegen
unter dem Priorat von Mutter Agnes
(20. Februar 1893—März 1896)

,,Vor allem seit dem gesegneten Tag Ihrer Wahl flog ich dahin auf den Wegen der Liebe."

,,Meine Schwester ... meine Mutter"
(20. Februar 1893)

Mit einem Jahr Verspätung finden nun die Wahlen für das Priorat statt. Mutter Marie de Gonzague kommt zum Ende ihres Auftrags und ist nicht wieder wählbar. Therese stimmt dabei nicht ab. Mit einer verhaltenen Freude erfährt sie die Ergebnisse: Ihre Schwester Agnes ist zur Priorin gewählt. Da aber das Wahlgeheimnis nicht absolut eingehalten wird, weiß man rasch, daß die Stimmen sehr geteilt waren. ,,Pauline", sehr bewegt, kann im Sprechzimmer, wo ihre Familie sie beglückwünscht, nichts anderes tun als weinen.

So wird die Mutter, die Therese sich in Alençon gewählt und die sie in den Buissonnets verloren hatte, mit einunddreißigeinhalb Jahren im tiefsten Sinne wieder ihre ,,Mutter". Nicht einen Augenblick träumt die kleine Schwester von ihrem persönlichen Vorteil. Instinktiv hat sie unmittelbar erkannt, daß die Lage der Schwestern Martin im Kloster nur schwieriger werden kann. Am selben Abend schreibt sie an ihre neue Priorin: *Meine geliebte Mutter, welch innige Freude ist es für mich, Sie so nennen zu dürfen! () Heute hat Sie der liebe Gott geweiht.*

... Sie sind wirklich meine Mutter und werden es während der ganzen Ewigkeit sein ... Oh! wie schön ist dieser Tag für Ihr Kind! ...
Voll Klarheit fügt sie bei: *Nun werden Sie in das Heiligtum der Seelen eintreten; Sie werden die Schätze der Gnade, mit denen Jesus Sie überreich beschenkte, über sie ausgießen. Gewiß werden Sie zu leiden haben ...*
Sehr rasch wird Mutter Agnes die Richtigkeit dieser Aussage bestätigen können. Es ist ihr, die jung und unerfahren ist, nicht leicht, ihre Autorität zu behaupten gegenüber dem immer gegenwärtigen Einfluß der alten Priorin. Sie wird Wunder an Geschmeidigkeit und Diplomatie entfalten müssen. Das ist für sie nicht zu schwer. Aber die Zusammenstöße zwischen den beiden ,,Persönlichkeiten'' in der Gemeinschaft bleiben unvermeidlich. Die Szenen, die Mutter Marie de Gonzague ihr macht, bringen Mutter Agnes oft zum Weinen.
Die Gewohnheiten des Amtswechsels respektierend, ernennt sie die scheidende Priorin zur Novizenmeisterin, aber sie faßt einen unerwarteten Entschluß: Sie trägt Schwester Therese vom Kinde Jesus auf, Mutter Marie de Gonzague in ihrer Aufgabe ,,zu helfen'', der man in bezug auf diese Zusammenarbeit nur zuvorkommen konnte. Der ,,kleine Jagdhund'' war sich der delikaten Situation vollkommen bewußt. Therese muß mit sehr viel Fingerspitzengefühl vorangehen, um ihre frühere Priorin nicht zu stoßen, die dauernd launisch und empfindlich ist. Je mehr Mutter Marie de Gonzague zuvor die Wahl von Mutter Agnes begünstigt hatte, weil sie hoffte, sie beeinflussen zu können, wird sie sich bald Rechenschaft geben von deren unabhängiger Persönlichkeit. So ist also Schwester

Therese an einen Punkt gestellt, wo sich gegensätzliche
Einflüsse kreuzen: zwischen Hammer und Amboß.
Die beiden Novizinnen, mit denen sie sich befassen muß,
erleichtern ihr die Aufgabe nicht. Mit Schwester Marthe,
die sie gut kennt, geht es noch einigermaßen, aber die am
22. Juli neu angekommene Schwester Marie-Madeleine
du Saint-Sacrement, eine Laienschwester mit sehr verschlossenem
Charakter, wird lange Zeit dem Einfluß der
,,Ältesten im Noviziat" aus dem Weg gehen.

Therese, von ihr selbst gemalt, schläft beim Tabernakel (die Malerei ist
durch Celine zwischen 1920 und 1930 stark retuschiert worden)

Weil Therese die Arbeit in der Sakristei aufgibt, wird sie
unter anderem auch mit der Malarbeit beauftragt. Sie hat
das Malen immer geliebt; das mißfällt ihr also nicht, im
Gegenteil! Sie muß Bilder fertigen und auf Stoff malen.

Sie versucht sich sogar in Fresko-Malarbeit. In diesem Sommer bemalt sie die Wand, die den Tabernakel im Krankenoratorium umgibt, das an die Kapelle anstößt. Unter einem Dutzend kleiner Engel, die um das heiligste Sakrament fliegen, schlummert ein Kind beim Tabernakel: Therese hat sich selbst dargestellt, wie sie während des Gebetes bei Jesus schläft!

Alle diese Umstellungen verändern den Rhythmus ihres täglichen Lebens kaum. Dennoch tritt Schwester Therese unmerklich heraus aus einer langen Periode der Dunkelheit. Innerhalb der Gemeinschaft ist sie aufgerufen, sich mehr zu äußern; nicht nur durch die ,,Malerei", sondern auch durch die ,,Poesie". Ihr erster Versuch auf diesem Gebiet stammt vom 2. Februar 1893. Durch Schwester Thérèse de Saint-Augustin angeregt, dichtet sie ein ungeschicktes Lied, das aber eine fruchtbare ,,Laufbahn" einleitet. Mutter Agnes dagegen, die durch ihre neuen Aufgaben allzusehr in Anspruch genommen ist, verzichtet darauf, Gedichte, Lieder und Erholungsstücke für die Gemeinschaft zu schreiben; bisher hatte sie diese Aufgaben übernommen.

Unter dem Deckmantel eines religiösen ,,Gedichts", oft frommen Klischees nachgemacht, kann Therese ihr tiefes Herz zeigen. Ihre Mittel bleiben dürftig, aber mehr und mehr kommt sie dahin, im Gehorsam auszudrücken, was in ihrem Inneren brennt. Das Portrait, das Schwester Marie des Anges an die Heimsuchung von Le Mans schickt, eines unter dreiundzwanzig anderen, schildert sie gerade in diesem Abschnitt ihres Lebens: ,,Groß und stark mit dem Gesicht eines Kindes, einer klingenden Stimme, einer ebensolchen Ausdruckskraft, die in ihr eine Weisheit, eine Vollkommenheit, einen Scharfsinn von fünfzig Jahren verbirgt. Eine immer ruhige Seele, die sich selbst in allem und mit allen vollkommen besitzt. Eine kleine Heilige, wenn man sie nicht anrührt — *(sic)*, der man die heilige Kommunion ohne Beichte reichen würde, deren Häubchen aber voll ist von Schalkheit, um sie dem anzutun, wem immer sie will. Mystikerin, Komikerin, alles gelingt ihr ... Sie kann Sie dahin bringen, aus Frömmigkeit zu weinen, und ebenso gut, sich in unseren Erholungen halb totzulachen."

Die vertraulichen Mitteilungen an Celine im Sommer 1893

In diesem Sommer ereignen sich neue Veränderungen in der Familie. Herr Martin wird nach Schloß La Musse gebracht; die Ruhe und die Schönheit der Natur bekommen ihm besser als die Stadt. Leonie aber will sich ihm dort nicht anschließen. Ende Juni hat sie die Exerzitien der Heimsuchung in Caen mitgemacht mit dem festen Vorsatz, dort einen neuen Versuch des Ordenslebens zu wagen. Mutter Agnes und Schwester Therese billigen es, aber Celine empfindet voll Schmerz diesen neuen Abschied. ,,Niemand gibt es mehr auf der Welt; die Leere hat sich rings um mich aufgetan, und ich habe mich einen Augenblick lang in einem herzzerreißenden Schwindelanfall als das letzte Wrack der Familie betrachtet ... Oh! das Leben ist mir so traurig vorgekommen, so traurig!" Das um so mehr, als auch ihre Cousine Marie Guérin Schritte unternimmt, in den Karmel von Lisieux einzutreten. Auf den Rat von Mutter Agnes hin verstärkt Therese ihren Briefwechsel mit ihrer Schwester, die fortfährt, sich über ihre Zukunft Gedanken zu machen. Man muß ihr helfen. Die langen Briefe, die in La Musse ankommen, bekunden eine intensive Meditation des Wortes Gottes. Unter der Feder der Karmelitin reihen sich die Verse der Heiligen Schrift ganz spontan aneinander. Therese unterstützt ihre Schwester, indem sie mit ihr an ihrer innersten Entwicklung Anteil nimmt. *Jetzt will ich Dir sagen, was in meiner Seele vor sich geht.* Celine antwortet: ,,Dein Brief ist eine Nahrung für meine Seele."[40]

Ein einziges Beispiel genügt, um die Arbeit des Heiligen Geistes im Herzen dieser jungen Schwester zu zeigen: *O Celine! Wie leicht ist es, Jesus zu gefallen, sein Herz zu entzücken. Man braucht nur auf ihn zu schauen, ohne auf sich zu schauen, ohne allzu sehr seine eigenen Fehler zu untersuchen ... Deine Therese befindet sich zur Zeit nicht in den Höhenregionen, aber Jesus lehrt sie, aus allem Nutzen zu ziehen, aus dem Guten und dem Bösen, das sie in sich vorfindet. Er lehrt sie, auf der Spielbank der Liebe zu spielen, oder vielmehr nein: Er spielt für sie, ohne ihr zu sagen, wie er das macht, denn das ist seine und nicht Thereses Sache. Ihr kommt es zu, sich zu überlassen, sich vorbehaltlos auszuliefern ohne die Freude, zu wissen, was ihr die Spielbank einbringt. () Die Seelenführer lassen einen in der Vollkommenheit voranschreiten, indem sie einen zu einer großen Zahl von Tugendakten veranlassen, und sie haben recht. Aber mein Seelenführer ist Jesus; er lehrt mich nicht, meine Tugendakte zu zählen. Er lehrt mich,* alles *aus Liebe zu tun, ihm nichts zu verweigern, zufrieden zu sein, wenn er mir eine Gelegenheit gibt, ihm meine Liebe zu beweisen. Das aber geschieht im*

Frieden, in der Hingabe. *Jesus tut alles, und ich tue nichts.*
Zum ersten Mal spricht sie hier von der Hingabe. Aber was für eine Geschmeidigkeit und was für eine Losschälung sind in ihr! Denn zu gleicher Zeit bemüht sie sich, ,,den Rosenkranz zum Zählen der Tugendakte" aus ihrer Jugend wiederzufinden, um Schwester Marthe, die solche Methoden nötig hat, zu stützen. Therese gesteht ein, daß sie sich in *Netze, die mir nicht gefallen,* verstrickt hat, aber die schwesterliche Liebe geht allem vor.

Sie setzt ihre Vertraulichkeiten fort: *Celine, der liebe Gott verlangt nichts mehr von mir ... Anfangs* (im Postulat und Noviziat) *forderte er unendlich viel von mir. Eine Zeitlang dachte ich: Jetzt, da Jesus nichts mehr von mir verlangt, soll ich ruhig in Frieden und Liebe wandeln und nur tun, was er von mir verlangt ... Doch es kam mir eine Erleuchtung. Die heilige Teresa sagt, man müsse die Liebe erhalten.* Dieses Feuer der Liebe erhalten, das heißt, all die kleinen Gelegenheiten suchen, um ,,*Jesus Freude zu machen,*" () beispielsweise ein Lächeln, ein liebes Wort, wenn ich nichts sagen oder ein verdrießliches Gesicht machen möchte, usw. usw.

Was zählt, ist das Sein, nicht das Scheinen, der Kern und nicht das, was ihn umhüllt. Jesus beraubt sie, um anzuzeigen, daß er selbst es ist, der handelt. *Erblicken diese armen, kleinen Seelen sich in solcher Armut, dann befällt sie Angst. Sie meinen, zu nichts nütze zu sein, weil sie alles von den anderen empfangen und selber nichts geben können.*

Zu nichts nütze ... Sie weiß, wovon sie spricht. Sie, die beim Malen eingesetzt ist, während robuste Bäuerinnen kraftvoll die schweren Arbeiten der Kommunität verrichten, sie hat die Demütigung, als unnütz angesehen zu werden, gekannt. ,,Verschiedene hörten nicht auf zu wiederholen, daß sie nichts tue, so daß es schien, sie sei in den Karmel eingetreten, um sich zu amüsieren" (Mutter Agnes).

Novizin auf Lebenszeit (8. September 1893)

Für gewöhnlich verläßt eine Karmelitin nach drei Profeßjahren das Noviziat. Am 8. September 1893 bittet Schwester Therese darum, dort endgültig bleiben zu dürfen. Es stimmt, daß sie im Kapitel von Rechts wegen nie Sitz und Stimme haben kann, weil schon zwei ihrer Schwestern ihm angehören, und daß sie für irgendeine wichtige Aufgabe nicht gewählt werden kann. Sie wird also immer die Jüngste, immer die Letzte sein wie in den Buissonnets, wie in Alençon! Mutter Agnes findet dieses Opfer gut[41], und sie erlaubt ihrer Schwester, in der Betreuung der beiden Novizinnen, die sie ihr anvertraut hat, fortzufahren.

Sie hat Schwester Marie-Madeleine auferlegt, mit Therese jeden Sonntag für eine halbe Stunde zusammen zu sein, ein ganzes Jahr hindurch. Doch statt zum vereinbarten Treffen zu gehen, verschwindet die Novizin sehr oft. Therese begegnet ihr schließlich: ,,Ich habe Sie gesucht …" — ,,Ich war beschäftigt …" Manchmal verbirgt sich die Flüchtige auf dem Speicher, um dem liebevollen Scharfblick Thereses, der jedoch keine Schwäche kennt, zu entwischen.

Therese wird auch zur zweiten Pförtnerin ernannt und steht dabei unter den Anweisungen von Schwester Saint-

Raphael, der einstweiligen Subpriorin, die sanft ist, sehr langsam und erfüllt von ,,Schrullen, die einen Engel aus dem Häuschen bringen können". Therese muß Wunder der Geduld an den Tag legen. Ihr Verlangen, gedemütigt zu werden, findet in diesen geringfügigen Diensten, wo keine Initiative erfordert ist, vollkommene Erhöhrung. Ihr inneres Abenteuer bleibt den Augen ihrer Gefährtinnen völlig verborgen. *Das bitterste Leid ist, nicht verstanden zu werden.*

Von jetzt an kann sie fasten wie alle ihre Schwestern. Am 2. Januar 1894 hat sie ihr einundzwanzigstes Lebensjahr vollendet. Die einzige Bekundung ihrer Unabhängigkeit aufgrund der Volljährigkeit besteht darin, daß sie ihre Schrägschrift aufgibt, die ihre ,,Lehrerin" Pauline ihr seit ihrer Kindheit auferlegt hatte. Sie wird künftig ihrer Veranlagung entsprechend in Steilschrift schreiben.

In Voraussicht des Namenstages der Priorin am 21. Januar bereitet sie zwei Geschenke vor: ein Bild ,,Der Traum des Jesuskindes", inspiriert durch mehrere ,,poetische" Arbeiten von Mutter Agnes, und vor allem ihr erstes Stück für die Erholung, dessen Stoff sie von einem aktuellen Anlaß hernimmt.

1894: In Frankreich das Jahr der Jeanne d'Arc

Um diese Zeit spricht ganz Frankreich von Jeanne d'Arc. Zwanzig Jahre lang hat Bischof Dupanloup von Orléans für die Heiligsprechung des Mädchens aus Lothringen gekämpft. 1869 ließ Papst Pius IX. die Vorbereitungsarbeiten in Angriff nehmen. Die Prozeßakten von Jeanne, herausgegeben 1841 bis 1849 von Quicherat, das Buch von

Michelet (1841) und unzählige Veröffentlichungen, Gedichte und Theaterstücke haben das ganze Land aufmerksam gemacht.

Am 27. Januar 1894 gibt Papst Leo XIII. die Erlaubnis zur Einleitung des Seligsprechungsprozesses von Jeanne d'Arc. Von da an erhält sie den Titel ,,Dienerin Gottes". Man kann sie nun verehren und in der Öffentlichkeit zu ihr beten. Am darauffolgenden 8. Mai finden in ganz Frankreich große nationale Festlichkeiten statt. Republikaner, Royalisten, Antiklerikale, alle nehmen die nationale Heroin für sich in Anspruch. In Lisieux fertigen Celine, ihre Cousine Guérin und ihre Freundinnen zwölf weiße Fahnen, welche die Kathedrale Saint-Pierre zieren sollen, deren Chor (welch ein Paradox!) die sterbliche Hülle von Pierre Cauchon[42] birgt. Fünftausend Menschen werden sich dieses Jahr in dem Bauwerk drängen. Seit ihrer Kindheit hat Therese Jeanne d'Arc geliebt, ihre *geliebte Schwester*. Als sie von ihren Heldentaten las, hat sie selbst eine Gnade empfangen, die sie geprägt hat. *Mir schien es, die gleiche Inbrunst in mir zu spüren, die sie beseelte. () Ich glaubte mich zum Ruhm geboren ... Der liebe Gott ließ mich verstehen, daß mein Ruhm nicht sterblichen Augen ansichtig werden sollte, sondern daß er darin bestünde, eine große Heilige zu werden!* Sie fühlt sich tief verwandt mit diesem unerschrockenen Mädchen, einer Märtyrerin von neunzehn Jahren. Oft denkt sie an das Martyrium, seit sie den Sand des Kolosseums in Rom geküßt hat. Im September 1891 hat der Kongreß der Freimaurerlogen zum antiklerikalen Kampf aufgerufen. Wird man zu den Zeiten der Verfolgungen zurückkehren? In diesem gleichen Jahr 1894 findet die Jahrhundertfeier des

Martyriums der sechzehn Karmelitinnen von Compiègne statt, die während der Revolution am 17. Juli 1794 durch die Guillotine hingerichtet wurden.[43] Schwester Therese hilft Schwester Thérèse de Saint-Augustin, Fähnchen für den Karmel von Compiègne zu nähen. Sie seufzt: *Welch ein Glück wäre es, wenn wir das gleiche Schicksal, die gleiche Gnade hätten!*

Für ihren ersten „Theater"-Versuch hat Schwester Therese große Pläne. Sie beabsichtigt, Jeanne d'Arc zwei Stücke für die Erholung zu widmen: das eine über ihre Berufung, das andere über ihren Todeskampf, ihren Tod und ihren Triumph. Um das zu bewerkstelligen, arbeitet sie ein neues Buch von Henri Wallon (1877) ernsthaft durch, das Auszüge aus dem Prozeß enthält. Als Autorin, als Regisseurin und als Schauspielerin scheut Therese keine Mühe. Sie wahrt die Geschichtlichkeit in vollem Umfang, teilt aber ihrer Heldin karmelitanische Empfindungen zu. In ihrem ersten Stück *Die Mission der Jeanne d'Arc oder Die Hirtin von Domrémy, die ihre Stimmen hört,* unterstreicht sie das Entsetzen dieses Kindes, das von der Einsamkeit, vom Gebet angezogen ist, und dem der Engel, der heilige Michael, ein Schwert anvertrauen will. Nach langem Widerstreben nimmt sie es schließlich an. Der Befehl dieses Gesandten kehrt wie ein Refrain wieder: *Man muß aufbrechen!*

Wer muß aufbrechen? Jeanne nach Chinon oder Therese zu einem Karmel in Indochina? Oder zu dem Abenteuer, das noch furchtbarer ist, dem der Heiligkeit *auf den Fluten des Vertrauens und der Liebe?*

Am Tag der Aufführung ahnt die Kommunität nichts von dieser Identifikation der Darstellerin mit der lothringischen Heldin und begnügt sich damit, jenen Beifall zu spenden, die ihre Rolle sehr ernst genommen hat.

Diese lange Arbeit treibt Schwester Therese an und reizt sie, diese Art, sich auszudrücken, die für sie ganz neu ist, zu entwickeln. In diesem Frühjahr 1894 macht sie sich daran, zahlreiche Lieder[44] zu schreiben, angespornt durch Schwestern, die ihre Talente entdecken: vier im April und Mai. Zum fünfundzwanzigsten Geburtstag von Celine wagt sie sogar spontan, ein Gedicht von einhundertzwölf Zeilen über die *heilige Cäcilia* zu schreiben. *Die Heilige der Hingabe* wird ihrer Schwester helfen, in der Unentschiedenheit um ihre Zukunft *die vollkommene Hingabe, diese süße Frucht der Liebe,* zu leben.

„Ein beständiges Halsweh"

Seit einiger Zeit bewirken der Staub des Kehrens und der Dunst beim Geschirrspülen oder bei der Wäsche, daß Schwester Therese häufig hustet. Trotz einiger Höllenstein-Anwendungen hört ihr Halsweh nicht auf. Manchmal verspürt sie Schmerzen in der Brust. Das Übel hält den ganzen Sommer über an und ruft in der Familie einige Besorgnisse hervor. Im Karmel möchte man, daß Francis La Néele seine Cousine abhorchen könne. Mutter Agnes wagt es nicht. Dr. de Cornière, ein großer Freund von Mutter de Gonzague, bleibt der offizielle Arzt der Kommunität. Trotz ihrer Geschicklichkeit tut sich die neue Oberin schwer, ihre Eigenständigkeit in Anspruch zu nehmen: „Es ist doch Mutter Marie de Gonzague, die für meine Wahl gearbeitet hat, aber sie konnte nicht leiden, daß ich zu viel Autorität in Anspruch nahm. Deswegen habe ich während dieser drei Jahre gelitten und geweint!"

Ihre junge Schwester muß häufig die Kosten dieser Rivalität tragen. Francis begnügt sich damit, ihr einige Arzneien zu geben.

Der Tod des Vaters (29. Juli 1894)

Für den Augenblick kommen die wirklichen Beunruhigungen von einer anderen Seite. Der Gesundheitszustand von Herrn Martin verschlimmert sich. Auguste, seine Hausgehilfin, ergibt sich mehr und mehr dem Trinken, was für Celine eine weitere Sorge darstellt. Die Guérins fassen einen neuen Umzug ins Auge für den Greis, der häufig bewußtlos ist. Er kommt zu ihnen in die rue Paul-Banaston zurück. Am Sonntag, dem 27. Mai, erleidet er einen heftigen Anfall. Sein linker Arm ist gelähmt. Der Kranke empfängt das Sakrament der Krankensalbung. Am 5. Juni kommt eine Herzkrise dazu. Dennoch transportiert man ihn am 4. Juli nach La Musse. Dort stirbt der ,,Patriarch" eines sanften Todes am Sonntag, dem 29. Juli. Celine weilt an seinem Sterbebett: ,,Sein Blick war voll Leben, Dankbarkeit und Zärtlichkeit. Die Flamme des Verstehens erleuchtete ihn. Für einen Augenblick fand ich meinen geliebten Vater so wieder, wie er fünf Jahre zuvor gewesen war ..."

Die Beerdigung findet am 2. August in Lisieux statt. So vollendet sich das *schreckliche Martyrium* des Familienoberhauptes, *seine glorreiche Prüfung.*

Seine jüngste Tochter schweigt zunächst. Ende August schreibt sie dann an ihre Schwestern. An Celine: *Welche*

Freude, nach einem fünf Jahre währenden Sterben ihn noch immer als den Gleichen wiederzufinden, wie früher darauf bedacht, womit er uns Freude machen könnte; und an Leonie (die sich in der Heimsuchung in Caen erneut in Schwierigkeiten befindet): *Papas Tod macht auf mich nicht den Eindruck eines Todes, sondern eines wirklichen Lebens. Nach sechsjähriger Abwesenheit finde ich ihn wieder. Ich fühle, wie er um mich herum ist, mich anschaut und mich beschützt.*

In diesen Wochen, in denen sie über das Leben und den Tod ihres Vaters meditiert, verfaßt sie zum zweiten Mal spontan das *Gebet des Kindes eines Heiligen*, neun Strophen, die den Patriarchen inmitten seiner neun Kinder schildern. Für sich selbst reserviert sie die vier letzten Strophen:

*Erinnere Dich, daß sich die Hand des Heiligen Vaters
im Vatikan auf Deine Stirne legte,
doch konntest Du nicht begreifen dieses Geheimnis
des göttlichen Siegels, das sich Dir einprägte ...
Jetzt richten Deine Kinder ihr Gebet an Dich;
sie preisen Dein Kreuz und Deinen bitteren Schmerz!
Auf Deiner glorreichen Stirn
erstrahlen im Himmel
neun blühende Lilien!!!*

In aller Wahrheit kann sie dieses Gedicht nun signieren mit *Das Waisenkind von der Beresina*. Diesen Namen hatte ihr Vater ihr früher gegeben. Eines Tages hat sie plötzlich den Sinn der Vision in den Buissonnets verstanden.[45] Als sie diese geheimnisvolle Vergangenheit mit ihrer Schwester Marie vom heiligsten Herzen in Erinnerung rief, blitzte in jeder das Licht auf. *Wie das anbetungswürdige Antlitz Jesu während seines Leidens verhüllt war, so sollte auch das Antlitz seines treuen Dieners in seinen Schmerzenstagen verschleiert werden, damit es in der himmlischen Heimat bei seinem Herrn,* dem ewigen Wort, *erstrahlen könne.* Fünfzehn Jahre sollte es dauern, bis sie diese Vision ihrer Kindheit verstand: *Warum hat der liebe Gott gerade mir diese Schau geschenkt? () Er paßt die Prüfungen den Kräften an, die er uns gibt. Nie hätte ich* (damals) *auch nur den Gedanken an die bittere Pein ertragen können, die meiner harrte ...*

,,Ein großes Verlangen" endlich erfüllt!
(14. September 1894)

Der Tod ihres Vaters befreit Celine von dem Geheimnis, das sie seit ungefähr zwei Jahren unter Schwierigkeiten mit sich herumtrug. Es steht nun zur Wahl ein aktives Leben in Bethanien in Kanada oder ein beschauliches Leben im Karmel von Lisieux. Es erhebt sich ein Zetergeschrei ihrer drei Schwestern, als sie ihnen ihren Zwiespalt mitteilt. Alle stemmen sich gegen den Plan von P. Pichon. Therese weint so sehr, daß sie davon Kopfweh bekommt. Deshalb hat sie es ,,schwer auf dem Herzen!" und schreibt einen Brief voll Vorwürfen an ihren Seelenführer. Sie *will ihm nicht böse sein,* aber die Berufung Celines verursacht ihr selbst nicht den geringsten Zweifel: Ihr Platz ist im Karmel. Sie fegt die Skrupeln ihrer Schwester weg; sie soll nicht fürchten, daß sie damit der schwesterlichen Liebe nachgeben würde. *Ich habe um Deinetwegen viel gelitten, daß ich hoffe, kein Hindernis für Deine Be-*

rufung zu sein. Ist unsere Liebe nicht wie das Gold im Feuerofen geläutert worden? Celine entscheidet sich für den Weg, an den sie seit so langer Zeit denkt.
Neue Kämpfe folgen für den Karmel. Am 8. August schreibt Celine an Abbé Delatroëtte, er solle sie wenigstens als Laienschwester zulassen. Die Antwort ist vernünftig. Er fürchtet, daß ,,der Eintritt einer vierten Schwester sowohl dem Geist als auch dem Buchstaben nach der Regel zuwider sei". Mutter Marie de Gonzague legt sich mit dem ganzen Gewicht ihres Ansehens zugunsten der Zulassung ins Zeug, aber Schwester Aimée de Jésus widersetzt sich formell der Stärkung des ,,Clans Martin" und vor allem dem Eintritt einer ,,Künstlerin, unnütz für die Kommunität". In der Familie muß Celine die ,,erbitterten" Einsprüche von Jeanne und Francis hinnehmen und stößt auf das Zögern von Onkel Isidore.
Plötzlich glättet sich alles. P. Pichon kapituliert. ,,Ich zweifle nicht. Ich zögere nicht mehr. Der Wille Gottes scheint mir deutlich." Auch Domherr Delatroëtte streicht die Flagge. Bischof Hugonin gibt seine Zustimmung. Der Eintritt der Postulantin Celine Martin wird auf Freitag, den 14. September, festgesetzt, auf das Fest Kreuzerhöhung. Zweifellos hat kein Karmel seit der heiligen Teresa von Avila vier Schwestern aus derselben Familie aufgenommen. Die spanische Reformatorin hätte sie nicht zugelassen, die am 22. Januar 1579 schrieb: ,,Kein Kloster tut gut daran, drei leibliche Schwestern aufzunehmen."[46]
So bleibt nur noch der Widerstand von Schwester Aimée de Jésus. Da erbittet Therese während einer Messe ein Zeichen: Wenn ihr Vater geradewegs in den Himmel gegangen ist, dann soll Schwester Aimée den Eintritt von

Celine zulassen. Und siehe da! Beim Verlassen der Kapelle nimmt die Schwester sie mit zur Priorin, um die Erklärung abzugeben, daß sie nichts gegen den Eintritt einer vierten Schwester Martin habe. Therese dankt ... Ihr Gebet ist so rasch erhört worden!
So ist über alle Hoffnung hinaus einer ihrer größten Wünsche erfüllt, jener nämlich, der ihr als der unerfüllbarste von allen vorkam. Noch einmal macht sie die Erfahrung, daß der Vater Wünsche ins Herz seiner Kinder nur legt, um sie zu erfüllen. Sie bestätigt die Richtigkeit des Wortes des heiligen Johannes vom Kreuz: ,,Je mehr Gott uns geben will, um so mehr läßt er uns ersehnen."

Vorgefühle

Tod des Vaters, Unsicherheiten in bezug auf Celine, Sorgen um das Noviziat, abnehmende Gesundheit: all dies trägt dazu bei, Eindrücke und Vorgefühle in Therese zu wecken. An Celine schreibt sie Briefe mit sibyllinischen Sätzen. *Fürchte nichts, hier wirst Du mehr als anderswo das Kreuz finden und das Martyrium! ... Wir werden gemeinsam leiden, so wie sich früher die Christen zusammentaten, um in der Stunde der Prüfung sich gegenseitig Mut zu machen ...* Sie fügt hinzu, warum: *Und dann wird Jesus kommen. Eine von uns wird er wegnehmen. () Wenn ich vor Dir sterben sollte, glaube nicht, daß ich mich von Deiner Seele entfernen werde.* Weil sie fürchtet, ihre Schwester zu verwirren, verbessert sie sich: *Vor allem aber, mach Dir keine Sorgen, ich bin nicht krank.*
Das hatte sie im gleichen Sinn an P. Pichon geschrieben, so daß dieser ihr am 19. März antwortete: ,,Eilen Sie

nicht allzu sehr, um zum ewigen Von-Angesicht-zu-Angesicht zu kommen"; und ein wenig später: „Ist es wahr, daß Sie so sehr Eile haben, um in den Himmel zu gehen? () Wenn Jesus kommt, um Sie zu holen, werden Sie meine kleine Tochter im Himmel bleiben." Und warum diese Schlußstrophe in einem Gedicht?

Ich werde bald fortfliegen, um Dein Lob auszurufen,
wenn der Tag ohne Abend über meiner Seele wird
  aufgeleuchtet sein.
Dann werde ich auf der Leier der Engel besingen
  das ewige Heute! ...

Die Familie bleibt in ständiger Angst: „Schwester Therese vom Kinde Jesus geht es nicht schlechter, aber zu bestimmten Stunden hat sie immer Halsweh; am Morgen und am Abend gegen 8.30 Uhr packt sie das, und dann ist sie ein wenig heiser. Schließlich pflegen wir sie, so gut wir können" (Mutter Agnes an Celine). Die Ergebnisse dieser Pflege sind kaum ermutigend. Noch vier Monate später beunruhigt sich Marie Guérin. „Meine kleine Therese soll sich gut pflegen; ich habe ihre Stimme gestern sehr verändert gefunden; ich habe sie auch bei Francis konsultiert *(sic)*. Es ist unbedingt notwendig, daß sie sich *energisch* pflegt. Für den Augenblick ist es nichts Schlimmes, aber das kann es von einem Tag zum anderen werden, und dann wird es kein Heilmittel mehr geben. () Es ist notwendig, daß sie sich unablässig pflegt (), daß sie dem Arzt gut folgt. Francis ist Spezialist für Krankheiten dieser Art." Sie sagt nicht genau, welche.

Das Noviziat wächst

Diese Sorgen um die Gesundheit hindern Schwester Therese nicht, eine immer wichtiger werdende Tätigkeit im Noviziat zu haben, dessen Bestand sich verdoppelt hat. Am 16. Juni ist Marie-Louise Castel, zwanzig Jahre alt, eingetreten, eine sehr lebhafte ,,Pariserin", die schon zwei Jahre im Karmel in der rue de Messine in Paris verbracht hat.[47] Es fällt ihr nicht leicht, sich in diese neue Kommunität einzufügen. Mutter Agnes vertraut sie Therese an. ,,Der Engel" hat viel zu tun, denn Schwester Marie Agnès de la Sainte-Face[48] muß Fortschritte machen. Nach einem Monat kann Therese von ihrer ,,Toch-

Das Noviziat am 28. April 1895. Von links nach rechts: Marie de la Trinité, Marthe, Therese, Marie-Madeleine, Mutter Marie de Gonzague, Celine

ter" schreiben: *Ich glaube, sie wird* bleiben. *Sie wurde nicht wie wir erzogen, das ist sehr schade für sie. Ihre Erziehung ist die Ursache für ihre wenig anziehenden Manieren, aber im Grunde ist sie gut, und sie liebt mich, aber ich versuche, sie nur mit weißen Seidenhandschuhen anzufassen ...*

Von jetzt an ist Schwester Therese nicht mehr der Benjamin im Karmel: die neue Novizin ist die jüngste Schwester. Eine Freundschaft, die immer tiefer wird, bringt sie sich gegenseitig nahe.

Am 14. September erscheint eine vierte Postulantin, die viel gilt: Celine, endlich! Nachdem die ersten Ergüsse vorbei sind (sie finden sich wieder nach sechs Jahren der Trennung), steht die Ältere harten Schwierigkeiten gegenüber. Sie kommt mit der Kraft ihrer fünfundzwanzig Jahre, ihrem unabhängigen Temperament, ihrer Freimütigkeit. Nachdem sie ihren Vater gepflegt, den Haushalt geführt, zwei Heiratsanträge abgelehnt hat, ist es ihr nicht leicht, sich an alle die minutiösen Einzelheiten des Lebens im Karmel anzupassen. Als modernes junges Mädchen ist sie im Malen Schülerin von Krug gewesen und hat sich leidenschaftlich einer neuen Technik, der Photographie, zugewandt. Ihre Schwester Priorin erlaubt ihr, ihren riesigen Apparat mit einer Kammer 13 x 18, Objektiv Darlot, mit allem Material zum Entwickeln in die Klausur mitzubringen. Feste, Profeßfeiern und Erholungen werden in Zukunft von Schwester Marie de la Sainte-Face (das ist ihr erster Ordensname, der bald geändert wird in Geneviève de Sainte-Thérèse) auf den Glasplatten festgehalten. Sie wird von ihrer ,,kleinen" Schwester in das Gemeinschaftsleben eingeführt und entdeckt mit Bestürzung, daß diese innerhalb von sechs Jahren einen beachtenswerten Weg zurückgelegt hat. Wo ist die Zeit hingekommen, da die beiden Schwestern schöne geistliche Ergüsse in ihren Briefen austauschten? Hier muß man beim Gehen die Augen niederschlagen; sich fortbewegen, ohne zu rennen; schweigen; eine etwaige unfreundliche Bemerkung ertragen, ohne darauf zu antworten; gehorchen. ,,Niemals werde ich dorthin kommen ...", seufzt die Novizin, deren guter Wille ein wenig fügsames Temperament zu besiegen hat. Aber Therese ist da, die sie tröstet, ihre Schritte lenkt und sie lehrt, sich selbst zu ertragen, ohne den Mut zu verlieren.

So kommen die Novizinnen Schritt für Schritt voran. Am 20. November legt Schwester Marie-Madeleine ihre Gelübde ab, und am 18. Dezember wird die junge ,,Pariserin", Schwester Marie-Agnès, eingekleidet. Für jede verfaßt die Älteste im Noviziat Verse, wie sie den Umständen entsprechen, wobei man die feine Kenntnis bemerkt, die sie bereits von ihren Gefährtinnen gewonnen hat.

Die große Entdeckung: ,,Ein ganz neuer kleiner Weg" (Ende 1894/Anfang 1895)

An diesem Jahresende 1894 prüft sich Schwester Therese vom Kinde Jesus. Jetzt sind es bereits mehr als sechs Jahre, daß sie Karmelitin ist. Sie hat viel gelitten und viel gekämpft, ohne auf ihren Wunsch nach Heiligkeit zu verzichten. Aber wenn sie sich mit den ,,großen Heiligen" vergleicht, deren Lebensbeschreibung man im Speisesaal oder bei der Matutin des Stundengebetes liest, fühlt sie sehr deutlich den Abgrund, der sie trennt. Paulus, Augustinus, Teresa von Avila sind durch ihre Abtötungen, ihre Tugenden, ihre verschiedenen Gnadengaben gleichsam Riesen und unzugängliche Gebirge. Sie aber, sie ist nichts als ein *unscheinbares Sandkorn.* Fällt sie nicht oft in Unvollkommenheiten? Schläft sie nicht oft während der Betrachtung? Wie sollte sie angesichts dieser klaren Erkenntnis nicht mutlos werden? Im Gegensatz zu dem, was sie während ihres Noviziates hat glauben können, erscheint ihr die Heiligkeit wirklich *unmöglich.* Wie viele gottgeweihte Personen ergeben sich nach dieser unvermeidlichen Erfahrung der Mittelmäßigkeit! ... Aber in Übereinstimmung mit dem Entschluß ihrer ersten heiligen Kommunion *verliert* Therese *niemals den Mut.* Johannes vom Kreuz hat sie gelehrt, daß Gott keine unerfüllbaren Wünsche eingeben könnte. Demnach, so schließt sie, *darf ich trotz meiner Kleinheit nach Heiligkeit streben.* Aber was tun, um zu wachsen bis zur Größe der Riesen? Nachdem sie nun die Erfahrung von der Vergeblichkeit der willensmäßigen Anstrengungen gemacht hat, weiß sie, daß sie es nicht auf eigene Faust erreichen kann. Sie muß *sich ertragen, wie sie ist, mit all ihren Unvollkommenheiten.* Aber was dann? Man muß weitersuchen. Könnte es nicht *einen kleinen Weg, einen recht geraden, recht kurzen, einen ganz neuen* kleinen Weg geben, um zu dieser vollkommenen Liebe zu gelangen, wozu P. Prou ihr die Richtung gewiesen hat? Bei P. Pichon findet sie keine Hilfe, da er ihr nicht mehr schreibt; und noch weniger Hilfe im Karmel selbst, wo die Furcht die Schwestern davon abhält, auf Wegen voranzuschreiten, die sie für gefährlich halten.

Therese denkt nach, sie betet. Am Ende dieses neunzehnten Jahrhunderts haben sich die Erfindungen vervielfacht: Elektrizität, Telefon, Automobile, Photographie, verschiedenste Maschinen ... Während ihrer Reise hat sie sich in Italien damit vergnügt, die Aufzüge zu benützen; in einem Augenblick befand sie sich auf dem höchsten Punkt der Gebäude. Könnte es nicht ein ähnliches Mittel geben, um schnell (die Zeit drängt) zur Heiligkeit zu gelangen? Wenn nicht, was wird dann ihr Leben gewesen sein, wenn sie jung stirbt?

In ihrem Gepäck hatte Celine Hefte mitgebracht, in denen sie Abschnitte aus der Heiligen Schrift abgeschrieben hatte aus den Bibelausgaben, die sich bei den Guérins fanden. Da sie kein Altes Testament hatte, hat Therese nicht gezögert, sie von ihr auszuleihen, und sie hat davon ,,mit Begeisterung" eine Bestandsaufnahme gemacht. Eines Tages stößt sie im Heft von Celine auf den Text: *Ist jemand* ganz klein, *dann komme er zu mir!* Dieser vierte Vers aus dem 9. Kapitel des Buches der Sprüche trifft sie wie ein helles Licht. Dieser *ganz Kleine,* das ist sie selbst. Da gibt es kein Zögern. *So kam ich denn!* Ahnend, daß sie dabei ist, die Lösung des lebenswichtigen Problems zu finden, das sie beschäftigt, fragt sie sich, was Gott tun wird mit dem ganz Kleinen, der mit Vertrauen zu ihm kommt. Ein Abschnitt bei Jesaja gibt ihr Antwort: *Wie eine Mutter ihr Kind liebkost, so will ich euch trösten; an meiner Brust will ich euch tragen und auf meinen Knien euch wiegen! (66, 13.12).*

Licht! Licht! Therese ist außer sich vor Freude. Hier ist der Aufzug, den sie suchte! Die Arme Jesu sind es, die sie zum Gipfel der Heiligkeit tragen werden. Sie zieht die Folgerungen aus dieser wunderbaren Wahrheit: Um in die

Arme Gottes getragen zu werden, muß man nicht nur klein bleiben, sondern es mehr und mehr werden! Die Umkehrung ist in Übereinstimmung mit dem Paradox des Evangeliums vollständig. Da sprudelt eine tiefe Danksagung aus ihrem Herzen empor: *O mein Gott, du hast meine Erwartungen übertroffen, und ich, ich will deine Erbarmungen besingen.*

Diese beiden Schriftworte kommen ihr wie gerufen, um sie einen Schritt vorankommen zu lassen, der nicht zurückgenommen werden kann. Sie jubelt in dieser Gewißheit. Ja, P. Prou hatte recht. Man muß mit Kühnheit voranschreiten wie Petrus auf dem See von Tiberias, *auf den Fluten des* Vertrauens *und der* Liebe. Gerade die Kleinheit Thereses und ihr Unvermögen werden zum Grund ihrer Freude, denn sie sind der Ort, wo die erbarmende Liebe wirksam ist.

Von diesem Tage an unterzeichnet sie ihre Briefe oft mit *die ganz kleine Therese* in offenkundiger Beziehung zu diesem Heureka (Fund), das ihren *Lauf wie ein Riese* beschleunigen wird. Um so schlimmer für jene, die in dieser Unterschrift nichts als eine Anspielung auf ihre Stellung in der Familie sehen oder, noch schlimmer, eine Süßlichkeit. Für sie werden die Ausdrücke *ganz klein, klein bleiben,* in Zukunft ein Hinweis auf diese Entdeckung am Ende des Jahres 1894 sein. Was für den Menschen unmöglich ist, ist es nicht für Gott. Es genügt, sich vollständig an sein väterliches Erbarmen hinzugeben. Mehr und mehr wird Schwester Therese vom Kinde Jesus in ihrem täglichen Leben die Wahrheit *dieses Weges des Vertrauens und der Liebe* erproben. Nichts, nie mehr, wird es sein wie zuvor.

Zahlreiche „Schriften"

An Arbeit fehlt es ihr nicht. Immer mehr legt sich ihr eine Arbeit nahe, die sie nicht gewöhnt war: sie muß viel schreiben, dichten. Bis jetzt stehen auf ihrem Haben-Konto etwa fünfzehn Gedichte und ein Stück für die Erholung. Doch es wird nun Zeit, an ein Stück für Weihnachten zu denken und an ein anderes für den Namenstag der Priorin. Für solche Arbeiten, die Zeit brauchen, hat sie nur eine knappe Mittagsstunde um 13.00 Uhr zur Verfügung und eine andere von 20.00—21.00 Uhr. Ihre Verantwortlichkeiten im Noviziat aber, die unvorhergesehenen Dinge des gemeinschaftlichen Lebens (man kennt sie als immer so hilfsbereit), verschlingen diese kurzen Augenblicke. „Sie widmete ihre freie Zeit dem Dichten und schenkte sie so sehr den anderen, daß sie davon für sich selbst nichts mehr übrig hatte." Einen Wunsch jedoch wird sie eingestehen: *Wenn ich Zeit gehabt hätte, hätte ich gerne einen Kommentar zum Hohenlied geschrieben; ich habe in diesem Buch so tiefe Dinge über die Einigung der Seele mit ihrem Vielgeliebten entdeckt.* Das ist sehr kühn von einer jungen Karmelitin, eine ähnliche Aufgabe übernehmen wollen, die so gut durch ihre spanische Namenspatronin und durch den heiligen Johannes vom Kreuz erläutert wurde! Aus Zeitmangel muß sie sich damit begnügen, einige Verse zu zitieren und sie in Eile zu kommentieren.[49]

Zu Weihnachten verfaßt sie das Gedicht *Die Engel an der Krippe.* Die „theatralische" Form bleibt sehr locker: um das neugeborene Kind singen fünf Engel der Reihe nach ihre Strophe. Nach dem Engel des Jesuskindes und jenen der Eucharistie, vom heiligen Antlitz, von der Auferstehung, greift der Engel des Jüngsten Gerichts ein. Im Namen der göttlichen Gerechtigkeit droht er mit seinen Racheblitzen. Das Jesuskind tritt aus seinem Schweigen nur heraus, um ihn zum Schweigen zu bringen.

Dann ihre große Entdeckung: Therese sieht alle Vollkommenheiten Gottes nur durch die Barmherzigkeit hindurch. *Selbst die Gerechtigkeit erscheint (ihr) mit Liebe bekleidet.* Das ist es, was sie in diesen ungeschickten Gedichten an manche ihrer Mitschwestern weiterzugeben versucht, die nur die Gerechtigkeit Gottes im Munde führen. *Wollen Sie von Gott Gerechtigkeit?* hatte sie eines Tages zur Subpriorin, Schwester Fébronie de la Sainte-Enfance, gesagt; *dann werden Sie von Gott Gerechtigkeit empfangen. Die Seele bekommt genau das, was sie von Gott erwartet. () Diese Gerechtigkeit, die so viele Seelen erschreckt, ist es, die den Gegenstand meiner Freude und meines Vertrauens ausmacht.*

Alle diese Engel (einschließlich des bekehrten Racheengels!) beneiden in der Schlußszene, auf den Knien liegend, die Menschen, die berufen sind, Götter zu werden. *Ah! wenn sie selbst Kinder werden könnten!* Haben aber die Karmelitinnen die ganze spirituelle Dichte dieser schlichten Verse begriffen?

Wichtig ist auch noch (und theatralisch viel spektakulärer) das Spiel zur Erholung, das einen Monat später aufgeführt wird, nämlich der zweite Teil des Lebens der jungen Lothringerin *Jeanne d'Arc, in der Erfüllung ihrer Mission.* Die Verfasserin hat sich sehr viel Mühe gemacht, die nicht weniger als sechzehn Personen auf die Bühne bringt. Das Noviziat ist für Wiederholungen, für

Bereitstellung von Kostümen und anderem Zubehör mobilisiert.

Die Dichtung ist nahe daran, Wirklichkeit zu werden, denn von den Becken mit Akohol, die dazu bestimmt sind, den Scheiterhaufen darzustellen, fangen die Dekorationen Feuer. Jeanne, das heißt Therese, wäre fast verbrannt. Sie gehorcht der Priorin, die ihr befiehlt, sich nicht zu rühren, bis man das Feuer gelöscht hat. Später wird sie sagen, daß sie bereit war, zu sterben.

Trotz des Brandes, der bald gelöscht ist, ist der Erfolg vollständig. Fünf Photographien, von Celine gemacht, zeigen eine Therese von zweiundzwanzig Jahren mit brauner Perücke, Fahne und Schwert in der Hand, die ganz in der Rolle und der Handlung lebt, und die in gewisser Weise die Heldin geworden ist, die sie darstellt. Die Aufnahmen erhärten den Text ihres Stückes, wo sie sich mit dem gefangenen Mädchen identifiziert. Jeanne nimmt ihre Verurteilung nur an in Beziehung zu jener von Jesus. Der biblische Text aus dem Buch der Weisheit über den Sinn des frühzeitigen Todes des Gerechten erleuchtet die Gefangene. ,,Obwohl er nur kurz lebte, hat er doch den Lauf eines langen Lebens vollbracht, denn seine Seele war Gott angenehm …"

Wer spricht hier in Wirklichkeit? Jeanne d'Arc oder Schwester Therese vom Kinde Jesus?

Herr, um deiner Liebe willen nehme ich das Martyrium an.
Ich fürchte weder den Tod noch das Feuer.
Nach dir, o Jesus, seufzt meine Seele.

Ich habe kein anderes Verlangen mehr, als dich zu schauen, o mein Gott! ()
Sterben um deiner Liebe willen, — nichts anderes will ich mehr.
Ich verlange zu sterben, um mit dem Leben zu beginnen.
Ich verlange zu sterben, um mich mit Jesus zu vereinen.

,,Die Schauspielerin", die diese Verse geschrieben und vor ihrer Gemeinschaft vorgetragen hat, nahm sie an diesem 21. Januar 1895 ganz auf ihre eigene Rechnung.

Kapitel 5
Die Entfaltung
(Januar 1895—April 1896)

,,Ich habe keine großen Wünsche mehr außer dem einen: zu lieben, bis ich aus Liebe sterbe."

Ihre Erinnerungen aufschreiben ...
mit zweiundzwanzig Jahren

In diesem Winter 1894/1895 plaudern die Schwestern Martin eines Abends während der Erholung fröhlich in der Wärmestube. Mit ihrem gewohnten Talent als Erzählerin ruft die Jüngste einige Erinnerungen an die Buissonnets ins Gedächtnis. Plötzlich wendet sich ihre Patin an die Priorin: ,,Ist es möglich, daß Sie ihr erlauben, kleine Gedichte zu machen, nur um den einen und den anderen Freude zu machen, und daß sie uns von den Erinnerungen an ihre Kindheit nichts aufschreibt? Sie werden sehen, das ist ein Engel, der nicht lange auf Erden bleiben wird,

und daß wir dann alle diese Einzelheiten, die für uns so interessant sind, verloren haben."
Mutter Agnes zögert. Das ist im Karmel nicht Brauch, seine Lebensgeschichte niederzuschreiben, und ihre klei-

Therese als Jeanne d'Arc im Januar 1895

ne Schwester hat genügend Arbeit! Aber Marie vom heiligsten Herzen besteht darauf. Therese lacht: Man wird über sie spotten, und sie ist nicht begabt für eine solche Aufgabe. Mutter Agnes spricht im Ernst: ,,Ich befehle Ihnen, mir alle Ihre Kindheitserinnerungen aufzuschreiben." — ,,Warum wollen Sie, daß ich etwas niederschreibe, was Sie nicht schon kennen würden?" Es bleibt aber nichts anderes übrig, als zu gehorchen.

Die erste Schwierigkeit liegt darin, Zeit zu finden, nachdem die Tage ohnehin schon so kurz sind. Doch Ende Januar 1895 macht sich Schwester Therese ans Werk, gewöhnlich am Abend nach der Komplet und an den Festtagen. Sie hat sich ein kleines Schulheft für 0,10 Centimes besorgt mit etwa dreißig Blättern. In ihrer Zelle im ersten Stock stützt sie sich, auf ihrer kleinen Bank sitzend, auf die Schreibunterlage, die sie auf dem Speicher gefunden hat, von der Lampe schlecht beleuchtet, deren Docht sie mit einer Nadel immer wieder hochzieht.

Bevor sie beginnt, betet sie zur Jungfrau vom Lächeln, die im Vorraum ihrer Zelle steht. Dann öffnet sie das Evangelium auf gut Glück. Sie stößt auf diese Stelle: ,,Jesus stieg auf den Berg und rief zu sich, die er *erwählt hatte,* und sie kamen zu ihm" (Mk 3,13). Diese Zeilen erscheinen ihr für ihre eigene Lebensgeschichte völlig passend: *Hier ist es, das Geheimnis meiner Berufung, meines ganzen Lebens und vor allem das Geheimnis der Vorrechte Jesu auf meine Seele ... Er beruft nicht die, die würdig sind, sondern die er berufen will, oder wie der heilige Paulus sagt: ,,Gott erbarmt sich, wessen er sich erbarmen will, und er erweist Barmherzigkeit, wem er Barmherzigkeit erweisen will. Also ist es nicht das Werk dessen, der will, noch dessen, der läuft, sondern Gottes, der Erbarmen erweist" (Röm 9, 15—16).*

Unter diesen mißlichen Umständen, ohne Plan, wie die Feder gerade läuft und die Inspiration sie überkommt, ohne etwas auszuradieren, ohne Entwurf, stellt Schwester Therese im Laufe des Jahres 1895 einen Rückblick über ihr Leben an im Lichte des Wortes Gottes und der Entdeckung des Kleinen Weges. *Ich stehe an einem Abschnitt meines Lebens, von dem aus ich einen Blick in die Vergangenheit werfen kann; meine Seele ist reifer geworden im Schmelztiegel äußerer und innerer Prüfungen; wie die Blume nach stärkendem Gewitterregen richte ich mich auf und sehe, daß sich die Worte des 22. Psalms an mir erfüllen: Der Herr ist mein Hirte, nichts wird mir mangeln ...*
Die Weisung von Mutter Agnes konnte zu keinem günstigeren Zeitpunkt fallen. Nachdem sie soeben die Abgründe des göttlichen Erbarmens entdeckt hat, begreift Schwester Therese besser den Sinn alles dessen, was sie bis jetzt durchlebt hat. Durch so viele und verschiedenartige Leiden hindurch, die sie erzählt, stellt sie fest, daß die Liebe sie niemals verlassen hat. Weder im Augenblick des Todes ihrer Mutter, noch beim Abschied ihrer Schwestern, während ihrer Krankheit, in ihren Gemütsschwierigkeiten, ihren Skrupeln, während der Krankheit ihres Vaters, inmitten der Dornen ihrer Anfänge im Karmel — in gar keinem Umstand hat Gott sie im Stich gelassen. Durch sechs kleine Hefte hindurch (denn das erste ist rasch gefüllt) besingt sie also eine einzige Wirklichkeit, *die Erbarmungen des Herrn!* Diese Seiten bringen ihr Magnifikat zum Ausdruck. Im strengen Sinn erzählt sie nicht ihr Leben, sondern in der *Geschichte einer Seele*

die Gnaden, die der liebe Gott mir zu schenken geruhte. Ihre Bekehrung von Weihnachten 1886 ist keine Täuschung gewesen, sondern der Anfang dieses *Laufes eines Riesen,* der noch nicht beendet ist. Daher stammt der frohe Ton dieser Erinnerungen, ihr lächelnder Humor; denn das, was ihr früher dramatisch erscheinen konnte, erklärt sich jetzt im Licht der Erbarmenden Liebe, durch die sie sich geliebt weiß ohne Grund. Es ist eine Liebe, die ihr töricht erscheint. *Welches Glück, für Den zu leiden, der uns bis zur Torheit liebt, und in den Augen der Welt für verrückt zu gelten. Er war ein Narr, unser Vielgeliebter, da er auf die Erde kam, um Sünder zu seinen Freunden zu machen. () Welches Glück, daß Gott Mensch geworden ist, auf daß wir ihn lieben könnten; ohne dies würden wir es nicht wagen.*

Dieses Heft des Gehorsams sollte ihr ein Begleiter werden durch das ganze schöne Jahr 1895 hindurch. Celine ist die erste Leserin in dem Maß, als ihre Schwester die kleinen Hefte füllt. Eines Tages sagt sie zu ihr „mit Enthusiasmus": „Das muß man drucken! Sie werden sehen, daß das später nützlich sein wird!" Therese begnügt sich damit, gutmütig zu lächeln, denn sie findet diese Überlegung „lächerlich". *Ich schreibe nicht, um ein literarisches Werk zu verfassen, sondern aus Gehorsam.*

„Aus Liebe leben" (26. Februar 1895)

Auf Bitten hin verfaßt sie zu dieser Zeit ein Dutzend Gedichte und vier Stücke für die Erholung. Sie ist „der Dichter der Gemeinschaft" geworden, auf dem „Höhepunkt ihres Ruhmes" nach dem Erfolg ihres zweiten

Stückes über Jeanne d'Arc. Die verschiedenen literarischen Gattungen aber: Briefe, Gedichte, Stücke für die Erholung oder die Erinnerungen für Mutter Agnes, bedeuten ihr wenig. In jeder Schrift drückt sie zutiefst ihr Herz aus, ihre Wünsche, ihre leidenschaftliche Liebe zu Jesus, ohne sich *wegen des Stils zu beunruhigen.*
Wenn man Schwester Thérèse de Saint-Augustin glauben darf, die meint, eine der intimeren Freundinnen Thereses zu sein, dann soll sie in diesem Frühjahr von ihr diese vertrauliche Mitteilung erhalten haben: *„Ich werde bald sterben."* Während des sogenannten vierzigstündigen Gebetes vor dem Allerheiligsten Sakrament hat sie spontan fünfzehn Strophen von *Aus Liebe leben* gedichtet, „das schönste ihrer Lieder", wie Celine meint. Am Abend dieses Faschingsdienstags schreibt sie diese Strophen aus dem Gedächtnis nieder. Die letzte ist aufschlußreich für das, was sie lebt:

Aus Liebe sterben, das ist meine Hoffnung.
Von Seiner Liebe will ich in Brand gesetzt sein.
Ich will Ihn schauen, um mich Ihm für immer zu einen.
Das ist mein Himmel ... das ist meine Bestimmung:
Aus Liebe leben!!!

„Ich weihe mich als Ganz-Brandopfer der Erbarmenden Liebe" (9.—11. Juni 1895)

Am Sonntagmorgen, am 9. Juni, wohnt die Kommunität der Messe zu Ehren der Heiligsten Dreifaltigkeit bei. Eine plötzliche Inspiration steigt in Schwester Therese hoch: sie muß sich der Erbarmenden Liebe als Ganz-

Brandopfer darbringen. Diese starke Überzeugung drängt sich ihr auf. Kaum hat sie die Kapelle verlassen, zieht sie Celine, die sehr erstaunt ist, mit sich, Mutter Agnes folgend, die der Winde zugeht. Mit gerötetem Gesicht, bewegt und verlegen, stottert sie, daß sie sich zusammen mit ihrer Novizin der Liebe als Opfer darbringen möchte ... Von anderen Sorgen in Anspruch genommen, und ohne der Sache Bedeutung beizumessen, gewährt die Priorin die Erlaubnis.

Begeistert sondert sich Therese mit Celine ab. ,,Mit flammendem Blick" setzt sie ihr kurz ihr Vorhaben auseinander. *Ich dachte an jene Seelen, die sich der Gerechtigkeit Gottes anbieten, um die über die Sünder verhängten Strafen abzuwenden und auf sich zu lenken.* Im vorausgegangenen Jahr hatte man im Speisesaal die erstaunliche Geschichte der Mutter Agnès de Jésus (de Langeac) gelesen, die sich der Gerechtigkeit Gottes als Opfer dargebracht hatte. Therese wußte auch, daß in ihrem eigenen Karmel Schwester Marie de la Croix sich als Opfer angeboten hatte und 1882 nach dreiunddreißig Leidensjahren gestorben war. Noch näher liegend: Ihre liebe Mutter Geneviève war diesem gleichen Weg gefolgt.

Die junge Therese geht sehr klar auf Distanz zu dieser Spiritualität. *Diese Aufopferung schien mir groß und hochherzig, doch fühlte ich keine Neigung, ein Gleiches zu tun.* Sie will sich selbst opfern, aber nicht der Gerechtigkeit, sondern der Erbarmenden Liebe. Sie verfaßt also ihren Akt der Aufopferung, und am 11. Juni kniet sie zusammen mit Celine vor der Statue der Jungfrau vom Lächeln und spricht ihn in ihrem eigenen Namen und im Namen ihrer Schwester. *O mein Gott! Glückselige Drei-*

faltigkeit, ich verlange danach, dich zu lieben und dahin zu wirken, daß du geliebt wirst, an der Verherrlichung der heiligen Kirche zu arbeiten, indem ich die Seelen rette, die auf Erden sind, und jene befreie, die im Fegfeuer leiden. Ich verlange danach, deinen Willen vollkommen zu erfüllen und zur Stufe der Heiligkeit zu gelangen, die du mir in deinem Reiche bereitet hast; mit einem Wort, ich verlange danach, heilig zu werden, aber ich fühle meine Ohnmacht und bitte dich, o mein Gott, sei du selbst meine Heiligkeit!

Dieser Hingabeakt schließt sich aufs engste an die innere Bewegung an, welche die Entdeckung des Weges des Vertrauens beseelt hat. Aber die symbolische Ausdrucksweise ist hier anders. Das Feuer hat den Fahrstuhl ersetzt, und das Brandopfer ist die durch das Feuer der Liebe verzehrte Opfergabe. *Um in einem Akt vollkommener Liebe zu leben, WEIHE ICH MICH ALS GANZ-BRANDOPFER DEINER BARMHERZIGEN LIEBE und bitte dich, mich unablässig zu verzehren, die Ströme unendlicher Zärtlichkeit, die in dir beschlossen sind, in meine Seele überfließen zu lassen, damit ich eine Märtyrerin deiner Liebe werde, o mein Gott! ... Möge dieses Martyrium, nachdem es mich vorbereitet hat, vor dir zu erscheinen, mir endlich den Tod geben, und meine Seele sich ohne Verzug aufschwingen in die ewige Umarmung* Deiner Barmherzigen Liebe ... *Ich will, o mein* Vielgeliebter, *mit jedem Schlag meines Herzens dir diese Weihe erneuern unzählige Male, bis daß ich, wenn die Schatten schwinden, dir in einem ewigen* Von-Angesicht-zu-Angesicht *meine* Liebe *beteuern darf! ...*

Dies ist eine neue entscheidende Etappe in diesem verborgenen Leben. Celine begreift nicht allzusehr, wofür sie sich engagiert hat. Aber Therese weiß es. Sie ist jetzt bis zum Ende des Weges gegangen, den sie entdeckt hat. Jenem, der sein Leben für sie hingegeben hat, kann sie nur das ihrige schenken wollen, und zwar vollständig. *Lieben, das heißt alles schenken und sich selbst dazu. () Liebe um Liebe.*

Einige Tage später (am Freitag, 14. Juni?), während sie im Chor privat den Kreuzweg beginnt, ist sie *von einer so heftigen Liebe für den lieben Gott ergriffen,* daß sie glaubt, ganz und gar in Feuer getaucht zu sein. *Ich brannte vor Liebe, und ich fühlte, daß ich diese Glut nicht eine Minute, nicht eine Sekunde länger hätte ertragen können, ohne zu sterben.* Das ist für sie eine Bestätigung für die Annahme ihres Opfers.

Sofort fällt sie in ihre gewohnte Trockenheit zurück. Sie vertraut Mutter Agnes diese Gnade an. Die Priorin schenkt ihr kaum Aufmerksamkeit. Freiwillig? Dieser ,,Mystizismus" beunruhigt sie ein wenig. Denn ihre Schwester fühlt jetzt voraus, daß diese entscheidende Weihe nicht nur sie allein betrifft. *O mein Gott, soll deine verschmähte Liebe nunmehr in deinem Herzen verbleiben?* Sie will sich auf alle Fälle ausbreiten.

Nach Celine will sie ihre Patin nach sich ziehen an einem Tag, an dem sie zusammen das Heu der kleinen Wiese einholen. *Wollen Sie sich nicht der Erbarmenden Liebe des lieben Gottes als Opfer hingeben?* — ,,Selbstverständlich nein", antwortet Schwester Marie vom heiligsten Herzen; ,,der liebe Gott würde mich beim Wort nehmen, und ich habe viel zu große Angst vor dem Leiden." — *Das verstehe ich sehr gut, aber sich der Liebe des lieben Gottes zum Opfer bringen, ist nicht dasselbe, wie sich der Gerechtigkeit darbieten. Man muß dadurch nicht mehr leiden. Es geht einzig darum, Gott besser zu lieben anstelle all jener, die ihn nicht lieben wollen.* Ihre kleine Tochter zeigt sich so beredt, daß Marie zustimmt, den Schritt zu tun.

Schwester Therese zögert nicht, den Weiheakt den Novizinnen vorzuschlagen; Schwester Marie de la Trinité und selbst ihrer Cousine Marie Guérin, seit dem 15. August Schwester Marie de l'Eucharistie.[50] Angesichts des Eifers der begeisterten Anhängerin geht die Priorin mit sich zu Rate. Ist das Noviziat dabei, sich unter dem Einfluß ihrer jüngsten Schwester auf einen gefährlichen Weg zu begeben? Ist es klug, zu gestatten, daß alle diese jungen Schwestern sich als Opfer anbieten?

Mutter Agnes erbittet während der Jahresexerzitien den Rat des Exerzitienleiters. P. Lemonnier, Missionar de la Délivrande (Name einer kleinen normannischen Stadt, Anm. d. Übers.), der bereits die Exerzitien im Oktober 1893 und 1894 gegeben hat, kennt Schwester Therese, die er ,,die kleine Blume" nennt. Klugerweise unterbreitet er seinem Superior den Akt der Weihehingabe. Alle beide genehmigen ihn, aber sie verlangen von der Karmelitin, ihre Sehnsüchte mit dem Eigenschaftswort ,,unermeßlich" zu kennzeichnen; diese als ,,unendlich" zu bezeichnen, scheint ihnen theologisch falsch. Sie gibt nach, obwohl sie diese Änderung bedauert. Das Wesentliche bleibt für sie erhalten, und sie ist darüber sehr glücklich, daß ihr Weiheakt durch die Kirche anerkannt ist.

Ein Priesterbruder: Abbé Maurice Bellière
(17. Oktober 1895)

Kaum sind die Exerzitien, die durch den Tod von Abbé Delatroëtte beeinträchtigt waren, zu Ende, wird Schwester Therese an einem Waschtag von ihrer Priorin beiseite gerufen. Ein Seminarist mit einundzwanzig Jahren, Abbé Maurice Bellière, hat soeben dem Karmel geschrieben, um „eine Schwester zu erbitten, die sich besonders dem Heil seiner Seele widmen und ihm, wenn er einmal Missionar wäre, mit ihren Gebeten und Opfern beistehen möchte, auf daß er viele Seelen retten könne".
Mutter Agnes bestimmt ihre junge Schwester für diese Missionsaufgabe. Eine große Freude überflutet Therese. Wirklich, der liebe Gott erfüllt alle ihre Wünsche, einen nach dem anderen. Schon immer hatte sie davon geträumt, einen Priesterbruder zu haben. Es schien, der Tod ihrer beiden Brüderchen habe sie für immer dieser Hoffnung beraubt. Doch siehe da! Mit zweiundzwanzig Jahren erhält sie vom Himmel einen Bruder ihres Alters, einen künftigen Priester und, was noch mehr ist, einen künftigen Missionar. *Seit Jahren hatte ich kein derartiges Glück mehr verkostet. Ich fühlte, in diesem Bereich war meine Seele neu, es war, als hätte man zum ersten Mal bisher vergessene Saiten berührt.* Sofort verfaßt sie ein Gebet für Abbé Bellière. Eifer und Treue will sie in ihrem täglichen Leben verdoppeln und bringt für ihn alle ihre Gebete und Opfer dar. Der junge Abbé meldet sich erst im November durch eine einfache Karte, auf der er seine Abreise zum Militärdienst mitteilt.[51]
Man kann nur ahnen, wieviel an heroischer Kraft seine

neue Schwester in eine „Vielzahl geringer und mikroskopisch kleiner Akte" hineinlegte, die erst nach ihrem Tode offenbar werden sollten. Schwester Therese lehnt sich zum Beispiel beim Sitzen nicht an; niemals kreuzt sie ihre Beine. An heißen Tagen vermeidet sie es, ihr Gesicht offen abzuwischen, um die Aufmerksamkeit nicht auf sich zu ziehen. Sie reibt sich nicht die Hände, wenn diese mit Frostbeulen bedeckt sind, um sich gegen die Kälte zu schützen; sie geht niemals gebückt. Sie gehorcht jeder Schwester, die ihre Dienste benötigt; sie zeigt sich möglichst wenig im Sprechzimmer. Wenn man von ihr ein Buch ausleiht, das sie gerade liest, fordert sie es nicht zurück. Sie treibt die Armut so weit, daß sie von ihren eigenen Gedichten keine Abschrift besitzt. Sie flieht vor jeder Neugier; sie schaut während des Gebetes im Chor nie auf die Uhr und vermeidet in der Erholung jede unnütze Frage usw.

Diese „Nichtse", von denen die Zeugnisse im Selig- und Heiligsprechungsprozeß so viele verschiedene Beispiele geben, vollzieht sie den lieben langen Tag, die Woche und das Jahr hindurch. In jedem Augenblick will sie sich vergessen für den Geliebten:

Um dich zu erfreuen, will ich klein bleiben;
Mich selbst vergessend, werde ich dein Herz entzücken.

Diese und so viele andere Verse hat sie mit ihrem Herzblut geschrieben.

Der göttliche kleine Bettler von Weihnachten 1895

Schon wieder muß man Weihnachten vorbereiten. *Die alte Dekanin des Noviziates* trägt noch einmal die Verantwortung für die Festlichkeiten. Weil es gilt, für den Namenstag der Priorin noch ein anderes Stück zur Erholung zu schreiben, verkürzt sie dieses Jahr die Inszenierung des Stückes auf seine einfachste Ausdrucksweise: Das Jesuskind kommt, um jede einzelne der sechsundzwanzig Karmelitinnen anzubetteln. *Der bei Euch bettelt, ist das ewige Wort!* Im einfachen und armen Rahmen dieser sechsundzwanzig Strophen drückt Therese eine Wahrheit aus, die ihr am Herzen liegt. In diesem mittellosen Kind bettelt Gott, der sich zum Nichts gemacht hat, um die Liebe der Menschen.

Sie hat ihre Kräfte für das Fest am 21. Januar aufgespart. *Die Flucht nach Ägypten* bringt eine dunkle Geschichte von Räubern auf die Bühne, denen die heilige Familie in der Verbannung begegnet sein soll. Das Kind des Bandenhäuptlings ist aussätzig, doch wie es ins Badewasser des Jesuskindes getaucht wird, ist es plötzlich geheilt. Ein ,,missionarisches" Stück ist es, das auch lustige Passagen bringt, wo die Räuber Abramin und Torcol sich nach Herzenslust tüchtig amüsieren und nach der Melodie der *Estudiantina,* eines zeitgenössischen Schlagers, drollige Strophen singen.

All das hat nicht das Glück, Mutter Agnes zu gefallen. Das zu ihrem Namenstag gedichtete Stück erscheint ihr endlos, und sie bricht es vor dem Ende ab, indem sie der Autorin vorwirft, sie habe nicht verstanden, sich kurz zu fassen. Das bedeutet Tränen bei Therese und eine völlige Niederlage des Noviziates, das alles mit Überzeugung einstudiert hatte.

Als Schwester Therese am Vorabend zur Abendbetrachtung in den Chor eingetreten war, hatte sie sich vor Mutter Agnes niedergekniet und ihr kleines Heft mit den Erinnerungen übergeben.[52] Die Priorin hat es in ihrer Zelle in die Schublade gelegt, ohne es zu öffnen. Nie hat ihre Schwester sie gefragt, ob sie es gelesen habe oder was sie davon halte.

Auf der letzten Seite (Blatt 85) faßt Therese mit dreiundzwanzig Jahren ihr Leben zusammen, neun Jahre nach ihrer Bekehrung, sechs Monate nach ihrer Weihehingabe an die Liebe. *Sie, geliebte Mutter, haben mir erlaubt, mich dem lieben Gott in dieser Weise anzubieten; Sie wissen, welche Ströme oder vielmehr Ozeane von Gnaden meine Seele überströmt haben ... Oh! seit jenem glücklichen Tag will mir scheinen, die Liebe durchdringe und umgebe mich ganz; mir scheint, diese* Barmherzige Liebe *erneuere mich, sie reinige meine Seele und lasse in ihr nicht die Spur von Sünde zurück, darum kann ich das Fegfeuer nicht fürchten ...*

Die Furcht vor der Sünde ist tatsächlich weggefegt, die Skrupeln sind endgültig verschwunden ... Therese weiß in Zukunft, daß alle ihre Fehler in diesem *Feuer der Liebe, das heiligender ist als das des Fegfeuers,* verzehrt sind. Ihre Hingabe hat sie für immer befreit von jeder Spur des Jansenismus, von all den Ängsten, von denen manche ihrer Schwestern noch gefangen sind. *Gewiß kann man fallen, man kann Treulosigkeiten begehen, aber die Liebe, die es versteht, aus allem Nutzen zu ziehen, hat sehr rasch alles verzehrt, was Jesus mißfallen kann, und sie läßt nur einen demütigen und tiefen Frieden im Herzen zurück ...*

Der Schlaf zum Beispiel, der sie während des Gebetes oft belästigt, verwirrt sie nicht mehr und auch nicht die Vor-

würfe von Abbé Youf: *Ich sollte trostlos darüber sein, daß ich (seit sieben Jahren) während meiner Betrachtung und Danksagung einschlafe; nun, es betrübt mich nicht ... Ich denke, die kleinen Kinder gefallen ihren Eltern ebenso sehr, wenn sie schlafen, wie wenn sie wach sind ...*
Nachdem ihr Vater im Himmel ist, Celine im Karmel und sie selbst einen Priesterbruder hat, schließt sie: *Jetzt habe ich kein anderes Verlangen mehr, als Jesus bis zum Wahnsinn zu lieben. () All mein Tun besteht jetzt darin, zu lieben!*[53]
Wie sie nun dieses *Heft des Gehorsams* beendet, stellt sie sich über ihre Zukunft die Frage: *Wie wird sie wohl zu Ende gehen, diese ,,Geschichte einer kleinen weißen Blume"? Wird sie bald sterben? Wird sie in den Karmel von Saigon gehen?*[54] *Ich weiß es nicht; dessen aber bin ich sicher, daß die Barmherzigkeit des lieben Gottes sie stets begleiten wird. () Die Hingabe allein ist es, die mich führt.*
Auf Blatt 86 hat sie sorgfältig die Wappen von Jesus und Theresia gemalt und in Zierschrift die Gnadentage verzeichnet, die vom Herrn seiner *kleinen Braut* gewährt wurden. Auf Blatt 85 kann man die genauen Erklärungen dieser Wappen nachlesen. Ein Leitspruch, dem heiligen Johannes vom Kreuz entlehnt, beschließt das Ganze: *,,Liebe wird nur mit Liebe vergolten."*
Nur noch dieses Wort hat sie unter der Feder, im Mund und im Herzen.[55]

Die schwierige Profeß von Celine
(Februar—März 1896)

Domherr Maupas, Pfarrer von Saint-Jacques, wird Superior des Karmels und nimmt seine Arbeiten im Januar auf.

Die Zeit rückt heran, da Celine und Marie de la Trinité ihre Profeß ablegen können und wo Marie de l'Eucharistie bitten wird, eingekleidet zu werden. Normalerweise müßten alle diese Feiern unter der Verantwortung der Priorin, die im Amt ist, stattfinden, Mutter Agnes von Jesus, deren Amtszeit aber am 20. Februar 1896 zu Ende geht.

Ein unvorhergesehenes Hindernis stellt sich ein: Mutter Marie de Gonzague, Novizenmeisterin, will diese doppelte Profeßfeier gegen die Meinung des neuen Superiors hinausschieben. Sind ihre Beweggründe dabei lauter? Die Wahlen rücken heran. Wenn sie gewählt wird, wird dann nicht sie das Treueversprechen der beiden jungen Schwestern entgegennehmen? Dazu kommt ein noch mehr spürbarer Schlag: Sie faßt außerdem die Abfahrt von Schwester Geneviève für den Karmel in Saigon ins Auge. Der indirekte Vorteil dabei wäre, daß der Einfluß der vier Schwestern Martin und ihrer Cousine geschwächt würde. Sie machen jetzt ein Fünftel der Kommunität aus. Diese ist in Gefahr, sich in zwei Lager zu spalten: in eine Gruppe, welche Marie de Gonzague stützt, und in eine andere, die auf der Seite der Schwestern Martin steht.

An einem grauen Tag im Januar 1896 sind etwa fünfzehn der Karmelitinnen bei der Wäsche im Waschhaus. Es entsteht eine Diskussion über die Gelübdeablegung von Schwester Geneviève. Schwester Aimée de Jésus, eine der größten Gegnerinnen des „Clans Martin", erklärt: „Mutter Marie de Gonzague hat sehr wohl das Recht, das zu prüfen; warum sich darüber wundern?" *Es gibt Prüfungen, die man nicht auferlegen darf.* Sehr erregt hat Schwester Therese gesprochen.

Für sie handelt es sich nicht darum, etwas zu *bestreiten,* aber die Wahrheit duldet keine Verletzung, und die Pflicht erheischt, eine Novizenmeisterin, die auf Abwege gerät, zu warnen.

Einige Tage später wird Schwester Geneviève dem Kapitel vorgestellt. Die Gewohnheit auf ihre Weise auslegend, schließt Mutter Marie de Gonzague die Priorin von der Abstimmung aus, die das Ergebnis vor der Türe erwartet. Drei Schwestern Martin treten in den Kapitelsaal ein, nur um zu hören: ,,Schwester Geneviève ist zugelassen." Aber die Profeß von Schwester Marie de la Trinité ist aufgeschoben. Eine Art Vergleich hat stattgefunden. Die Wahlen sind um einen Monat verschoben worden. Mutter Agnes wird ihre Schwester zur Profeß zulassen und ihre Cousine zur Einkleidung; Mutter Marie de Gonzague dagegen, wenn sie gewählt wird, die Gelübdeablegung von Schwester Marie de la Trinité entgegennehmen.

Man begreift, warum Schwester Therese, die um die Zukunft dieser drei jungen Schwestern sehr besorgt ist, die Achtsamkeit gegenüber Celine vervielfacht, die durch dieses Manöver verletzt ist. Sie schickt ihr einen langen Brief, der in allegorischer Weise ihre Mißgeschicke ins Gedächtnis ruft; sie schenkt ihr ein beleuchtbares Pergament, eine Reliquie der heiligen Mutter Geneviève, ein Andenkenbildchen, um all diese unangenehmen Ereignisse zu versüßen und ihr zu helfen, sie im Frieden zu überwinden.

Nach der ernüchterten Profeß vom 24. Februar nimmt Schwester Geneviève de Sainte-Thérèse am 17. März den schwarzen Schleier, während ihre Cousine, Schwester Marie de l'Eucharistie, eingekleidet wird. Die Doppel-

feier, die von Bischof Hugonin geleitet ist, beschreibt Onkel Guérin in der Zeitung *Le Normand* an diesem Tag mit innerer Bewegung. Mehrere Photographien, innerhalb der Klausur aufgenommen, bewahren das Andenken an dieses Ereignis.
Nun sind alle Töchter, Leonie ausgenommen, „unter dem Wagen hervorgezogen" nach einem Ausdruck, den Herr Martin früher verwendet hat.

Die Wiederwahl von Mutter Marie de Gonzague (21. März 1896)

Am Samstag, 21. März, dem Vortag des Passionssonntags, herrscht eine gedämpfte Aufregung im Karmel von Lisieux. Man bereitet da die Wahl der Priorin vor.
Seit März 1893 haben drei Ordensfrauen die Kommunität verlassen: eine, um in den Himmel zu gehen; eine für den Karmel in Saigon; eine für das Sanatorium „Bon Sauveur" in Caen aufgrund geistiger Störungen; drei junge sind eingetreten. An diesem Tag kommen von vierundzwanzig Schwestern sechzehn Kapitularinnen im Chor zusammen; die anderen beten. Es zieht sich lange hin ...
Nicht weniger als sieben Wahlgänge sind nötig, um zwischen Mutter Marie de Gonzague und Mutter Agnes von Jesus zu entscheiden. Schließlich wird die erste, die zweiundsechzig Jahre alt ist, rechtmäßig gewählt. Schwester Marie des Anges bleibt Subpriorin; Mutter Agnes wird mit Schwester Saint-Raphael Ratsschwester. Endlich ertönt die Glocke, um die acht wartenden Schwestern herbeizurufen.
Beim Betreten des Chores sieht Schwester Therese, daß

Mutter Marie de Gonzague den Platz der Priorin einnimmt. Zwar ist sie „von Bestürzung getroffen", aber sie fängt sich rasch.

Die wiedergewählte Priorin, sehr berührt von dem, was sich soeben ereignet hat, hütet sich sehr, einen Wechsel zu vollziehen. Durch das Recht ist sie befugt, das Amt der Priorin und das der Novizenmeisterin zugleich zu übernehmen; davon macht sie Gebrauch. Mutter Agnes wird sich also nicht mit dem Noviziat befassen, aber Marie de Gonzague wählt eine Gehilfin: Schwester Therese vom Kinde Jesus. Therese nimmt diese Situation, eine der delikatesten, im Gehorsam an; das bedeutet im Klartext das Musterbeispiel einer unmöglichen Aufgabe.

Eine Novizin „Novizenmeisterin" (März 1896)

In diesem neuen Abschnitt ihres Lebens im Karmel ist das jetzt oder nie der Augenblick, ihren Weg der Hingabe zu leben. Sie muß eine schwere Verantwortung übernehmen, ohne dafür einen Titel zu haben. Sie gehört immer noch zum Noviziat, und die Novizinnen wissen das genau. Wie soll sie diese fünf Frauen, von denen vier älter sind als sie selbst, zu kontemplativen Ordensfrauen heranbilden? Diese Aufgabe überschreitet ihr Vermögen vollständig. Ihre Schwester Celine und ihre Cousine Marie zeigen trotz ihres guten Willens einige Zurückhaltung, ihre lächelnde, aber feste Autorität anzunehmen. Man findet sie *streng*. Schwester Marie-Madeleine, die in ihrer Kindheit so unglücklich war, bleibt verschlossen. Was soll sie von den sprunghaften Launen der Priorin sagen, die morgen widerrufen kann, was ihre Gehilfin heute gemacht hat, deren kanonische Autorität ja null und nichtig ist? Die einzige Hoffnung von Schwester Therese ist das Wirken des Heiligen Geistes in ihr selbst und in ihren *Lämmlein.*

Weil sie feststellt, daß es ihr unmöglich ist, etwas aus sich selbst zu tun, betet sie: *Herr, ich bin zu klein, um deine Kinder zu ernähren; willst du durch mich mitteilen, was jeder frommt, so fülle meine kleine Hand, und ohne deine Arme zu verlassen, ohne den Kopf zu wenden, werde ich deine Schätze der Seele geben, die mich um ihre Nahrung bittet.* Das ist die einzige Haltung, die ihr den Frieden gibt und ihr gestattet, ihre so heikle Aufgabe bis zum Äußersten zu erfüllen. *Das Gebet ist es, das Opfer, was meine Stärke ausmacht.*

Jeden Tag um 14.30 Uhr versammelt sie die Novizinnen für eine halbe Stunde und erklärt ihnen die Gebräuche, die Regel, antwortet auf ihre Fragen, weist die Fehler zurecht. Es ist eine sehr lebendige Zusammenkunft, bei der man sich nicht langweilt. Die junge ,,Meisterin" versteht es, Geschichten zu erzählen und Gleichnisse zu erfinden, um sich besser verständlich zu machen. Celine und Marie de la Trinité haben in ihren Aufzeichnungen diese pädagogischen Erfindungen festgehalten: das Kaleidoskop, das die dreifaltige Liebe deutlich macht; die Bank der Liebe, auf der man mit großem Einsatz spielen muß; die kleinen unscheinbaren Birnen, welche die unauffälligen Schwestern darstellen, an denen man vorbeigeht; die Henne und ihre Küchlein als Sinnbild der Liebe des Vaters; das reiche Fräulein und sein kleiner Bruder; die Muschel, in die Marie ihre Tränen vergießen soll, und so weiter. Therese zieht aus allem Vorteil. Marie de la

Trinité hatte ihr von den magnetischen Phänomenen erzählt, deren sie Zeugin gewesen war; und ihre Meisterin sagt: *Ich möchte mich von Jesus magnetisieren lassen! Ja, ich will, daß er sich meiner Fähigkeiten so sehr bemächtigt, daß ich nur noch etwas tue, was ganz vergöttlicht und durch den Geist der Liebe geleitet ist.*

Ohne irgendeine Ausbildung bewirkt ihre ganz intuitive Pädagogik, die auf die Liebe zum anderen gegründet ist, Wunder. Sie hat begriffen, daß ihre Gefährtinnen ihr alles sagen dürfen: *Den Novizinnen ist alles erlaubt.* Im übrigen genieren sie sich nicht, ihr mitunter manche *Salate mit viel Essig* vorzusetzen. Aber Therese gesteht, *den Essig dem Zucker* vorzuziehen.

Findet man sie streng? Sie weiß es, kümmert sich aber nicht darum. Sie liebt ihre Herde zu sehr, um nachsichtig zu sein. *Liebt man mich nicht, so nehme ich das in Kauf. Ich sage immer die volle Wahrheit. Wenn man sie nicht hören will, soll man nicht zu mir kommen.*

Doch vor allem lehrt sie den Kleinen Weg, mit dem sie so guten Erfolg hat: den Weg des Vertrauens und der Liebe zum Vater. In diesem Punkt, der das Herzstück des Evangeliums ist, zeigt sie eine wahre geistige Meisterschaft. Immer weiß sie, auf das Wesentliche zuzugehen. Sie „verabscheute die kleinen Devotionen gutmütiger Frauen, die sich manchmal in die klösterlichen Gemeinschaften einschleichen" (Mutter Agnes).

Sie versteht die Kunst, sich jeder anzupassen. P. Pichon hatte recht, als er sagte: „Zwischen den Seelen gibt es sehr viel mehr Unterschiede als zwischen den Gesichtern." Es ist nicht möglich, mit allen in gleicher Weise umzugehen. *Es kommt dabei vor, daß ich genötigt bin, die einen beim Fell zu packen, die anderen an der Spitze der Flügel,* vertraute Therese Mutter Agnes an. Die junge Marie de la Trinité hat Entspannung nötig; sie soll also auf den Speicher gehen und dort mit dem Kreisel spielen. Aber Celine soll nur ja keinen Umweg machen, um der Mutter Hermance du Coeur-de-Jésus, die Neurasthenikerin ist, aus dem Wege zu gehen, die sie bestimmt um einen Dienst bitten wird, wenn sie sie vorbeigehen sieht. Und Vorsicht bei jenen, die Mutter Marie de Gonzague ,,den Wolf'' nennen!

In dieser kleinen Schar, deren Durchschnittsalter nur fünfundzwanzig Jahre beträgt, ist Therese zugleich die Schwester und Mutter. Die Jungen ziehen die Jungen an. In der Erholung wird schallend gelacht, wenn Therese die anderen humorvoll imitiert oder wenn die ganze Bande sich auf die Jagd macht nach einem Dieb, der in die Klausur eingedrungen ist.

Diese Bildungsaufgabe, auch wenn sie nur an einem zweiten Platz ausgeübt wird, lehrt sie sehr vieles über die menschliche Natur. Ihre Weisheit kommt von ihrer Erfahrung her. So findet die Vorliebe mancher Schwestern, darunter auch Mutter Agnes, für die überpflichtmäßigen Abtötungen und die Bußwerkzeuge, die damals im Gebrauch waren, nicht ihre Zustimmung. Aus Großmut hat sie sich zu Beginn ihres Ordenslebens mitreißen lassen. Im April 1896 trägt sie ein kleines Eisenkreuz, doch hat sie dann darauf verzichtet, denn sie hat bemerkt, daß ,,die Ordensfrauen, die sich am meisten zu blutigen Strengheiten angetrieben fühlen, nicht die vollkommensten waren und daß die Eigenliebe selbst in den übermäßigen körperlichen Bußübungen eine Nahrung zu finden scheint''.

Diese sind nichts im Vergleich zur Liebe. Sie richtet nicht über die anderen. Aber das ist nicht ihr Weg. Sie lenkt die Aufmerksamkeit der Novizinnen auf diesen Punkt wie auf so viele andere. Oft zitiert sie das Wort aus dem Johannesevangelium: ,,Es gibt viele Wohnungen im Reiche meines Vaters" (14, 2).

Soviel Weisheit läßt dann später einige Schwestern sagen: ,,Sie hätte eine gute Priorin abgegeben, wenn sie am Leben geblieben wäre." Ihr geistlicher Instinkt ist so stark, daß die Novizinnen mitunter glauben, sie könne in ihren Seelen lesen. Therese streitet das ab, aber sie muß erkennen, daß der Heilige Geist ihr oft hilft, richtig zu treffen.

Außer dieser wichtigen Aufgabe arbeitet Schwester Therese in der Sakristei unter den Anweisungen von Schwester Marie des Anges, bei den Malarbeiten und in der Wäscheabteilung, wo sie Schwester Marie de Saint-Joseph unterstützt. Diese Ordensfrau von achtunddreißig Jahren, die schon mit neun Jahren Waise wurde, ist von der ganzen Gemeinschaft sehr gefürchtet. Ihre heftigen Wutausbrüche haben sie isoliert. Niemand will mehr mit ihr in der Wäscheabteilung zusammenarbeiten. Therese bietet sich dazu freiwillig an.

Bei dieser Beschäftigung entdeckt sie, was schwesterliche Liebe wirklich ist. Bis jetzt hatte sie nicht begriffen, daß man lieben muß, *wie* Jesus seine Jünger geliebt hat. Niemand darf von dieser Liebe ausgeschlossen sein, nicht einmal Schwester Marie de Saint-Joseph, die sie ihrer Isolierung zu entreißen sucht durch ihr Lächeln und ihre freundschaftlichen kleinen Briefe.

Der Winter 1895/96 ist lang und hart gewesen. Die

Fastenzeit geht zu Ende. Therese hat die Erlaubnis erhalten, das Fasten in seiner ganzen Strenge zu beobachten. Noch nie hat sie sich so stark und widerstandsfähig gefühlt.

„Eine kochende Flut bis herauf zu meinen Lippen"
(3. und 4. April 1896)

Am Gründonnerstagabend, 3. April, ist sie im Chor geblieben, um bis Mitternacht zu wachen. Doch kaum daß sie sich niedergelegt hat, spürt sie eine Flut, die in ihr *kochend hochsteigt* bis zu den Lippen. Sie preßt ihr Taschentuch an den Mund. Da ihre Lampe schon ausgeblasen ist, sucht sie nicht festzustellen, was sie erbricht. Wenn es Blut ist, wird sie vielleicht an diesem Karfreitag, der gerade anbricht, sterben. Sie hat keine Furcht, sondern ist glücklich, weil sie immer Jesus ähnlich sein wollte. Sie schläft ein. Um 5.45 Uhr weckt sie die Rassel[56]. Wie sie den inneren Fensterladen öffnet, findet sie die Bestätigung: ihr Taschentuch ist voll von Blut. Der Bräutigam kündigt sich an; er ist nicht mehr fern. Wie könnte sie Furcht haben vor dem, der ihr sein Leben geschenkt hat?

Wie an jedem Karfreitag hält die Priorin nach dem Chorgebet eine Ansprache an die versammelte Gemeinschaft über die schwesterliche Liebe. Die Karmelitinnen erbitten voneinander Verzeihung. Therese kommt an die Reihe; sie umarmt Mutter Marie de Gonzague und teilt ihr den nächtlichen Vorfall mit. *Ich leide nicht, meine Mutter, und bitte Sie, mir nichts Besonderes zu verordnen.* Die Priorin stimmt zu, da sie den wirklichen Zustand jener,

die vor ihr kniet, nicht klar erkennt. Therese fastet und reinigt die Scheiben der Türen im Kreuzgang, auf einem Schemel stehend inmitten der Zugluft. *Nie waren die Abtötungen des Karmels mir so köstlich vorgekommen; die Hoffnung, in den Himmel zu gehen, brachte mich außer mir vor Jubel.*
Schwester Marie de la Trinité wird als Gehilfin der Krankenschwester ins Vertrauen gezogen. Sie protestiert heftig und weint: daß doch ihre Meisterin in einem solchen Zustand die Arbeit anderen überlasse! ... Vergebliche Liebesmüh! Und vor allem: Mutter Agnes weiß nichts davon!
Es kommt die Nacht. Das gleiche Blutbrechen wie am Abend zuvor stellt sich ein. Diesmal ist kein Zweifel mehr erlaubt. Die wenigen Verse, die Schwester Therese zunächst für den Namenstag von Schwester Marie de Saint-Joseph geschrieben hatte, drücken ihre eigene Sehnsucht aus:

Liebe, die mich entflammt,
Durchdringe meine Seele!
Komm, ich rufe nach dir.
Komm und verzehre mich!

Deine Glut soll mich bedrängen,
Und ohne Unterlaß will ich
In dich mich versenken,
Du göttlicher Abgrund!

Sie ist nun also daran, erhört zu werden. Ihr Glaube ist lebendig und klar. Sie denkt an nichts als an die Freude des Himmels.

Das zweite Alarmzeichen aber beunruhigt die Priorin und noch mehr die Krankenschwestern. Dr. La Néele untersucht schließlich seine Cousine. Durch seine Fragen bedrängt, gesteht sie ein, daß sie jeden Abend während der Fastenzeit Hunger gehabt hat. Eine geschwollene Drüse am Hals bezeugt ihre Schwäche. Indem Francis seinen Kopf durch die enge Öffnung des Gitters im Oratorium steckt, dort wo die kranken Schwestern die heilige Kommunion empfangen, ,,auskultiert" er sie durch das Wollkleid hindurch. Er meint, die Blutung könne vom Riß eines Gefäßes in der Kehle herrühren. Als Arznei verschreibt er ihr löffelweise Kreosot, Inhalieren und Einreibungen mit Kampferöl. Therese macht sich keine Illusionen über die Wirkkraft dieser Medizin. Ihre Freude bleibt: Sie darf bald den sehen, den ihr Herz liebt.

Kapitel 6

Der Eintritt in die Nacht, die endlich gefundene Berufung!

(April 1896—April 1897)

,,Es ist eine bis zum Himmel ragende Mauer.
Alles ist verschwunden!"
,,Endlich habe ich meine Berufung gefunden.
Meine Berufung ist die Liebe!"

,,Die Nacht des Nichts" (April 1896)

Plötzlich verschwindet diese Freude auf ganz brutale Weise. Ein unvorhergesehenes Leiden legt sich auf Therese.

In dieser Osterzeit, der Zeit des Lichtes, tritt sie ein in die dichteste innere Nacht. Sie, die geglaubt hat, sie werde sehr rasch zum Himmel gehen *(der Himmel, das ist Jesus selbst,* hatte sie geschrieben), ist nun ohne jede Glaubensempfindung. Sie schreitet voran in *der Nacht,* in einem *Tunnel.* Sie stößt auf eine Mauer, die sich bis zum Himmel erhebt. Sie hatte sich darauf gefreut, *aus Liebe zu sterben.* Jetzt reden ihr schreckliche innere Stimmen ein, daß alle ihre großen Sehnsüchte, der Kleine Weg, ihre Weihehingabe, ihr gesamtes geistliches Leben, nichts als Illusionen waren. Eine einzige Evidenz bleibt ihr: Sie wird jung sterben, und zwar für nichts. *Die Stimme der Sünder annehmend, scheinen die Finsternisse mich zu verhöhnen und mir zuzurufen: ,,Du träumst von Licht, von einer mit lieblichsten Wohlgerüchen durchströmten Heimat, du träumst von dem ewigen Besitz des Schöpfers all dieser Wunderwerke, du wähnst, eines Tages den Nebeln, die dich umfangen, zu entrinnen! Nur zu, nur zu, freu' dich auf den Tod, der dir geben wird, nicht was du erhoffst, sondern eine noch tiefere Nacht, die Nacht des Nichts."*

Diese niedergeschriebene vertrauliche Mitteilung mit Akzenten wie von Nietzsche hat sie erst fünfzehn Monate später an Mutter Marie de Gonzague gemacht. Mündlich hat sie ihre Qualen nur ihr und dem Hausgeistlichen anvertraut. Eines Tages wird sie zu Mutter Agnes sagen: *Das Räsonnieren der schlimmsten Materialisten zwingt sich meinem Geiste auf. Später, wenn man immer neue Fortschritte gemacht hat, wird die Wissenschaft alles natürlich erklären; man wird absolute Erkenntnis haben von allem, was existiert und was noch ein Problem bleibt, denn es bleibt noch vieles zu entdecken ... usw., usw.* Die Schriften von Diana Vaughan, die sie zu dieser Zeit entdeckt,[57] sind vielleicht an diesen Fragen mitbeteiligt. Die Lesung des Buches von Arminjon hatte ihr viel von dem, was sich die materialistische Wissenschaft[58] anmaßte, aufzeigen können. Doch was weiß sie schon von dem Strom des Unglaubens, der das Ende des 19. Jahrhunderts durchzieht? Ohne Zweifel kennt sie Karl Marx nicht, der 1883 starb; ebensowenig Nietzsche, der gerade im Jahre ihrer Bekehrung 1886 *„Jenseits von Gut und Böse"* veröffentlichte und im Jahre ihres Eintritts 1888 *„Der Antichrist".* Im Jahre ihrer Profeß 1890 schreibt Renan *„Die Zukunft der Wissenschaft".* Isidore Guérin hat vielleicht einige dieser Konferenzen mitgehört, als er in Paris studierte. In der Zeitung *Le Normand* kämpft er gegen die *Gottlosen* anläßlich der laizistischen Schulgesetze, der antiklerikalen Erlasse, des Zögerns der Katholiken, sich an die Republik anzuschließen. Er bekämpft seinen alten Kollegen Henry Chéron[59], der in *Le Progrès lexovien*, der Zeitung der Gegenseite, das Dunkelmännertum der katholischen Kirche unter Anklage stellt.

Obwohl Therese diese Presse für gewöhnlich nicht liest, kennt sie doch die Kämpfe ihres monarchistischen Onkels und Dreyfusgegners. Hinter den Gittern bleibt sie aufgeschlossen für ihre Zeit, aber ihr Kampf spielt sich nicht auf der gleichen Ebene ab. Im gleichen Sinn, in dem sie nicht „gegen" Pranzini oder Loyson war, sondern sie retten wollte, ist sie auch nicht „gegen" die Materialisten und die Anarchisten; sie betet für sie und gibt ihr Leben für sie.

Nach außen hin wird von ihren heftigen Kämpfen nichts

sichtbar. Die Lieder, welche sie auf die Bitte ihrer Gefährtinnen hin zu schreiben fortfährt, täuschen. Nur aufmerksame Hörerinnen könnten hier verschleierte Geständnisse entdecken, so etwa, wenn sie den heiligen Johannes vom Kreuz auslegt:

Ohne Halt gehalten,
Ohne Licht und ganz in den Finsternissen
Schreite ich voran und verzehre mich in Liebe,

oder wenn sie singt:

Mein Himmel besteht darin, jenem Gott zuzulächeln, den ich anbete,
Wenn er sich verbergen will, um meinen Glauben auf die Probe zu stellen.

Aber ihre Schwestern können nicht darauf kommen, daß die Verfasserin dieser Verse das buchstäblich durchlebt, was sie schreibt. *Wenn Sie nach den Gefühlen urteilen, die ich in den kleinen heuer verfaßten Gedichten ausdrücke, so muß ich Ihnen als eine mit Tröstungen erfüllte Seele vorkommen ... und dennoch ...* Die Zuhörerinnen haben nichts behalten als das Lichtvolle. Gleichwohl enthalten diese Verse so manche Schattenzonen ...
In diesen Finsternissen erhellt und stärkt sie ein kurzer Lichtstrahl. In der Nacht zum 10. Mai träumt sie, eine Karmelitin, von der sie selten sprechen hörte, Anna de Lobera, Gefährtin der heiligen Teresa von Avila und Gründerin des Karmels in Frankreich, habe sie mit Zärtlichkeiten überhäuft. Die spanische Ordensfrau kündigt ihr als Antwort auf ihre Fragen an, daß sie *bald* sterben werde und daß der liebe Gott mit ihr *sehr zufrieden* ist.

Diese beiden Worte erfüllen Therese mit Freude. Außerdem stellt sie fest, daß sie im Himmel — in diesem Himmel, auf den sich ihre Zweifel beziehen — geliebt ist! Aber nach diesem Traum, der sie tief beeindruckt, obwohl ihre Träume sich für gewöhnlich nicht auf das geistliche Leben beziehen, verdoppeln sich ihre Finsternisse.

Neun Priester, die im Leben Thereses eine Rolle spielten: Abbé Domin, Hausgeistlicher der Benediktinerinnen in Lisieux; Abbé Révérony, Generalvikar von Bayeux; Bischof Hugonin, Bischof von Bayeux und Lisieux; Domherr Delatroëtte, Superior des Karmels; P. Pichon, Jesuit; P. Alexis Prou, Franziskaner, der im Oktober 1891 die Exerzitien gab; Abbé Youf, Hausgeistlicher des Karmels; P. Bellière, P. Roulland, die geistlichen Brüder Thereses

Sicher hat sie während der acht Jahre ihres Ordenslebens Zeiten der Trockenheit gekannt, aber niemals in einer solchen Intensität. Wann wird sie aus diesen Nebeln heraustreten können?

Ein zweiter Bruder: Abbé Adolphe Roulland (Mai 1896)

Ende Mai ruft Mutter Marie de Gonzague eines Tages Schwester Therese in ihr Amtszimmer, kurz bevor sie zu Tisch geht. Das Herz der jungen Schwester schlägt sehr heftig, denn noch nie hat die Mutter Priorin sie in dieser Weise zu sich gerufen. Doch es handelt sich darum, ihr einen jungen Missionar von sechsundzwanzig Jahren anzuvertrauen, Abbé Adolphe Roulland, von den Auswärtigen Missionen von Paris, der am 28. Juni vor seiner Abfahrt nach China zum Priester geweiht werden soll.
Der große missionarische Elan, der an die koloniale Expansion gebunden ist, beseelt zahlreiche junge Katholiken in Frankreich. Es gibt Berufungen im Überfluß.
Schwester Therese erklärt sich für unfähig, da sie bereits einen geistlichen Bruder habe, für den sie alle ihre Gebete und Opfer darbringe. Und es gibt so viele Schwestern in der Gemeinschaft, die würdiger sind als sie. Aber die Priorin weist alle ihre Einwände, einen nach dem anderen, ab. Sie soll gehorchen!
Im Grunde verspürt Therese eine große Freude. Der Herr fährt fort, alle ihre Wünsche zu erfüllen. Sie hat *zwei* Brüder verloren; sie erhält *zwei* Missionare als Brüder! Sie muß also ihren Eifer verdoppeln. Sie will *Tochter der Kirche* sein wie ihre Ordensmutter Teresa von Avila,

denn *der Eifer einer Karmelitin soll die ganze Welt umfassen.*

Der Neupriester kommt am 3. Juli zum Karmel von Lisieux, um hier eine seiner ersten heiligen Messen zu feiern. Seine Schwester schenkt ihm eine Palla, die sie für ihn bemalt hat. Sie reden miteinander im Sprechzimmer. Der Missionar wird sich bald nach China einschiffen und im Osten Su-Tchuen erreichen. An ihrer Arbeitsstelle wird die Karmelitin eine Karte dieser Gegend aufhängen, um die Überfahrt ihres neuen Bruders verfolgen zu können. Nach Marseille schreibt sie ihm: *Behüt Sie Gott, mein Bruder ... Die Entfernung wird unsere Seelen nie trennen können. Sogar der Tod wird unsere Vereinigung noch inniger gestalten. Wenn ich bald*[60] *in den Himmel komme, bitte ich Jesus, Sie in Su-Tchuen zu besuchen, und wir werden unser Apostolat gemeinsam fortsetzen.* Sie schenkt ihm eine Auswahl ihrer Gedichte und fügt bei *A Notre-Dame-des-Victoires,* ein Gedicht über ihre künftige apostolische Zusammenarbeit.

Für die Schwesterngemeinschaft ist Père Roulland ,,der Missionar unserer Mutter". Die Priorin hat Schwester Therese um Geheimhaltung gebeten in bezug auf diese ihr anvertraute Aufgabe und diesen außergewöhnlichen Briefwechsel. Sie gestattet jedoch dem Bruder und der Schwester, daß sie ihre Photographien austauschen.

Schwester Therese ist nicht nur in diesem Punkt die Vertraute ihrer Priorin. Mutter Marie de Gonzague hat sich noch nicht erholt von dem kleinen Drama bei den Wahlen im März. Sie fühlt, daß die Kommunität gespalten ist; manche Schwestern sind ihr nicht mehr ergeben. Alle erscheinen ihr als ,,Verräterinnen"! Einzig ihre Gehilfin im Noviziat erscheint ihr vertrauenswürdig.

Aus Anlaß ihres Namenstages am 21. Juni bereitet das dynamische Noviziat, von seiner jungen Meisterin angespornt, eine Erholung vor, ,,um das Oberste zu unterst zu kehren", schreibt Marie de l'Eucharistie an ihre Eltern. Zum siebten Mal muß Therese ein Stück schreiben. Sie nimmt einen Stoff von brennendster Aktualität und überschreibt ihn mit *,,Der Triumph der Demut"*, ein verteufeltes Stück.

Die Affäre Diana Vaughan

Seit einiger Zeit ist die Meinung unter den Katholiken stürmisch bewegt durch ,,Die Affäre Diana Vaughan". Eine junge Frau, die einer Freimaurersekte zugehört, hat im Jahre 1895 ,,die Erinnerungen einer Ex-Paladistin, einer vollkommen Eingeweihten, einer Unabhängigen", veröffentlicht, ,,welche die Geheimnisse und die satanischen Praktiken der luziferischen Triangeln aufdecken". Sie erzählt ihre außergewöhnlichen Abenteuer in der satanischen Welt und ihre Bekehrung unter dem Einfluß von Jeanne d'Arc. In Zukunft widmet sie ihre Kräfte, um das zu verbrennen, zu bekämpfen und anzuklagen, was sie zuvor angebetet hatte. Nach Erfüllung dieser Mission möchte sie sich in ein Kloster zurückziehen.

Am Ende dieses Jahrhunderts tobt der Kampf zwischen Katholiken und Freimaurern. In seiner Enzyklika *Humanum genus* (1884) hat Papst Leo XIII. die Freimaurerei scharf angeklagt: Ihre Irrtümer atmen satanischen Haß. Satan bittet zur Kasse. Ein gewisser Dr. Bataille brachte

1892 die Schrift heraus *Der Teufel im 19. Jahrhundert.* Viele Katholiken ereifern sich für diese Offenbarungen trotz einiger seltener Warnungen. Léon Bloy zum Beispiel donnert von seiner Einsamkeit her gegen diese Einfältigen, die voll sind von Begier nach Außergewöhnlichem. Aber wer hört schon die Verwünschungen des ,,Alten vom Berge?"

Die Affäre Diana Vaughan erregt die Meinung der Katholiken um so mehr, als die Bekehrte Begabung für das Geheimnisvolle und für die ,,Doppeldeutigkeit" hat. *La Croix,* die kraftvolle Tageszeitung der Assumptionisten, bringt flammende Artikel von hochwürdigen Vätern zugunsten von Diana. In Lisieux ist *Le Normand* des Onkels Guérin Anhänger dieses Kreuzzuges.[61] Die Schriften der Ex-Teuflischen dringen durch die Klausur in den Karmel ein, zweifellos unter dem Einfluß von P. Mustel, des Direktors der *Revue catholique de Coutances,* der ein unbedingter Anhänger der Diana Vaughan ist. Therese liest dabei auch *die Eucharistische Sühne-Novene,* welche die Konvertitin im Jahre 1895 veröffentlicht hat. Therese ist berührt — wie auch Leo XIII. — von der geistlichen Höhe dieser Jungfrau, die so sehr Jeanne d'Arc liebt und die sich am 13. Juni 1895 der göttlichen Gerechtigkeit als Opfer dargebracht hat.

Welch merkwürdiges Zusammentreffen! Therese hat sich der Erbarmenden Liebe am 11. Juni dargebracht. Die Karmelitin schreibt gewisse Passagen dieser *Novene* ab. Diana denkt daran, eines Tages in ein Kloster einzutreten; warum sollte dies nicht der Karmel von Lisieux sein? Unter dem Einfluß von Mutter Agnes, die sehr für diese Geschichte schwärmt, versucht Therese ein Gedicht für die

Konvertitin zu schreiben, aber umsonst. Sie hat gar keine Inspiration. So begnügt sie sich damit, einen Brief an sie zu schreiben und ihre eigene Photographie als Jeanne d'Arc im Gefängnis an sie zu schicken. Diana Vaughan soll ihr antworten.

In diesem Kampf gegen den Satan hat der Karmel seine Rolle zu spielen, besonders in dem Augenblick, wo die Spaltungen der Kommunität diese zu schwächen drohen. An diesem Familienfest am 21. Juni nimmt Therese das Wort, um ihre Schwestern sowohl zu unterhalten, als auch nachdenklich zu machen.

Das Stück wird Lächeln hervorrufen. Die Autorin läßt Luzifer und seine Teufelstruppe auftreten: Beelzebul, Hasmodäus, Astaroth, Astarte … Namen, die den Werken von Diana Vaughan entnommen sind. Die Novizinnen hinter den Kulissen (denn die Hölle sieht man nicht) amüsieren sich nach Herzenslust, lassen die Ketten klirren und die Donner grollen.

Die Nachdenklichkeit kommt vom Thema des Stückes. Die Karmelitinnen müssen die Neugier und die Unruhe meiden. Die einzige Waffe, welche über den Teufel siegen kann, bleibt die Demut. Therese, die ihre eigene Rolle als Novizenmeisterin spielt, zieht selbst die Schlußfolgerung: *Jetzt kennen wir das Mittel, um den Teufel zu besiegen, und daß wir in Zukunft nur ein Verlangen haben, nämlich die Demut zu üben … Das sind unsere Waffen, unsere Schilde; mit dieser allmächtigen Kraft werden wir als neue Jeanne d'Arc den Fremdling aus dem Reich zu verjagen wissen, das heißt, den stolzen Satan zu hindern, in unser Kloster einzudringen.*

Der Schlußvers weist die Gemeinschaft auf den Kleinen Weg hin:

Ihr glühenden Karmelitinnen, ihr wünscht,
Herzen für Jesus, euren Bräutigam, zu gewinnen;
So bleibt denn für ihn immer klein.
Die Demut bringt die Hölle in Wut!

Aber während die Autorin ihre Rolle spielt, konnte sie nicht wissen, daß die Kräfte des Bösen viel subtiler waren, als sie es sich gedacht hatte ...
Acht Tage später schreibt Schwester Therese vom Kinde Jesus ihrer Priorin in Form eines Gleichnisses einen langen Brief: *Legende von einem ganz kleinen Lämmlein.* Dieses „Lamm" ist Therese, dem „die Hirtin", Marie de Gonzague, ihre Nöte anvertraut hat, als wäre es ihr *ebenbürtig,* und manchmal hat sie sich bei ihm ausgeweint.
Indem sie Jesus sprechen läßt, versucht Therese ihre Priorin zu trösten, damit ihre *Prüfung* ihr als Reinigung erscheine. Mit Fingerspitzengefühl versucht die junge Ordensfrau ihr die echte geistliche Haltung aufzuzeigen, jene nämlich, die ihr den Frieden schenken kann. Sie wagt zu ihr zu sprechen, die älter ist als sie und die nun zweiundsechzig Jahre zählt. Diese scheint die treffsicheren Ratschläge anzunehmen. Noch einmal hat hier die Jüngste ihre *Seidenhandschuhe* angezogen. Die Wahrheit macht frei.
Was ihre Gesundheit angeht, so scherzt sie darüber. Als Leonie sich beunruhigt, antwortet sie, daß sie nicht mehr huste. Man habe sie sogar *dem berühmten Dr. de Cornière vorgestellt, der erklärt habe, daß sie gut aussehe!* Das hindert sie jedoch nicht, an das *Bald* ihres Traumes zu

denken. Ihre Fröhlichkeit bleibt stabil. In der Sakristei, wo sie mit ihrer Cousine arbeitet, herrscht keine Melancholie! *Wir müssen aufpassen, daß wir nichts Unnötiges reden, denn nach jedem notwendigen Satz bietet sich immer ein kleiner amüsanter Refrain an, den wir für die Erholungszeit aufsparen müssen.*[62]

Inmitten dieses Lächelns vollzieht sich eine tiefe Reifung. Während dieser Sommermonate 1896 meditiert Therese über Texte des Propheten Jesaja und des heiligen Paulus. Am 6. August, dem Fest der Verklärung Christi, weiht sie sich mit ihren Mitschwestern Geneviève und Marie de la Trinité dem heiligen Antlitz, wozu sie ein lyrisch anmutendes Gebet verfaßt hat: *O anbetungswürdiges Antlitz Jesu! ... O Antlitz, schöner als die Lilien ... Du vielgeliebter Bräutigam unserer Seelen ... O geliebtes Antlitz Jesu ...* und so weiter. Die gleiche Glut findet sich in ihrem Gedicht vom 15. August *Jesus allein,* das zuerst die Überschrift hatte *Meine einzige Liebe:*

Mein einziger Friede, mein einziges Glück,
Meine einzige Liebe, Herr, bist du!
() ... Du bettelst um meine Liebe! ...
Du willst mein Herz. Jesus, ich schenke es dir.

„Endlich habe ich meine Berufung gefunden!" (September 1896)

In diesen Empfindungen beginnt Schwester Therese vom Kinde Jesus vom heiligen Antlitz ihre privaten Jahresexerzitien am Abend des 7. September. Sie nimmt nicht mehr an den Erholungen teil und zieht Vorteil aus einigen zusätzlichen Stunden des persönlichen Gebets. Am folgenden Tag, dem Fest Mariä Geburt, gedenkt sie in ihrer Einsamkeit des sechsten Jahrestages ihrer Profeß. Sie benützt die Gelegenheit, um direkt alles an Jesus zu schreiben, was seit diesen letzten Wochen in ihr vorgeht. Sobald sie unmittelbar zu ihm spricht, fließt ihr alles leicht aus der Feder.

Sie beginnt damit, ihn an die Gnade des Traumes vom 10. Mai zu erinnern, der eine Bresche in ihre Nacht geschlagen hat. *O mein Vielgeliebter, diese Gnade war nur ein Vorspiel zu den größeren, mit denen du mich überhäufen wolltest* (ist sie allein, spricht sie Jesus mit ,,Du" an); *laß mich, meine einzige Liebe, dich heute an sie erinnern … heute, am sechsten Jahrestag unserer Vereinigung … Oh! verzeih mir, Jesus, wenn ich von Sinnen bin, indem ich meine ans Unendliche grenzenden Wünsche und Hoffnungen abermals vortrage, verzeih mir und heile meine Seele, indem du ihr gibst, was sie erhofft!!! …*

Sie gibt sich Rechenschaft darüber, daß sie dabei ist, Torheiten zu schreiben, während sie in ihrer Zelle sitzt, ihre kleine Schreibunterlage auf den Knien. Ihre Berufung als *Karmelitin*, als *Braut*, als *Mutter* genügt ihr nicht mehr. Sie fühlt in sich unermeßliche und offenbar widersprüchliche Wünsche aufwallen. Sie strebt noch andere Berufungen an, hauptsächlich männliche Berufungen; sie möchte gerne *Krieger, Priester*[63]*, Diakon, Apostel, Kirchenlehrer, Märtyrer* sein. Und jede dieser Berufungen möchte sie ihrem vollen Umfang nach leben, sowohl dem Raum wie der Zeit nach. Das Evangelium verkünden in den fünf Erdteilen, Missionar sein seit Erschaffung der Welt bis hin zum Ende der Zeiten, Märtyrer sein auf alle

nur möglichen Weisen ... Diese Sehnsüchte, die sie foltern, erweisen sich *größer als das Weltall!*
Hellwach, wie sie ist, fragt sie: *O mein Jesus! was antwortest du nun auf alle meine Torheiten? Gibt es wohl eine kleinere, ohnmächtigere Seele als die meine?*
Wie immer muß sich die Antwort im Worte Gottes finden, das sie Tag und Nacht betrachtet. Sie öffnet aufs Geratewohl ihr Neues Testament und stößt auf den ersten Brief des heiligen Paulus an die Korinther. Was sie hier liest, müßte sie eigentlich entmutigen: „Nicht alle können Apostel, Propheten, Lehrer sein ..., das Auge könnte nicht die Hand sein." Das ist sehr verständlich. Doch weil sie sich nicht gleich entmutigen läßt, setzt sie ihr Suchen fort. Das dreizehnte Kapitel schenkt ihr ein Licht: „Die Liebe ist ein vortrefflicher Weg, der sicher zu Gott führt."
Ein Blitz durchzuckt sie. *Endlich hatte ich Ruhe gefunden ... () Die* Liebe *gab mir den Schlüssel zu meiner* Berufung. *Ich begriff, daß, wenn die Kirche einen aus verschiedenen Gliedern bestehenden Leib hat, ihr auch das notwendigste, das edelste von allen nicht fehlt; ich begriff, daß die Kirche* ein Herz[64] *hat, und daß dieses Herz* VON LIEBE BRENNT. *Ich erkannte, daß die Liebe allein die Glieder der Kirche in Tätigkeit setzt, und würde* die Liebe *erlöschen, so würden die Apsotel das Evangelium nicht mehr verkünden, die Märtyrer sich weigern, ihr Blut zu vergießen ... Ich begriff, daß DIE LIEBE ALLE BERUFUNGEN IN SICH SCHLIESST, DASS DIE LIEBE ALLES IST, DASS SIE ALLE ZEITEN UND ORTE UMSPANNT ... MIT EINEM WORT, DASS SIE EWIG IST! ... Da rief ich im Übermaß meiner überschäumenden Freude: O Jesus, meine Liebe ..., endlich habe ich meine*

Berufung *gefunden. MEINE BERUFUNG IST DIE LIE-BE!* ...
Ja, ich habe meinen Platz in der Kirche gefunden, und diesen Platz, o mein Gott, hast du mir geschenkt ..., im Herzen der Kirche, meiner Mutter, werde ich die Liebe *sein ..., so werde ich alles sein ..., so wird mein Traum Wirklichkeit werden!!!* ...
Nach dieser Entdeckung, die alle ihre Wünsche erfüllt, setzt die Karmelitin ihren Dialog mit Jesus fort, indem sie dabei das Sinnbild ändert. Weit entfernt, daß diese alles umfassende Berufung, die sie endlich gefunden hat (bald wird sie vierundzwanzig Jahre alt sein), sie von ihrem täglichen Leben losreißt, wird sie Therese im Gegenteil in ihrer verborgenen Existenz noch tiefer verwurzeln. Klein, schwach, arm wie *ein kleiner Vogel,* eingeschlafen oder zerstreut im Gebet, noch sehr unvollkommen, wird ihre Kraft darin bestehen, sich ganzheitlich an die Liebe hinzugeben, den Glauben zu wagen mit einer verwegenen, kühnen Hingabe, die ihr Leben Jesus, der göttlichen Sonne oder dem göttlichen Adler, der die Welt retten kann, darbietet. Dadurch, daß sie absolut an diese Liebe zu glauben wagt, wird sie Apostel, Kirchenlehrer, Krieger, Priester, Märtyrer sein ... Die auffallenden Werke sind ihr versagt, aber sie kann *Blumen streuen,* das heißt, alle die kleinen Gelegenheiten zu lieben aufopfern, die ihr das Leben eines jeden Tages schenkt.
Blumen streuen, das ist eine Geste, die Therese seit ihrer Kindheit vertraut ist, die sie mit ihren Novizinnen fortsetzt an den Sommerabenden, wenn sie dem Kruzifix im inneren Klosterhof Rosenblätter zuwerfen. Jene, die den Gekreuzigten berühren, gewinnen einen unendlichen

Wert für die Kirche und für die Welt. Das bedeutet im Klartext, daß die ,,Nichtse" im Leben Thereses, die mit Christus geeint sind, Schätze an Gnaden werden für alle Menschen. So drückt sie in ihrer blumigen Sprache das unauslotbare Geheimnis der Gemeinschaft der Heiligen aus. Ihr Leben ist nichts anderes als eine entblätterte Rose für das Leben der Welt.

In Danksagung hingegeben, schließt Therese ihren entflammten Brief mit einem Gebet und mit einem Aufruf: *O Jesus! könnte ich doch allen kleinen Seelen sagen, wie unaussprechlich deine Herablassung ist ... ich fühle, wenn du eine schwächere, eine kleinere Seele fändest als die meine, was zwar unmöglich scheint, so hättest du dein Wohlgefallen daran, sie mit noch größeren Gnaden zu überhäufen, wenn sie sich nur mit vollem Vertrauen deiner unendlichen Barmherzigkeit überließe. () Ich flehe dich an, erwähle dir eine Legion kleiner, deiner LIEBE würdiger Opfer!...*

Wie Schwester Marie vom heiligsten Herzen sie zu Beginn ihrer Exerzitien gebeten hatte, ihr einiges über ,,ihre kleine Lehre" aufzuschreiben, vertraut ihr Therese nun diese Seiten an. Doch gibt sie sich darüber Rechenschaft, daß ihre Patin sie vielleicht *übertrieben* finden wird. Sollte ihre kleine Tochter eine Schwärmerin sein? Sie trägt deshalb Sorge, ihr am 13. September eine Art Einführung zu schreiben. *Glauben Sie nicht, daß ich in Tröstungen schwimme, o nein, mein Trost besteht darin, auf Erden keinen zu haben.* (Ihre Schwester weiß nichts von ihrer Glaubensprüfung.) *Ohne sich zu zeigen, ohne seine Stimme hören zu lassen, () gefällt es Jesus, mir den einzigen Weg zu zeigen, der zu diesem göttlichen Glutofen führt;*

Therese (rechts) mit ihren Schwestern. Von links nach rechts Marie vom heiligsten Herzen, Mutter Agnes, Celine und ganz vorne ihre Cousine Marie Guérin (November 1896)

dieser Weg ist die Hingabe des kleinen Kindes, das angstlos in den Armen seines Vaters einschläft ...
Sie vertraut also diese Seiten ihrer Schwester an und versichert ihr, daß es da wirklich *keine Übertreibung* in ihr gibt und daß *da alles still ist und ruhig.*

Die Erste, die ,,diese von Liebe brennenden Seiten" liest, ist sich bewußt, einen ,,Schatz" zu besitzen. Sie antwortet (man spricht nicht mit Karmelitinnen, die in Exerzitien sind): ,,Wollen Sie, daß ich es Ihnen sage? Nun gut, Sie sind so vom lieben Gott besessen, so besessen, wie sich das in absoluter Weise von denen sagen läßt, die vom Bösen besessen sind." Doch wie sie auf sich selbst zurückkommt, ist sie trostlos. Sie selbst, wie weit ist sie davon entfernt, solche Sehnsüchte zu haben! Wie soll sie ihrem so erfüllten Patenkind gegenüber nicht neidisch sein? Es handelt sich um glückliche Entgegnungen, die uns neue Klarstellungen über die Exerzitantin geben. Schwester Marie vom heiligsten Herzen hat das Gleichnis von dem kleinen Vogel nicht verstanden. Entweder hat Therese sich schlecht ausgedrückt, oder ihre Schwester ist eine zu große Seele.

Sie erklärt von neuem: Die Schätze der Erbarmenden Liebe sind *allen* angeboten. Therese ist keine privilegierte Ausnahme. Ganz im Gegenteil! Als schwach und unvermögend ist sie der lebendige Beweis dafür, daß die Liebe die Kleinen auserwählt. *Was dem lieben Gott an meiner kleinen Seele gefällt, das ist zu sehen, daß ich meine Kleinheit und meine Armut liebe, das ist die blinde Hoffnung, die ich auf seine Barmherzigkeit habe ... () Verstehen Sie: Wenn man Jesus lieben,* sein *Opfer der Liebe* sein will, — je schwächer man ist, ohne Wünsche, ohne Tugenden, um so eher ist man geeignet für das Wirken dieser verzehrenden und umwandelnden Liebe. () Man muß einwilligen, immer arm und kraftlos zu bleiben, und hier steckt die Schwierigkeit. () Das Vertrauen und nichts als das Vertrauen muß uns zur Liebe führen ...*

So hat Schwester Therese vom Kinde Jesus vom heiligen Antlitz in drei Briefen, ohne es zu wissen, „die Charta des Kleinen Weges der Kindschaft" (Conrad De Meester) niedergeschrieben, ein Juwel der geistlichen Literatur.

Kaum daß sie ihre Einsamkeit verlassen hat, macht sie die Exerzitien mit, die vom 8. bis 15. Oktober für die Gemeinschaft von P. Godefroy Madelaine, dem Prior der Prämonstratenser von Mondaye, gehalten werden. Sie hat mit diesem ziemlich strengen Ordensmann schon gesprochen und ihm ihre Versuchungen gegen den Glauben anvertraut, diese Prüfung, die nicht weichen will. Er gibt ihr den Rat, immer das Credo bei sich zu tragen und die Hand darauf zu legen, wenn sie leidet. Sie schreibt es deshalb mit ihrem Blut nieder und legt es in das Evangelium, das sie nie verläßt. *Ich glaube, seit einem Jahr habe ich mehr Glaubensakte erweckt als in meinem ganzen Leben.* Auf den Türpfosten ihrer Zelle schreibt sie in Augenhöhe: *Jesus ist meine einzige Liebe.* Mußten ihre Versuchungen nicht sehr heftig sein, wenn sie das auf eine Trennwand zu schreiben wagte!

Am letzten Tag der Exerzitien, am Fest der heiligen Teresa von Avila, zieht sie wie alle Schwestern einen Zettel aus einem Korb. Der Brauch will es, daß jede auf diese Weise ein Leitwort zur Betrachtung bekommt. Der ihrige ruft den Eifer der *Madre* für die Ehre Gottes und das Heil der Seelen ins Bewußtsein. Therese ist glücklich. Genau das ist ihr Weg.

Aufbruch nach Indochina? (November 1896)

Dieses missionarische Verlangen nimmt durch den stärkeren Briefwechsel mit ihren beiden Priesterbrüdern gewaltig zu. Von China aus erzählt ihr P. Roulland die Anfänge seines Apostolats. Er hat ihr *Die Seele eines Missionars* zugeschickt, die Lebensbeschreibung von P. Nempon, der mit siebenundzwanzig Jahren in Tongking starb, als sie sechzehn Jahre alt war. Auch hat sie die wichtigen Lebensdaten ihres Bruders erhalten, die sie von ihm erbeten hatte. Voll Entzücken entdeckt sie, daß seine missionarische Berufung ,,gerettet" wurde am 8. September 1890, dem Tag ihrer Profeß!

Ich wußte nicht, daß ich seit sechs Jahren einen Bruder hatte, der sich darauf vorbereitete, Missionar zu werden; jetzt, da dieser Bruder wirklich sein Apostel ist, enthüllt mir Jesus dieses Geheimnis, zweifellos deswegen, um in meinem Herzen den Wunsch zu bestärken, ihn zu lieben und andere zu lehren, ihn zu lieben.

Es ist ein Verlangen, das nicht aufhört, sich in ihr zu erweitern, und das nun mit immer größerer Kraft zum Ausdruck kommt. Zu Neujahr wünscht sie ihrem Bruder das Martyrium und erbittet von ihm Reliquien schon im voraus, nämlich einige Locken aus seinem Haar! Erhofft sie vielleicht für sich selbst dieses Martyrium, nachdem in Frankreich die republikanischen Gesetze die Existenz der Ordensgemeinschaften bedrohen? ,,Die Gerüchte von einer Verfolgung haben uns immer wie auf einem Vulkan leben lassen", wird Celine später sagen.

In diesem Monat November spricht man noch immer von einer möglichen Abreise von Schwester Therese nach

Tongking,[65] denn sie scheint gut erholt zu sein. Sie versäumt keine einzige gemeinschaftliche Übung und nimmt sogar an der Matutin teil. ,,Um ein Zeichen des Willens Gottes zu haben", beginnt man eine Novene zu dem jungen Märtyrer Théophane Venard, ihrem großen Freund (1829—1861). Gerade hat sie sein Leben und seine Briefe gelesen. Seine Jugend, seine Fröhlichkeit, die Liebe zu seiner Familie ..., sein Tod, das begeistert sie. Sie liebt ihn noch mehr als den heiligen Aloysius von Gonzaga, weil sein Leben ganz gewöhnlich war.

Die Entscheidung kann mühelos getroffen werden. Mitten in der Novene fängt sie wieder an zu husten, und ihr Gesundheitszustand wird schlechter. In diesem Winter 1896 drängt ihr Mutter Marie de Gonzague einen Fußwärmer auf, den sie freilich äußerst spärlich benützt. Sie scherzt mit Schwester Marie de la Trinité: *Das ist doch eine verkehrte Welt! Die Heiligen sind mit ihren Bußwerkzeugen in den Himmel eingetreten,* und ich, *ich werde mit meinem Fußwärmer eintreten.* Sie muß sehr schmerzhafte Zugpflaster[66] aushalten. Etwas vor sieben Uhr kommt Schwester Geneviève, die Gehilfin der Krankenschwester, sie zu wecken, um sie zu ,,striegeln" mit einem Handschuh aus Roßhaar. An einem Dezembertag, an dem sie ihre Zelle nicht verlassen kann, erschöpft durch all diese Pflege, lassen ihr die Guérins eine Platte mit Kalbfleisch und Morcheln schicken. Doch sobald sie kann, erhebt sie sich, um zur Messe zu gehen. Es ist nicht zuviel zu leiden, um eine heilige Kommunion zu gewinnen!

Die Sorge der anderen erhält sie wachsam. Schwester Marie Madeleine flieht immer vor ihr, weil sie ,,sich durchschaut sieht bis in den Grund der Seele". Der

Schwester Marie de la Trinité, die sie manchmal ihre Puppe nennt, rät sie, das Spiel mit dem Jesuskind zu ändern; diese junge Schwester hatte sich vorgestellt, sie spiele mit ihm alle Arten von Spielen; sie soll nicht mehr Kegel spielen, sondern der Kreisel Jesu sein und die Peitschenschläge seiner Vorwürfe hinnehmen. An Schwester Marie de Saint-Joseph schreibt sie kleine erheiternde und aufmunternde Briefchen.

Doch sie hat nicht mehr die Kraft (oder die Zeit), wie gewöhnlich für Weihnachten ein Stück zu verfassen. Sie begnügt sich damit, *Das Vogelhaus des Jesuskindes* zu schreiben. Die Karmelitinnen ,,im Käfig" kommen, um das neugeborene Kind in der Krippe zu erfreuen. Aber eines Tages werden

Alle Vögel dieses Vogelhauses
Ihren Flug zum Himmel nehmen.

Sie erinnert sich ohne Zweifel an ihr Vogelhaus in den Buissonnets während ihrer Mädchenjahre. Seitdem sind zehn Jahre vergangen.

Doch sie denkt viel mehr als an ihre Vergangenheit an den Himmel, der ihr in befremdlicher Weise verschleiert bleibt. Am Fest der Unschuldigen Kinder, am 28. Dezember, feiert sie ihre vier Brüderchen und Schwesterchen, die in frühem Alter verstorben sind. Seit mehreren Monaten meditiert sie über das Los dieser Kinder, die vor Gott *mit leeren Händen* ankommen. Im Blick auf sie hat sie ein Bildchen gemalt, das ein Zitat aus dem Römerbrief trägt: ,,Selig, die Gott rechtfertigt ohne Werke; denn jenen, die Werke tun, werden diese nicht aus Gnade angerechnet, sondern sie bekommen den Lohn, der ihnen zusteht ...

Jene aber, die keine Werke tun, werden aus Gnade gerechtfertigt kraft der Erlösung, deren Urheber Jesus Christus ist" (nach der Übersetzung von Glaire).

Als am Abend des 28. Dezember[67] gemeinsam *An meine kleinen Brüder im Himmel* gesungen wird, bringt ihr das eine plötzliche Demütigung ein. Nachdem Mutter Marie de Gonzague das Anhören gestattet hatte, verläßt sie wütend die Wärmestube und sagt sehr laut, daß das Singen ihrer Gedichte nur den Stolz von Schwester Therese unterhalten könne. Therese aber wahrt wenige Augenblicke später beim Abendoffizium einen friedlichen Ausdruck.

„Ich glaube, mein Lauf hienieden wird nicht lange dauern" (Januar—März 1897)

So beginnt das Jahr 1897; sie wird vierundzwanzig Jahre alt. Am 9. Januar vertraut sie ihrem Mütterchen (Agnes) an: *Ich hoffe, bald dort hinauf zu gehen.* Am 27. schreibt sie an den dreiundachtzigjährigen Bruder Simeon in Rom: *Ich glaube, mein Lauf hier unten währt nicht mehr lange.* Im Februar zitiert sie an P. Bellière ihr Lied *Aus Liebe leben: Ich habe die Hoffnung, daß meine Verbannung kurz sein wird.* Um den Seminaristen zu beruhigen (!), fügt sie bei: *Wenn Jesus meine Ahnung verwirklicht, verspreche ich Ihnen, dort oben Ihre kleine Schwester zu bleiben.*

Alles, was sie in diesen Monaten schreibt, in denen sie energisch kämpft, nimmt eine testamentarische Färbung an. *Meine ganze Seele liegt darin,* sagt sie zu Mutter Agnes, wie sie ihr zum Namenstag am 21. Januar ein Lied *Meine Freude* zuschickt.

Die Prüfung ihres Glaubens und ihrer Hoffnung scheint ihre Intensität zu verdoppeln. Sie vertraut Schwester Thérèse de Saint-Augustin an (die ihr antipathisch ist in *allen Dingen*, die sie aber mit ihrem ganzen Willen liebt): *Ich glaube nicht an das ewige Leben, es scheint mir, daß es nach diesem sterblichen Leben nichts mehr gibt. Ich kann Ihnen die Dunkelheiten, in die ich eingetaucht bin, nicht schildern.* Ihr Lied *Meine Freude* drückt die Gewalt des Kampfes aus:

Wenn der blaue Himmel dunkel wird,
Und wenn er mich im Stich zu lassen scheint,
Besteht meine Freude darin, im Schatten zu bleiben,
Mich zu verbergen, mich zu erniedrigen.

Meine Freude, das ist der heilige Wille
Jesu, meiner einzigen Liebe.
So gehe ich ohne jede Furcht voran.
Ich liebe die Nacht ebenso sehr wie den Tag.

() Und ich verdoppele meine Zärtlichkeiten,
Wenn er sich meinem Glauben entzieht.

() Was können mir der Tod oder das Leben antun?
Jesus, meine Freude ist es, dich zu lieben!

Zum siebenundzwanzigsten Jahrestag des Martyriums des jungen Théophane Vernard, der 1861 in Tongking enthauptet wurde, verfaßt sie ganz spontan ein Gedicht. *Meine Seele gleicht der seinen*, sagt sie. Wie ihr Freund kämpft sie mutig in missionarischem Geist:

Meine schwache Liebe, meine kleinen Leiden,
Die durch Ihn gesegnet sind, lassen ihn mich aus der Ferne lieben!

Am gleichen Tag zerbricht sie mit einem Tablett eine Scheibe der Durchreiche, als sie im Speisesaal bedient. Unter Tränen liest sie die Glasscherben zusammen, von Celine unterstützt. *Ich habe den lieben Gott heute um einen großen Schmerz gebeten, den ich ihm zu Ehren meines lieben kleinen Bruders Théophane Venard aufopfern darf. Nun ja, da habe ich den Schmerz!*

Obwohl sie sehr ermüdet ist, fährt sie doch nicht weniger fort, viel zu schreiben. Für das goldene Ordensjubiläum von Schwester Saint-Stanislas, der Ältesten, verfaßt sie ihr achtes Stück für die Erholung: *Der heilige Stanislaus Kostka*. Was sie am Leben dieses jungen Jesuitennovizen hinreißt, ist, daß die heilige Barbara ihm während einer Vision die heilige Kommunion gereicht hat. Das veranlaßt Schwester Therese zum Träumen. Hat die Heilige sich vielleicht auf Erden danach gesehnt, *an den erhabenen Funktionen der Priester Anteil zu haben, und hat der Herr dieses Verlangen erfüllen wollen?* Zweifellos wird es dann für sie in gleicher Weise so sein, die so gerne hätte Priester sein wollen.

Vor allem aber ist dieser junge Heilige von diesem Verlangen beseelt gewesen: Gutes zu tun nach seinem Tode; ein Verlangen, das sich in Therese noch ausweitet.

Kaum daß das große Fasten der Bußzeit am 3. März begonnen hat, macht sie eine Novene zum heiligen Franz Xaver, dem Patron aller Missionen, genau in dieser Meinung: daß sie nach ihrem Tode Gutes tun könne.

Diese „Gnadennovene", wie sie heißt, wird als unfehlbar angesehen. Außerdem fleht sie den heiligen Josef an an seinem Festtag in der Einsiedelei, die ihm geweiht ist. An diesem 19. März findet Schwester Marie vom heiligsten

Herzen sie sehr krank und rät ihr, lieber zu ihrer Zelle zu gehen, um sich auszuruhen. Am gleichen Tag schreibt Therese an P. Roulland in China: *Ich möchte Seelen retten und mich für sie vergessen; auch nach meinem Tode möchte ich Seelen retten.* Noch einmal beschwört sie eine Abreise zum Karmel von Hanoi. Ihre Priorin glaubt an ihre missionarische Berufung, aber die Scheide ist nicht so fest wie das Schwert. *Es ist wahrhaftig nicht bequem, aus einem Leib und einer Seele zusammengesetzt zu sein.* Vor allem, wenn der Erstere langsam, aber sicher, zerfällt. *Wenn ich sterbe, wird man es schon sehen,* sagt sie zu Marie de la Trinité. Für die Profeß von Schwester Marie de l'Eucharistie, der letzten ihrer Novizinnen, verfaßt sie ein Gedicht *Meine Waffen*. Die Kranke bezeichnet sich hier als Krieger[68]. Am gleichen Abend singt ihre Cousine mit ihrer wohlklingenden Stimme dieses Lied vor der Schwesternkommunität:

Ich muß kämpfen ohne Ruh und Rast;
() Ich verachte die Wut der ganzen Hölle.

Und so beschließt sie die fünf Strophen:

Lächelnd verachte ich den Kugelregen,
Und in deinen Armen, o mein göttlicher Bräutigam,
Werde ich singend auf dem Schlachtfeld sterben,
Die Waffen in der Hand.

Ohne es zu wissen, hat die Kommunität damit das Testament Thereses gehört; es sind die letzten Worte, die sie an ihre Schwestern richtet, die in der Wärmestube zusammen sind.

Kapitel 7

Die Krankheit, das Leiden, der Tod
(April—30. September 1897)

„Aus Liebe leben, das heißt nicht, hier auf Erden
Sein Zelt auf dem Gipfel des Tabor aufschlagen;
Mit Jesus, das heißt, den Kalvarienberg besteigen."

Schwer krank (April 1897)

Bis in diesen Monat April hinein ahnen die Schwestern nicht, daß ihr Gesundheitszustand sich weiterhin verschlechtert, da sie Therese noch umhergehen und ihren Platz in der Gemeinschaft einnehmen sehen. Im Bewußtsein dieses täuschenden Augenscheins sagt Therese später: *Man hält mich nicht für so krank, wie ich es bin.*
Die familiäre Zuneigung macht die Nahestehenden wachsamer. Ende April schreibt Celine an Bruder Simeon in Rom: „Die Gesundheit Ihrer anderen kleinen Karmelitin, Schwester Therese vom Kinde Jesus, ist sehr gefährdet. () Jeder wartet darauf, daß der göttliche Meister diese so schöne Blume pflückt." Vom 4. April an meldet der erste der „Gesundheitsberichte", die Marie Guérin an ihre Eltern schickt, Verdauungsstörungen, täglich wiederkehrendes Fieber, *um drei Uhr mit militärischer Pünktlichkeit,* präzisiert Therese in einem Postskriptum. Dr. de Cornière wird gerufen.
Je nachdem die Tage verlaufen, sind es Erbrechen, starke Schmerzen in der Brust, mitunter Blutbrechen. Am 5. Juni schreibt Marie: „Ich fürchte, Dich zu beunruhigen, mein Väterchen, aber wir sind selber sehr beunruhigt. Wenn man die Fortschritte sieht, die das macht; sie fühlt

Die letzte Zelle Thereses (1894—1897) vor ihrer Verlegung in die Krankenabteilung

sich ganz zerschlagen und leidet manchmal, wie sie uns sagt, an solchen Angstzuständen, als müsse sie sterben." Von heftigen Hustenanfällen geschüttelt *(Ich huste! ich huste! Es klingt, wie wenn eine Lokomotive in den Bahnhof einfährt)*, gibt Therese nach und nach alle Übungen des gemeinschaftlichen Lebens auf: Erholungen, Choraloffizium, gemeinsame Arbeiten. Doch erst am 18. Mai wird sie wirklich von allen Arbeiten entbunden. Während der Osterwoche unterhält sie sich länger mit Mutter Agnes, die beginnt, einige ihrer Worte aufzuzeichnen. Das ist der Anfang dieser ,,Letzten Gespräche", die sechs Monate dauern werden.

Leo Taxil nimmt die Maske ab, oder der Triumph der Demütigung (19. April 1897)

Am Ostermontagabend findet im Saal der Geographischen Gesellschaft in Paris eine sehr erwartete Pressekonferenz statt. Miss Diana Vaughan[69] wird sich endlich zeigen und öffentlich sprechen. Seit einiger Zeit war sie aufgefordert worden zu erscheinen. Deutsche Jesuiten hatten sogar ihre Existenz in Zweifel gezogen. Aber sie erwiderte, sie fürchte für ihr Leben, weil sie die Freimaurer verraten habe. An diesem Abend erwartet sie ein voller Saal.
Doch anstelle einer charmanten jungen Frau erscheint auf dem Podium ein kleiner Mann mit dickem Bauch, schütterem Haar und bescheidenem Kinnbart: Leo Taxil. Vor dem erregten Saal, zusammengesetzt aus katholischen Journalisten (vielen Priestern) und Antiklerikalen, läßt er die Maske fallen! Diana Vaughan, das ist er! Die Konvertitin hat niemals existiert — außer in seiner mehr als fruchtbaren Einbildungskraft. Seit zwölf Jahren haben seine Schriften tausende von gutgläubigen Lesern zum Besten gehalten: Christen, Priester, Bischöfe, sogar den Papst, aber auch Freimaurer. Er selbst ist es, der *Die Eucharistische Novene* geschrieben hat! Was den Palladismus angeht, so ist er seinem Marseiller Gehirn entsprungen. Seit seiner Jugend ist er Spezialist für ungeheuren Mumpitz[70]. Er ist sehr stolz auf ,,die grandioseste Aufschneiderei seines Lebens!".
Der Saal will dem Betrüger fast einhellig übel mitspielen,

der sich schnellstens unter dem Hohngeschrei, von der Polizei geschützt, aus dem Staube machen muß. Die Lichtbilddarbietung, welche den Vortrag der Diana Vaughan hätte illustrieren sollen, findet nicht statt. Während der Rede von Leo Taxil ist an der Wand eine Photographie geblieben, welche Jeanne d'Arc darstellt.

Am 21. April bringt die Zeitung *Le Normand* einen diskret eingeschobenen Artikel über die denkwürdige Pressekonferenz. Die Katholiken, die an Diana ,,geglaubt" hatten, lassen die Köpfe hängen. Doch am 24. bringt die Zeitung auf der ersten Seite einen langen Bericht über die Sitzung. Wenn die Schwestern Martin im Karmel von Lisieux das Ende des Artikels gelesen haben (was wahrscheinlich ist), so mußte das Erstarrung hervorrufen.

,,Was soll man von dieser Sitzung sonst noch sagen? Von den Lichtbildern, von denen er hunderte haben mußte, wurde nur eines vorgeführt, eine Photographie, welche die Erscheinung der heiligen Katharina vor Jeanne d'Arc darstellte nach einem Bild, das zu Ehren von Diana Vaughan in einem Konvent von Karmelitinnen gemacht worden sein soll. In welchem Konvent? Im Haus von Taxil wahrscheinlich!"

Aber ganz gewiß nein! Für dieses eine Mal hat Leo Taxil die Wahrheit gesagt. Die Photographie kam sehr wohl aus einem Karmel ..., dem von Lisieux. Katharina und Jeanne, das sind — Celine und Therese Martin. Sie haben bei der Sitzung vom 19. April ,,den Vorsitz geführt"! Leo Taxil hat das Bild benützt, das Schwester Therese vom Kinde Jesus ihm geschickt hatte.

Das ist ein sehr harter Schlag für die Karmelitinnen! Für die Kranke, die sich dauernd in der Glaubensnacht befindet, ging er ohne Zweifel sehr tief. Sie hatte *Der Triumph der Demut* geschrieben; jetzt stößt sie auf den tiefsten Grund der Demütigung. Sie schweigt. Sie zerreißt die Antwort, die sie von ,,Diana Vaughan" erhalten hatte und wirft sie auf den Misthaufen im Garten. Sie tilgt diesen Namen aus allen Passagen ihrer Schriften. Sie wußte nicht, daß die sakrilegische Niederträchtigkeit des Menschen mit jenen Wirklichkeiten ihr Spiel treiben konnte, die für sie Leben bedeuten. Könnte alles also Illusion sein? Wenn sie zwei Monate nach dieser Enthüllung schrieb, *diese Seelen, die den Glauben nicht haben, die durch den Mißbrauch der Gnaden diesen kostbaren Schatz verlieren*, dann denkt sie offenbar an den Betrüger. Auch für ihn muß sie das Leben in der Glaubensnacht annehmen. Für ihn und für alle, die ihm gleichen, betet sie: *Dein Kind, o Herr, hat dein göttliches Licht erkannt, es bittet dich um Verzeihung für seine Brüder; es ist bereit, das Brot der Schmerzen zu essen, solange du es willst, und es will sich von diesem mit Bitterkeit beladenen Tisch, an dem die armen Sünder essen, nicht mehr erheben vor dem durch dich bezeichneten Tag ... Darf es daher nicht auch in seinem Namen, im Namen seiner Brüder sprechen:* Erbarme dich, Herr, denn wir sind arme Sünder! ... Oh! Herr, entlasse uns gerechtfertigt ... Mögen doch alle, die von der Fackel des Glaubens nicht erleuchtet werden, endlich ihren Lichtschein erblicken ... O Jesus, wenn es nötig ist, daß der von ihnen besudelte Tisch durch eine liebende Seele gereinigt werde, so will ich gerne das Brot der Prüfung einsam essen, bis es dir gefällt, mich in dein lichtes Reich einzuführen.

Von dieser schrecklichen Enttäuschung dringt nichts ein

in den langen Brief, den sie am folgenden Sonntag an Abbé Bellière schreibt. Indem sie von jetzt an das protokollarisch-steife ,,Herr Abbé" beiseite läßt, nennt sie ihn ihren ,,lieben kleinen Bruder". Er soll sich nicht täuschen über seine Schwester: Sie ist keine von den *großen Seelen,* denen man manchmal in den kontemplativen Klöstern begegnet. In Wirklichkeit ist sie eine *ganz kleine Seele,* sehr unvollkommen, doch erkennt sie die Gaben Gottes. Er hat in ihr große Dinge bewirkt. Sie liebt es, alle empfangenen Gnaden in die Zeit hineinzustellen. Sie schickt dem Abbé die denkwürdigen Daten ihres Lebens und erbittet von ihm als Gegengabe diejenigen seines Lebensweges.

Mit P. Roulland in China teilt sie auch ihren Kleinen Weg, *der ganz Vertrauen und Liebe ist. Manchmal, wenn ich gewisse geistliche Abhandlungen lese, in denen die Vollkommenheit durch tausenderlei Erschwerungen hindurch und von einer Menge Illusionen umgeben beschrieben wird, ermüdet mein armer kleiner Geist gar schnell. Ich schließe das gelehrte Buch, das mir Kopfschmerzen macht und das Herz austrocknet und greife zur Heiligen Schrift. Ein einziges Wort erschließt meiner Seele Harmonien, die Vollkommenheit erscheint mir leicht, ich sehe, daß es genügt, sein Nichts zu erkennen und sich wie ein Kind Gott in die Arme zu werfen.*

Sie betrachtet sich als eine Null, die aus sich selbst heraus keinen Wert hat, die aber, hinter eine Zahl gestellt, nützlich wird. Die Karmelitin kann *absolut nichts* tun, sie folgt dem Missionar allein durch *das Gebet und das Opfer.* Sie lebt das, was sie sagt. Wie Schwester Marie vom heiligsten Herzen sie langsam, sehr ermüdet, im Garten dahingehen sieht, gibt sie ihr lebhaft den Rat, sich auszuruhen. *Ich tue diesen Gang für einen Missionar,* erwidert Therese.

„Warum ich dich liebe, Maria" (Mai 1897)

Fieber, Husten, Schmerzen ... Therese fährt in ihrer Zelle fort zu nähen. Sie hat Angst, ihre Zeit zu verlieren. Sie kann auch Gedichte verfassen, um ihren Schwestern *Freude zu machen.* Mère Henriette im Karmel von Paris hat von dieser jungen Karmelitin gehört, die dichtet. Sie will sich davon persönlich überzeugen. „Wenn es stimmt, daß diese kleine Schwester in Lisieux eine Perle ist und schöne Gedichte schreibt, dann soll sie mir eines ihrer Gedichte schicken; dann werde ich das selber sehen." Sie richtet an sie eine Art Herausforderung, welche die Kranke wieder in Fahrt bringt. Mère Henriette erhält *Eine entblätterte Rose,* ein Gedicht mit fünf Strophen.

Eine entblätterte Rose schenkt sich hin, ohne etwas zu suchen,
Um nicht mehr zu sein.
() Man schreitet ohne Bedauern über die Rosenblätter hin,
Und diese Überbleibsel
Sind ein schlichter Schmuck, den man ohne Kunst bereitet.
Ich habe das begriffen.

Die Karmelitin von Paris schätzt dieses schöne, aber unvollendete Gedicht; ihr fehlt eine Schlußstrophe. Beim Tod wird der liebe Gott die zerstreuten Blätter wieder

sammeln, um daraus eine schöne Rose zu gestalten, welche durch die ganze Ewigkeit hin leuchten wird. Für Therese bedeutet das eine völlige Sinnwidrigkeit. Sie antwortet: *Die gute Mutter soll selbst diesen Vers machen, wie sie ihn versteht; was mich angeht, so bin ich in keiner Weise inspiriert, ihn zu machen. Mein Verlangen ist, für immer entblättert zu sein, um dem lieben Gott Freude zu machen. Punctum! Das ist alles!*
Sie ist unverstanden, und sie bleibt es. *Der liebe Gott allein kann mich verstehen.* Im Vorgefühl, daß diese Art sich auszudrücken ihr bald unmöglich sein wird, schreibt sie spontan zwei Gedichte.
Das eine *An Jeanne d'Arc.* Immer mehr denkt sie an ihre Schwester im Gefängnis angesichts des Todes.

Jeanne, du kommst mir in deinem dunklen Gefängnis
Strahlender und schöner vor als bei der Salbung deines
Königs.
Wer brachte dir nur diesen himmlischen Widerschein
Der ewigen Glorie? Das war der Verrat.

Jeanne wurde durch ihre eigene Partei verraten, wie Therese es nun ist durch ,,Diana Vaughan".
Das zweite Gedicht bringt ihr marianisches Testament. Man steht im Monat Mai, dem Monat Marias. Sie vertraut Schwester Geneviève an: *Ich habe noch vor dem Sterben einige Dinge zu tun. Ich habe immer davon geträumt, in einem Gesang an die Heilige Jungfrau all das auszudrücken, was ich von ihr denke.* Sie hat im Laufe ihres Lebens zahlreiche Predigten über sie gehört, aber nur sehr wenige haben sie befriedigt.[71] Wieviel *unwahrscheinliche Dinge* werden von den Predigern gesagt! Sie

zeigen Maria, als sei sie *unzugänglich*, mehr Königin als Mutter, welche den Ruhm ihrer Kinder verdunkelt. *Wie gerne wäre ich Priester gewesen, um über die heilige Jungfrau predigen zu können!* Sie hätte sie *nachahmbar* gezeigt, *mehr Mutter als Königin.* In fünfundzwanzig Strophen schreitet sie *das wirkliche, nicht erfundene Leben* Marias von Nazaret ab nach der Chronologie der Evangelien, die ihr einziger Führer bleiben. Ein ganz einfaches Leben schildert sie, ein Leben aus dem Glauben wie bei uns, wie bei Therese. Maria hat die Prüfung gekannt.

Mutter, dieses Kind voll Güte möchte, daß du für die Seele, die ihn in der Nacht des Glaubens sucht, Vorbild seiest.

Erst in der letzten Strophe kommt die Karmelitin auf ihre eigene Geschichte zu sprechen:

Bald werde ich hingehen, um dich im schönen Himmel zu schauen.
Du, die du am Morgen meines Lebens kamst, mir zuzulächeln,
komm, Mutter, mir nochmals zuzulächeln. Sieh, der Abend ist da!

Jetzt gibt sie sich Rechenschaft, daß diese bescheidenen Dichtungen *Gutes tun* können. Indem sie diese an ihre Briefpartner anpaßt, macht sie von ihnen einige Abschriften, um sie an ihre geistlichen Brüder zu schicken, welche diese schätzen. Auch die Karmelitinnen vervielfältigen sie. Man schickt sie ihren Familien, wobei die Guérins den Vorrang haben, und an die Karmelklöster (Paris, Saigon). In Rom gibt sie Bruder Simeon an Bruder

Salutaire weiter, der ebenfalls ,,Dichter" ist. Dieser macht sogar einen Versuch, von seiner Dichterschwester ein Vorwort für eine Sammlung *Meine Andachten* zu erhalten. Therese antwortet nicht; sie versteht nichts von ,,Literatur".

Wenn sie in dieser Zeit, den Bleistift in der Hand, alles durchliest, was sie geschrieben hat, so geschieht das nicht unter einer literarischen Rücksicht. Sie kann kaum mehr arbeiten. Vielleicht liest sie ihr Leben durch, um gegen die quälenden Versuchungen zu kämpfen, die bewirken möchten, daß sie die Liebe vergißt, von der sie einstens erfüllt war. Ein Gesichtspunkt ihrer Prüfung besteht darin: sie soll zum geistlichen Gedächtnisverlust gebracht werden.

Ihr zweites Stück über Jeanne d'Arc erscheint ihr jetzt in einem ganz neuen Licht: dieses junge Mädchen, das dem Tode trotzt, das eine innere Agonie durchlebt, das ist ja sie selbst! Ohne es zu wissen, hatte sie prophetisch gesprochen. Mutter Agnes vertraut sie an: *Ich habe das Stück über die heilige Jeanne d'Arc wieder gelesen, das ich verfaßt habe. Dort können Sie alles lesen über die Gefühle, die der Tod in mir hervorruft. Dort ist alles darüber gesagt.*

Aber wann wird dieser Tod kommen? Sie weiß es nicht. Sie gibt sich hin. *Ich wünsche nicht mehr zu sterben als zu leben; () wenn ich die Wahl hätte, so möchte ich lieber sterben; da aber der liebe Gott für mich wählt, so ziehe ich das vor, was er will. Was er tut, das liebe ich.*

Ein kleines schwarzes Heft (4. Juni—8. Juli 1897)

In diesen Tagen verstärkt sich die Vertrautheit der Kranken mit ihrer Schwester Agnes. Therese will sie mit der Wahrheit vertraut machen. Am Sonntagabend, 30. Mai, enthüllt sie ihr das zweimalige Blutbrechen vom vorausgehenden Jahr. Das ,,Mütterchen" ist erschüttert. Ihre Schwester wird bald sterben, und seit Monaten hat sie ihr etwas verschwiegen. Durch einen Austausch von liebevollen kleinen Zetteln versucht Therese, die sehr lebhafte Empfindlichkeit ihrer älteren Schwester zu beruhigen. Diesmal wird sich Agnes über die Lage klar. ,,Ihr Zustand verschlechtert sich so sehr! Wenn ich daran denke, daß Sie bald sterben werden!"

Dieser ,,Schatz", der ihr so nahe ist, soll verschwinden. Sie denkt an das Heft mit den Erinnerungen, das sie zwei Jahre zuvor in Empfang genommen, und das sie mit höchster Bewunderung gelesen hat. Ihre Schwester hat so viele Dinge zu sagen! Warum das nicht fortsetzen, solange noch Zeit dazu ist?

Am 2. Juni abends klopft die frühere Priorin nach der Matutin an der Türe von Mutter Marie de Gonzague. Es ist beinahe Mitternacht. ,,Meine Mutter, es ist mir unmöglich zu schlafen, bevor ich Ihnen nicht ein Geheimnis anvertraut habe. Als ich Priorin war, schrieb Therese, um mir Freude zu machen und im Gehorsam, einige Erinnerungen aus ihrer Kindheit nieder. Ich habe das neulich gelesen. Das ist sehr liebenswürdig, aber Sie werden nicht viel daraus entnehmen können, was Ihnen hilft, nach ihrem Tod das Rundschreiben zu machen,[72] denn es gibt dort fast nichts über ihr Ordensleben. Wenn Sie ihr das befehlen würden, könnte sie etwas Ernsthafteres schreiben, und ich zweifle nicht daran, daß dann das, was Sie in Händen haben würden, ungleich besser wäre als das, was ich habe."

Das ist ein kluges und geschicktes Ansinnen, das zu vollem Erfolg kommt. Schon am Tage darauf gibt Mutter Marie de Gonzague der Kranken die Weisung, die soeben erbrochen hat und an den verschiedensten Schmerzen leidet, mit dem Schreiben fortzufahren. Schwester Therese ist überrascht: ,,Schreiben worüber?" — ,,Über die Novizinnen ... über Ihre geistlichen Brüder ...", antwortet Mutter Agnes. Man gibt Therese ein kleines Heft mit schwarzem Umschlag aus englischem Leder, das sie als viel zu schön für sich ansieht.

Um mein ,,kleines Leben" zu schreiben, zerbreche ich mir den Kopf nicht; es ist, als ob ich beim Angeln wäre; ich schreibe das, was gerade heraufkommt. Am 3. oder 4. Juni beginnt sie, indem sie sich diesmal an Mutter Marie de Gonzague wendet: *Meine vielgeliebte Mutter, Sie haben mir den Wunsch geäußert, ich möchte* die Erbarmungen des Herrn mit Ihnen zusammen *zu Ende besingen.* () *Ja, mit Ihnen, vielgeliebte Mutter, um Ihrem Wunsch zu entsprechen, will ich versuchen, die Gefühle meiner Seele wiederzugeben, meine Dankbarkeit gegen den lieben Gott und gegen Sie, die Sie ihn sichtbar für micht verkörpern.* Diese Änderung der Adressatin hat offenbar ihre Bedeutung. Seit der schwierigen Wiederwahl von Mutter Marie de Gonzague, einhalb Jahre zuvor, haben sich ihre Beziehungen zu ihrer Priorin geändert. Sie ist ihre Gehilfin im Noviziat geworden. Sie hat selbst einen raschen geistlichen Weg durchlaufen. Jetzt steht sie vor dem Tode.

Jetzt sieht sie sich, wie sie vor Gott ist, als *ein armes kleines Nichts*. In völliger Freiheit kann sie mit ihrer Priorin in ihrer *kindlichen Einfachheit* sprechen. Um so schlimmer, wenn sie sich *nicht immer in den für Untergebene vorgeschriebenen Grenzen* hält. Aber das ist die Schuld von Mutter Marie de Gonzague, die sie *mehr als Mutter denn als Priorin* behandelt.

In aller Wahrheit kann Therese ihr Heft damit beginnen, daß sie ihr dankt, sie zu Beginn ihres Ordenslebens nicht verwöhnt zu haben. Ihre *feste und mütterliche* Erziehung ist ihr sehr nützlich gewesen. Nachdem sie so durch Demütigungen geformt wurde, hat sie heute das Lob nicht mehr zu fürchten, mit dem man sie überhäufen kann.

Während des ganzen schönen Monats Juni schreibt Therese bald in ihrer Zelle, bald in *einem hübschen kleinen, ganz weißen Lehnstuhl,* bald im Krankenwagen ihres Vaters, der dem Karmel geschenkt wurde, sehr oft gestört von den Krankenschwestern, den vorübergehenden Schwestern und den Novizinnen, die mit ihr sprechen wollen. *Ich weiß nicht, was ich schreibe. () Ich weiß nicht, ob ich je zehn Zeilen schreiben konnte, ohne gestört zu werden. () Sehen Sie, da geht eben eine Heuerin weg, nachdem sie in mitleidigem Ton zu mir gesagt hat: ,,Arme, kleine Schwester, das muß Sie doch sehr ermüden, den ganzen Tag zu schreiben." — Seien Sie beruhigt, habe ich ihr geantwortet, es sieht bloß so aus, als ob ich viel schriebe, aber eigentlich schreibe ich fast nichts. — ,,Um so besser! Aber immerhin, ich bin froh, daß wir beim Heuen sind, sowas verschafft einem immer ein wenig Ablenkung."*

Ihr Humor und ihre Gabe, andere nachzuahmen, sind

durch die Krankheit nicht abgestumpft. *Ich habe mich bemüht, gar nicht ungeduldig zu werden, das zu verwirklichen, was ich schrieb.* Tatsächlich, die schwesterliche Liebe ist etwas, was ihr sehr am Herzen liegt, und über die sie überreiche Erleuchtungen empfangen hat.

„Am Tisch der Sünder sitzen"

Doch zuvor will sie von den Nebeln sprechen, in denen sie seit Ostern 1896 lebt. Am 9. Juni, am zweiten Jahrestag ihrer Weihehingabe an die Erbarmende Liebe, beschreibt sie, so gut die Sprache es erlaubt, ihre innere Prüfung. An diesem Tag *zischen ihr die bösen Schlangen nicht mehr ins Ohr.* Aber was sie darüber sagt, erscheint ihr so unvollständig wie eine Skizze im Vergleich zum Urbild. Nun sind es dreizehn Monate, daß sie ihre Glaubensakte vervielfacht, um den inneren Stimmen Widerstand zu leisten, die ihr einreden, sie gehe dem *Nichts* entgegen.

Vor dieser Periode konnte sie nicht begreifen, daß es wirklich Ungläubige gibt. Sie lebte in dem Glauben, den sie in ihrer Kindheit empfangen hatte, wie ein Fisch im Wasser. Von jetzt an *ist alles entschwunden.* Sie nimmt sehr wohl wahr, daß es sich um eine *Prüfung* handelt, die das allzu natürliche Verlangen reinigen soll, das sie nach dem Himmel hatte. Aber vor allem findet sie sich auf gleicher Ebene mit den Glaubenslosen vor. Sie nimmt es ohne jede Herablassung an, sich an *den Tisch der Sünder* zu setzen, wie es Jesus gemacht hat. Sie denkt an Pranzini, an Henry Chéron, an Leo Taxil, an René Tostain[73], an die unermeßliche Menge derer, die sie nicht kennt.

Eines Tages hatte sie Marie de la Trinité durch eine ungewöhnliche Mitteilung überrascht: *Wenn ich nicht in den Karmel aufgenommen worden wäre, wäre ich in ein Zufluchtsheim eingetreten, um dort inmitten der armen Büßerinnen unbekannt und verachtet zu leben! Ich hätte es als ein Glück erachtet, vor aller Augen als eine solche zu gelten; und ich hätte mich zum Apostel meiner Gefährtinnen gemacht, um ihnen alles zu sagen, was ich von der Barmherzigkeit des lieben Gottes denke ...*
Diese Prüfung ließ sie einen beachtlichen Weg durchlaufen. Indem sie im Inneren das teilt, was die Ungläubigen leben, entdeckt sie sich ihnen ähnlich. Ihr Leben als Karmelitin, wo sie ,,für" die anderen betet, ließ eine Gefahr des Pharisäismus zu. Jetzt weiß sie, daß sie unentgeltlich gerettet worden ist, daß sie, wenn sie nicht gefallen ist, dies der Zuvorkommenheit des Vaters verdankt, der den Stein auf dem Weg weggeschafft hat. Ah! wenn sie ihr Leben doch für diese Sünder hingeben könnte, damit auch sie entdecken, daß sie leidenschaftlich geliebt sind von Dem, der sich Zachäus offenbarte, Maria Magdalena, der Samariterin, Augustinus und — Therese Martin!
Sie hatte geschrieben: *Ich habe keinerlei Verdienst, wenn ich mich der Liebe zu den Geschöpfen nicht ergeben habe, da ich einzig durch die große Barmherzigkeit des lieben Gottes davor bewahrt wurde. Ich anerkenne, daß ich ohne Ihn ebenso tief hätte fallen können wie die heilige Magdalena ... () Ich weiß aber auch, daß Jesus mir mehr vergeben hat als der heiligen Magdalena, denn er hat mir im voraus vergeben, indem er mich vor dem Falle bewahrte ... () Ich habe sagen hören, es sei noch nie vorgekommen, daß eine reine Seele mehr geliebt hätte als eine*

reuige; oh! wie gern möchte ich dieses Wort Lügen strafen!
Über ihre innere Prüfung will sie in ihrem Heft nicht länger schreiben. Sie fürchtete sonst zu *lästern* ... Sie hat sogar Angst, *zuviel gesagt zu haben* ... Sie hat ihre Leiden nur Mutter Marie de Gonzague, dem Hausgeistlichen und jetzt Mutter Agnes anvertraut. Eines Tages hat sie versucht, davon ihrer Patin etwas zu sagen. *Sie haben Versuchungen gegen den Glauben, Sie?* Durch diese empörte Verwunderung von Marie vom heiligsten Herzen hat sie begriffen, daß sie auf diesem Terrain sehr vorsichtig bleiben mußte, um ihre Schwestern nicht „anzustecken".
Niemand ahnt etwas von dem, was sie durchmacht. Man sieht sie dauernd lächelnd und fröhlich. Jeden Tag fährt sie fort mit ihrer *kleinen Pflicht* „eines ersten Wurfes und ohne durchgestrichene Stellen". Sie erzählt von ihrer Freude, nun zwei Brüder zu haben, aber sie rät der Oberin, nach ihrem Tode sehr klug zu sein hinsichtlich eines geistlichen Briefwechsels. *Ohne den ausdrücklichen Willen der Obern würde ein solcher Briefwechsel eher schaden als nützen, wenn nicht dem Missionar, so doch der Karmelitin, die durch ihre Lebensweise ständig zur Selbstbetrachtung neigt.*
Sie entwickelt sehr ausführlich die Art und Weise, wie sie mit den Novizinnen vorangeht, und vor allem ihre neueste Entdeckung von der wahren schwesterlichen Liebe. *Jetzt begriff ich, daß die vollkommene Liebe darin besteht, die Fehler der anderen zu ertragen, sich nicht über ihre Schwächen zu wundern, sich an den kleinsten Tugenden zu erbauen, die man sie vollbringen sieht.*

„Das Handwerk der Kranken"

Vom 10. Juni an geht es der Verfasserin in bißchen besser. Am Montag, den 7., hat Schwester Geneviève sie photographiert. Auf den Knien hat Schwester Therese vor dem großen Apparat neun Sekunden lang still gehalten. In den Händen hält sie zwei Bilder aus ihrem Stundenbuch, die ihren Namen aussagen und ihre Berufung zusammenfassen: das Jesuskind, das heilige Antlitz. Die Haltung befriedigt die Photographin nicht. Zweimal beginnt sie von neuem. Ihre Schwester ist erschöpft. Celine wird ungeduldig. Am Abend entschuldigt sie sich und erhält dieses Brieflein: *Reihen wir uns demütig unter die Unvollkommenen ein, betrachten wir uns als kleine Seelen. () Ja, es genügt, sich zu demütigen und seine Unvollkommenheiten gelassen zu tragen. Das ist die wahre Heiligkeit.*

Therese hat soeben in ihrem Heft die Entdeckung des Kleinen Weges erzählt; das ist jetzt ungefähr zwei Jahre her. Bevor sie wieder ins Haus geht, setzt sie sich mit Mutter Agnes im Garten zusammen. Die Betrachtung einer weißen Henne, die ihre Küchlein unter ihre Flügel nimmt, bringt sie zum Weinen *vor Liebe und Dankbarkeit.* Auf diese Weise hat Gott ihr ganzes Leben beschützt.

Seit dem 4. Juni hält die Kommunität eine Novene zu Unserer Lieben Frau von den Siegen um die Heilung von Schwester Therese. War man nicht im Mai 1883 zur Zeit ihrer schrecklichen Krankheit erhört worden? Die Kranke glaubt diesmal nicht, daß die Heilige Jungfrau ein Wunder wirkt.

Am gleichen Tag, während der Erholung auf dem Stroh-

Gesichtsausdrücke Thereses im Januar 1889, 1894, April 1895, 17. März 1896

sack von Schwester Geneviève ausgestreckt, hat sie ihren Abschied von den Schwestern Martin genommen, die nicht müde werden, sie anzuschauen und ihr zu lauschen. *O meine Schwesterchen! Wie glücklich bin ich! Ich fühle, daß ich bald sterben werde. Jetzt bin ich ganz sicher. Wundert euch nicht, wenn ich euch nach meinem Tode nicht erscheine, und wenn ihr nichts Außergewöhnliches wahrnehmt als Zeichen meiner Seligkeit. Wie ihr wißt, besteht ,,mein Kleiner Weg" gerade darin, daß man nicht begehrt, etwas zu sehen.* Sie fühlt voraus, daß sie nicht mehr kommunizieren kann. *Seien Sie nicht traurig, wenn*

Juni 1896 (zwei Bilder), 1897, 30. August 1897

Sie mich eines Morgens tot finden; dann ist eben Papa, der liebe Gott, ganz einfach gekommen und hat mich geholt. Ohne Zweifel ist es eine Gnade, wenn man die Sakramente empfängt; wenn aber der liebe Gott es nicht zuläßt, dann ist es auch so gut. Alles ist Gnade.
Es bleibt dabei, daß sie die strikte Haltung von Mutter Marie de Gonzague immer bedauert hat, die sich weigerte, die Dekrete von 1891 anzuwenden, welche die häufigere Kommunion erleichterten.[74] Diese muffige Haltung des ängstlichen Jansenismus verletzt ihr kühnes Vertrauen. *Mein Weg ist ganz Vertrauen und Liebe; ich verstehe*

die Seelen nicht, die vor einem so liebevollen Freund Angst haben. Im Krankenzimmer sagt sie zu ihrer Priorin: *Nach meinem Tode werde ich bewirken, daß Sie Ihre Meinung ändern.*[75]

Am letzten Tag der Novene geht es ihr besser. Nun ist sie ihrerseits enttäuscht! *Ich bin ein genesenes kleines Mädchen! Es ist aus! Die Hoffnung auf den Tod hat sich verbraucht. Der liebe Gott will, daß ich mich überlasse wie ein ganz kleines Kind, das sich keine Gedanken darüber macht, was man mit ihm tun wird.*

Ende Juni finden die letzten Gespräche mit ihrer Familie im Sprechzimmer statt. Sie stellt fest: *Wie schüchtern war ich mit meinem Onkel im Sprechzimmer! Als ich zurückkam, schalt ich heftig eine Novizin, ich kannte mich selber nicht mehr. Was für Gegensätze mein Charakter in sich vereinigt!* Ein andermal sagt sie: *Ich habe mich nie vor jemandem gefürchtet; ich bin immer hingegangen, wo ich wollte.*

Sie wird ihre Familie, die nach La Musse in die Ferien fährt, nicht wiedersehen, die Schwester Marie de l'Eucharistie während des ganzen Sommers mit Neuigkeiten versorgen wird. Therese, die immer mehr fiebert, kann ihren Federhalter nicht mehr halten; um Briefe zu schreiben und ihr Heft fortzusetzen, benützt sie einen kleinen Bleistift.

Am Dienstag, den 6., bricht sie reichlich Blut ,,wie Leber". Es beginnt die Periode des häufigen Blutauswurfes, die bis zum 5. August dauert. Dr. de Cornière, dem sie den Spitznamen ,,Clodion, der Langhaarige" gibt, besucht sie täglich. Am 8. August beichtet sie bei Abbé Youf und bittet um die Letzte Ölung. ,,Überschäumend vor

Freude" scherzt sie den ganzen Tag: *Das ist etwas, da zu sein, um mit dem Tod zu ringen! ... Aber schließlich, was tut's? Auch Torheiten haben mich schon manchmal in Agonie versetzt ...* Sie tut dabei zuviel, denn bei seiner Visite am Freitag meint der Arzt, daß es für die Krankensalbung noch nicht so weit sei. Domherr Maupas, der gekommen ist, um sie zu sehen, verschiebt die heilige Handlung. Große Enttäuschung bei der Sterbenden: *Ich verstehe das Handwerk nicht!* Das nächse Mal wird sie ihre Sache besser vorbereiten. Es wird genügen, eine Tasse dieser materniserten Milch zu trinken, die durch den Arzt vorgeschrieben wurde, und vor der sie so großen Abscheu hat. Vielleicht wird sie dann endlich ,,extremisiert" sein (Anspielung auf ,,extrême-onction", Letzte Ölung; Anm. d. Übersetzers).

Verlegt auf die Krankenabteilung (8. Juli 1897)

Obwohl der Arzt jede Bewegung verboten hat, bringt man sie auf einer Matratze von ihrer Zelle zum Krankenzimmer ,,vom heiligen Antlitz" hinunter an der Nordostecke des Kreuzgangs. Das Fenster dieses Zimmers von vier auf fünf Meter geht zum Garten hinaus. Von ihrem Eisenbett aus, das von braunen Vorhängen umgeben ist, an denen sie ihre Lieblingsbilder mit Nadeln befestigt (die Gottesmutter, Théophane Venard, ihre kleinen Brüder und Schwestern), sieht sie die Statue der ,,Jungfrau vom Lächeln", die mit ihr heruntergebracht wurde. Das ist von jetzt an die Welt Thereses.

Schwester Saint-Stanislas, dem Titel nach Krankenschwester, ist dreiundsiebzig Jahre alt. Gerne vertraut sie ihre

Aufgaben ihrer Hilfe an, Schwester Geneviève, die in der anstoßenden Zelle schläft. Mutter Agnes wird zur Hauptperson in der Umgebung der Kranken. Da sie die Erlaubnis hat, ihre Schwester während der Matutin zu betreuen, fährt sie fort, ihre Worte aufzuzeichnen. Anhand dieses Tagebuches sieht man, wie Therese lebt, leidet, scherzt und liebt.

Krankenzimmer im Karmel. Rechts die Jungfrau vom Lächeln

Sie ist eine Kranke wie die anderen, sehr geschwächt. *Seit ich krank bin, denke ich nichts mehr.* Wie kann sie dann aber beten? *Ich sage ihm nichts, ich liebe ihn.* Sie stöhnt in Zeiten der Niedergeschlagenheit.

Sie kennt alle Demütigungen einer Bettlägerigen, die vollständig von ihrer Umgebung abhängig ist. *Wie leicht läßt man sich entmutigen, wenn man krank ist!* So bleibt ihr nur übrig, sich wie immer und mehr denn je hinzugeben.

In den physischen Leiden (Fieber, starke Schweißausbrüche, Erstickungsanfälle, Schlaflosigkeit, Verstopfung, Schorf, Brand der Eingeweide ...), in ihren inneren Leiden bleibt ihr Gesicht das gleiche. Manche ihrer Mitschwestern beurteilen sie als nicht wirklich krank. Die Schwankungen im Krankheitsbild führen sowohl sie selbst als auch den Arzt irre. Eine Zeitlang fürchtet sie sehr, einer armen Kommunität zur Last zu fallen. Der launische Charakter von Mutter Marie de Gonzague beschwört noch Szenen herauf, deren Kosten Therese bezahlen muß. Der Mangel an Zartgefühl gewisser Schwestern (selbst von Celine) läßt sie leiden. Man kommt, um ihr liebenswürdigerweise zu wiederholen, was Schwester Saint-Vincent de Paul in der Erholung gesagt hat: ,,Ich weiß gar nicht, warum man so viel von Schwester Therese vom Kinde Jesus spricht. Sie tut doch nichts Besonderes. Man sieht sie nicht die Tugend üben; man kann nicht einmal sagen, daß sie ein gute Ordensfrau ist"; worauf die Gemeinte entgegnet: *Auf meinem Sterbebett zu hören, daß ich keine gute Ordensfrau bin, welch eine Freude! Nichts könnte mir mehr Vergnügen machen.* Sie muß die wiederholten Fragen ihrer Umgebung über ihre Vergangenheit wie über das Datum ihres Todes aushalten. ,,Woran werden Sie denn eigentlich sterben?" — *Aber am Tode werde ich sterben! Warum sollte ich mehr als andere gegen die Todesangst gefeit sein?*

Geistliche Leiden kommen hinzu: innere Ängste, und zwar dauernd. *Ich bewundere den natürlichen Himmel; der andere ist mir mehr und mehr verschlossen.* Vom 19. August an ist sie der heiligen Kommunion beraubt, deren kompliziertes Ritual sie nicht mehr ertragen kann. Einmal ist sie am Rande eines Nervenzusammenbruchs. An einem anderen Tag ist ihr Leiden so groß, daß sie empfiehlt, keine giftigen Arzneien bei Schwerkranken stehen zu lassen: *Ich wundere mich, daß es unter den Atheisten nicht viel mehr gibt, die Selbstmord begehen. Wenn ich den Glauben nicht hätte, hätte ich ohne Zögern Selbstmord begangen.*

In diesen Umständen zeigen sich immer noch ihre Fröhlichkeit, ihr Humor. *Ich bin immer fröhlich und zufrieden.* Mutter Agnes notiert ihre Wortspiele, was sie imitiert, ihr Lächeln, ihre Mimik, ihren Tonfall. Celine nennt sie *Bonbonne, Fräulein Lili. Man muß mich meine kleinen ,,Späßchen" machen lassen.* Es handelt sich ja nur darum, jene zu trösten, die sie besuchen. Dieses Krankenzimmer wird ein Mittelpunkt von Anziehung und Ausstrahlung. Die Novizinnen, besonders ,,die Puppe", Marie de la Trinité, beklagen sich darüber, hier keinen Zugang zu haben. Schwester Saint-Jean-de-la-Croix und andere ältere kommen heimlich, um irgendeinen Rat zu erbitten. Dem schneidigen Soldaten Maurice (Bellière) lehrt Therese ihren Kleinen Weg schriftlich, *ganz wie einem kleinen Mädchen!*

Ihr Herz kennt die Freude der echten Liebe, und sie versteht, ihre Zärtlichkeit auszudrücken. Von Mutter Agnes wünscht sie sich einen Kuß, der ,,pit" macht! Immer hellwach, weiß sie, daß sie eine Schwelle überschritten hat, was sie durch das Wort *jetzt* ausdrückt. *Wie glücklich bin ich jetzt, gleich zu Beginn meines Klosterlebens entsagt zu haben! Schon jetzt genieße ich die Belohnung, die jenen verheißen ist, welche tapfer kämpfen. Ich fühle keine Notwendigkeit mehr, mir alle Tröstungen des Herzens zu versagen, denn meine Seele ist gefestigt in Ihm, den ich allein lieben wollte. Beglückt sehe ich, daß durch die Liebe zu ihm das Herz sich weitet, wie es nun imstande ist, all jenen, die mir teuer sind, eine unvergleichlich größere Zärtlichkeit zu schenken, als wenn es sich in einer selbstsüchtigen und unfruchtbaren Liebe in sich eingekapselt hätte.*

Sie stellt fest, daß alles, was sie geschrieben hat, sehr wahr ist. Sie wollte lieben bis hin zum Sterben aus Liebe. Liebe zu Jesus, Liebe zu all ihren Schwestern, allumfassende Liebe; Reife in ihrer Fülle, während die Krankheit ihren Körper zernagt. Dennoch bleibt sie ein Kind. Häufig nennt sie sich scherzhaft *Baby,* (man hat sie auf Milchkost gesetzt). Aber wenn sie zu Marie vom heiligsten Herzen sagt: *Ich bin ein Baby, das ein Greis ist,* dann scherzt sie nicht mehr. Sie sagt die Wahrheit. Sie beendet ihren *Lauf eines Riesen.*

Sie gesteht ein, daß sie sehr erschöpft, daß sie am Ende ist. *Aber das sind die Arme Gottes, in die ich falle.* Sie hat nicht mehr die Kraft, ihre Erinnerungen mit Bleistift fortzusetzen. Das kleine schwarze Heft endet auf Blatt 37 mit diesen Zeilen: *Ja, ich fühle es, hätte ich auch alle begehbaren Sünden auf dem Gewissen, ich ginge hin, das Herz von Reue gebrochen, mich in die Arme Jesu zu werfen, denn ich weiß, wie sehr Er das verlorene Kind liebt, das zu ihm zurückkehrt. Nicht deshalb, weil Gott in seiner*

zuvorkommenden *Barmherzigkeit meine Seele vor der Todsünde bewahrt hat, erhebe ich mich zu Ihm im Vertrauen und in der Liebe.* Sie kann nicht weitergehen. Bevor sie endet, hat sie noch auf Blatt 35 einen letzten Blick auf ihr Leben geworfen. *Deine Liebe umsorgte mich seit meiner Kindheit, sie wuchs mit mir heran, und nun ist sie ein Abgrund geworden, dessen Tiefe ich nicht ausloten kann. () O mein Jesus, vielleicht ist es eine Täuschung, aber mir scheint, es sei nicht möglich, daß du eine Seele mit mehr Liebe erfüllst, als du die meine damit erfüllt hast. () Hienieden kann ich mir keine größere Unermeßlichkeit an Liebe vorstellen als jene, mit der es dir gefallen hat, mich umsonst, ohne jegliches Verdienst meinerseits, so verschwenderisch zu beschenken.*
So beschließt sie den Gesang auf die Barmherzigkeiten des Herrn ihr gegenüber.

Soll man die Manuskripte veröffentlichen?

Im Juli unterhält sich Mutter Agnes mit ihr über eines ihrer Vorhaben. Wenn man das, was sie niedergeschrieben hat, veröffentlichen würde, um den Rundbrief über sie zu verfassen? Sie bringt vor: „Es könnte sein, daß das, was Sie geschrieben haben, eines Tages bis zum Heiligen Vater gelangt." Therese lacht: *Et nunc et semper!*
Ernstlich faßt sie diese Möglichkeit ins Auge, aber sie gibt dazu Empfehlungen: *Machen Sie es klar, meine Mutter, daß mein Vertrauen genauso groß wäre, wenn ich auch alle nur möglichen Verbrechen begangen hätte. Ich fühle es, diese Masse von Sünden wäre wie ein Wassertropfen, den man auf glühende Kohlen fallen läßt. Dann*

erzählen Sie die Geschichte von der bekehrten Sünderin, die aus Liebe gestorben ist;[76] *die Seelen werden sofort verstehen, es ist ein so überzeugendes Beispiel für das, was ich sagen will.*

Mutter Agnes sieht bekümmert alle Arten von Schwierigkeiten für diese Veröffentlichung voraus. *Nun gut, ich sage mit Jeanne d'Arc: „Der Wille Gottes wird geschehen trotz der Eifersucht der Menschen."* Mit einem Lächeln nennt sie ihre Schwester ihren *Historiker.* Sie soll nach ihrem Gutdünken beifügen oder weglassen. Sie macht ihr Mut. Sie ahnt auf geheimnisvolle Weise, daß das *Heft ihres Lebens* wird Gutes tun können.

Kurze Zeit später bittet Mutter Agnes Therese, einen Abschnitt ihrer Manuskripte nachzulesen, den sie für unvollständig hält. Daraufhin findet sie Therese in Tränen vor: *Was ich in diesem Heft wieder lese, ist so ganz meine Seele! ... Meine Mutter, diese Seiten werden viel Gutes wirken. Durch sie wird man die Milde des lieben Gottes besser kennenlernen ...* Sie fügt bei: *Oh! ich weiß wohl, alle Menschen werden mich lieben ... Ein sehr wichtiges Werk ... Aber aufgepaßt! Es wird darin für jeden Geschmack etwas zu finden sein, nur nichts für die außergewöhnlichen Wege.*

„Mein Himmel wird sich auf der Erde abspielen"

Ein Buch zurückzulassen, kann ihr nicht genügen, um so mehr, als sie völlig indifferent ist gegenüber seinem künftigen Geschick. Es würde ihr nicht viel ausmachen, wenn Mutter Marie de Gonzague entscheiden würde, ihre Manuskripte zu verbrennen. Ihr Verlangen, im Himmel nicht untätig zu sein, verfolgt sie. Die Beständigkeit dieses Verlangens setzt sie in Erstaunen. Sie sinnt darüber nach: *Der liebe Gott würde mir nicht dieses Verlangen eingeben, nach meinem Tode auf Erden Gutes zu tun, wenn er es nicht verwirklichen wollte; er würde mir dann eher den Wunsch eingeben, mich bei ihm auszuruhen.* Es ist ihr unmöglich, den Himmel als einen Ort der Ruhe zu verstehen. *Eine von Liebe entflammte Seele kann nicht untätig bleiben. () Wenn Sie wüßten, was ich für Pläne mache, was für Dinge ich anstellen werde, wenn ich im Himmel sein werde ... Ich werde meine Mission antreten ...* (zu Marie vom heiligsten Herzen). Sie präzisiert: *Meine Sendung wird beginnen, meine Sendung, zu lehren, den lieben Gott so zu lieben, wie ich ihn liebe, den Seelen meinen Kleinen Weg zu zeigen. Wenn der liebe Gott meine Wünsche erhört, werde ich meinen Himmel bis zum Ende der Welt auf Erden verbringen. Ja, ich möchte meinen Himmel damit verbringen, auf Erden Gutes zu tun. () Ich werde zurückkehren ... Ich werde herniedersteigen ...*

Ihre Kühnheit kennt keine Grenzen mehr: *Im Himmel wird der liebe Gott in allem meinen Willen tun müssen, weil ich auf Erden nie meinen Willen getan habe.* Schwester Marie de la Trinité vertraut sie an, daß das, was sie von der Zukunft vorausfühlt, sie schwindelig macht. Lachend sagt sie: *Eine andere als Sie könnte mich für verrückt oder für furchtbar stolz halten!* Aber sie bleibt völlig arm, mit *leeren Händen. Nichts bleibt mir fest in den Händen. Was ich habe, was ich verdiene, ist für die Kirche und für die Seelen. Wenn ich auch achtzig Jahre alt würde, ich wäre immer gleich arm.*

Das Fest Unserer Lieben Frau vom Berge Karmel am

16. Juli ist in lauter Freude gehüllt. Abbé Troude[77], Neupriester, bringt ihr die heilige Kommunion. Ihre Cousine Marie singt, ohne zu weinen, einen Vers zur Verehrung der heiligen Eucharistie, gedichtet von Therese. Sie ist ganz erstaunt, daß sie diese Verse noch hat schreiben können, und noch mehr darüber, daß sie noch lebt. Sie nützt das dazu aus, ihre Abschiedsbriefe zu schreiben.

An P. Roulland schreibt sie: *Ah! mein Bruder, ich fühle es, im Himmel werde ich Ihnen viel nützlicher sein als auf der Erde, und freudigen Herzens kündige ich Ihnen meinen bevorstehenden Eintritt in diese selige Stadt an.* An die Guérins: *Mit Gott, meine lieben Verwandten, erst im Himmel werde ich Euch meine Zuneigung zum Ausdruck bringen; solange ich es noch hinziehe, kann es mein Bleistift nicht wiedergeben.* An Leonie: *Mit Gott, meine geliebte Schwester, ich möchte, daß der Gedanke meines Eintritts in den Himmel Dich mit Jubel erfülle, weil ich Dich dann noch mehr lieben kann.* Sie ist überzeugt, daß ihre Schwester schließlich in das Heimsuchungskloster in Caen eintreten und dort bleiben wird. Sie hat das zu Schwester Marie vom heiligsten Herzen gesagt.

Eine einzige Ausnahme gibt es dabei: Abbé Bellière erhält Briefe bis zur Erschöpfung ihrer Kraft; noch drei mit Bleistift geschriebene, mit zittriger Schrift. Der junge Seminarist verbringt seine Ferien in Langrune im Departement Calvados. Die Aussicht, daß er seine Schwester verlieren wird, bedrückt ihn. Er weiß, daß er sie braucht. Sie stärkt ihn in aller Festigkeit. *Ich begreife mehr denn je, wie sehr Ihre Seele die Schwester der meinen ist, denn sie ist berufen, sich mit dem AUFZUG der Liebe zu Gott zu erheben und nicht die steile Treppe der Furcht zu erstei-*

gen. () Sie müssen mich nur halb kennen, wenn Sie fürchten, ein ausführlicher Bericht Ihrer Fehler könne die Liebe beeinträchtigen, die ich für Ihre Seele hege. () Es ist Ihnen untersagt, auf einem anderen Weg in den Himmel zu kommen, als auf dem ihrer kleinen Schwester.

Am Freitag, dem 30. Juli, hört das Blutbrechen im Gegensatz zu den vorausgehenden Tagen nicht auf. Sie hat Erstickungsanfälle, und man läßt sie Äther einatmen. Dr. de Cornière glaubt, sie werde die Nacht nicht überstehen. Um 18.00 Uhr spendet ihr Domherr Maupas endlich die heilige Krankensalbung und reicht ihr die heilige Kommunion als Wegzehrung. Im anstoßenden Raum richten die Sakristaninnen Kerzen, Weihwasser und den Strohsack für ihre Beerdigung her. Durch die unglücklicherweise halb geöffnete Tür sieht Schwester Therese all diese Gegenstände. *Sehen Sie diese Kerze hier! Wenn der Dieb mich holen wird, wird man sie mir in die Hand geben. Den Leuchter aber muß man mir nicht auch geben; er ist zu häßlich.* Ihr Galgenhumor macht ihr nicht Angst.

Die Krankheit täuscht sie ein weiteres Mal. Am folgenden Tag geht es ihr „besser". *Aber woran werde ich sterben?* Als man sich an ihrem Bett über die Tage unterhält, die zu leben ihr noch bleiben, wirft sie ein: *Die Kranke weiß das immer noch am besten! Und ich fühle, daß es noch lange gehen wird.*

Tatsächlich bleibt ihr Zustand gegen alle Erwartung vom 6. bis zum 15. August stationär. Dr. de Cornière geht in Ferien.

„Wie wenig habe ich gelebt!" (6.—15. August 1897)

In den langen Augenblicken der Einsamkeit, des Untätigseins, in der Stille des Krankenzimmers kommt ihr ganzes Leben ihr in Erinnerung: ihre Kindheit, ihre Kämpfe, ihre neun Jahre des Lebens im Karmel. *Ach, wie wenig habe ich gelebt!,* sagte sie im Juli. *Das Leben ist mir immer sehr kurz vorgekommen. Die Tage der Kindheit erscheinen mir wie gestern.* Aber sie lebt im gegenwärtigen Augenblick. *Nichts als nur für heute.*

Die *Verstellung* läßt sie erschaudern. Es verschlägt nicht viel, was der Arzt oder die Karmelitinnen von ihr denken können. Sie wird kein Wort der Erbauung zu Dr. de Cornière sagen, obwohl Mutter Agnes ihr das nahelegt. Aber auch diese versteht sie nicht wirklich. ,,Ich sagte ihr, sie habe viel kämpfen müssen, um zur Vollkommenheit zu gelangen." *Oh! Das ist es nicht!*

Während all dieser zweihundert Tage ihrer Krankheit hält sie die Augen auf Jesus gerichtet. Ihr Kruzifix verläßt sie nicht. Sie küßt es oft, und zwar *das Gesicht* und nicht die Füße, wie es sonst Brauch ist. *Unser Herr ist in Todesängsten am Kreuz gestorben, und doch war es der schönste Liebestod, der einzige, den man gesehen hat ... () Aus Liebe sterben heißt nicht, in Verzückung sterben* (wie die Schwestern es sich vorstellen). *Offen gestanden glaube ich, das ist es, was ich erfahre.*

In den Letzten Gesprächen findet sich dieser diskrete Vergleich ihrer Passion mit der Passion Jesu. Wie sie Schmerz in der Schulter verspürt, ruft sie das Tragen des Kreuzes in Erinnerung. Ihre drei Schwestern sind um ihr Bett herum eingeschlafen. Bei ihrem Erwachen zeigt sie

mit dem Finger auf sie und sagt: *Petrus, Jakobus und Johannes!*
Was tut es, wenn sie der heiligen Kommunion beraubt ist? Sie ist selbst Hostie geworden. *Ich denke oft an die Worte des heiligen Ignatius von Antiochien: Auch ich muß durch das Leiden gemahlen werden, um zu Weizen Gottes zu werden.*

„Große Leiden" (15.—27. August 1897)

Am Fest der Aufnahme Mariens in den Himmel tritt eine neue Wende der Krankheit ein. Eine sehr heftige Beklemmung quält Therese. Die linke Seite tut ihr sehr weh, die Beine schwellen an. Weil Dr. de Cornière abwesend ist, erlaubt Mutter Marie de Gonzague am 17. August endlich Dr. Francis La Néele, seine Cousine zu untersuchen. Zwischen der auf ihre Autorität eifersüchtigen Priorin und dem jungen, sehr freimütigen Arzt sind die Beziehungen gespannt. Seine Diagnose ist sehr pessimistisch: „Die rechte Lunge ist absolut verloren, von Tuberkeln erfüllt auf dem Weg zur Erweichung. Die linke ist in ihrem unteren Drittel angegriffen. Die Patientin ist sehr abgemagert, aber ihr Gesicht macht ihr noch Ehre. () Die Tuberkulose ist an ihrem letzten Grad angekommen."[78]

Das schimpfliche Wort, das zu dieser Zeit tabu ist, ist endlich ausgesprochen. Dr. de Cornière hat es vielleicht vermeiden wollen. Am 8. Juli hatte Schwester Marie de l'Eucharistie dennoch an ihre Eltern geschrieben: „Es ist nicht Tuberkulose, sondern eine Lungenattacke, eine ausgesprochene Lungenstauung." Ihr Schwager aber hat in seiner gewohnten Offenheit die Wahrheit ausgesprochen.

Die Krankheit hat den ganzen Organismus befallen, auch die Gedärme. Ende August erreichen die Schmerzen den höchsten Grad. Therese keucht, ist am Ersticken, alle Funktionen sind blockiert. *Man könnte den Verstand verlieren. () ,,Bébé" ist erschöpft.*

Letzte Besserung (27. August—13. September 1897)

Am Nachmittag des 27. August nehmen diese großen Schmerzen ein Ende. Es bleiben das Fieber, (das man bei ihr nie gemessen hat), der Durst und vor allem die Beklemmung. Sie hat zum Atmen nur noch die Hälfte der linken Lunge.

Damit sie den Garten mit seinen Blumen sehen kann, rückt man ihr Bett in die Mitte des Krankenzimmers, so daß sie das Fenster zu ihrer Linken hat. Ihr gegenüber sieht sie die Jungfrau vom Lächeln in der Umrahmung ihrer Vorhänge. *Sieh da! sie belauert mich!* Sie wundert sich sehr darüber, daß sie, die Maria so sehr liebt, während ihres ganzen Lebens so viel Mühe hatte, ihren Rosenkranz zu beten!

In diesen Tagen der Besserung notiert Mutter Agnes viele Worte der Kranken, wobei sie vom Hundertsten ins Tausendste kommt. Therese bleibt Lebenskünstlerin sowohl in ihren Gesten wie in ihren Worten. Um ihre Schwestern aufzuheitern, scherzt sie dauernd. Am Ziel angelangt, da ,,der äußere Mensch aufgerieben wird und der innere Tag für Tag erneuert wird" (2 Kor 4, 16), erscheint Therese als ein Wesen voll Frieden, frei und glücklich. Ihre Umgebung staunt darüber: ,,Wie sind Sie zu diesem unwandelbaren Frieden gelangt?" — *Ich habe mich selbst verges-*

sen und mich bemüht, in nichts mich selber zu suchen.
Sie denkt an Schwester Geneviève, der sie schlaflose Nächte bereitet. Die schlagfertigen Antworten mangeln ihr nicht. Mutter Agnes, immer unruhig, sagt: „O wie unglücklich ist man, wenn man krank ist!" *Aber nein, man ist nicht unglücklich, wenn es zum Sterben ist. Ah! wie komisch ist es, sich vor dem Sterben zu fürchten! ... Schließlich, wenn man verheiratet ist, wenn man Mann und Kinder hat, dann ist es verständlich; aber ich, die ich nichts habe ...*
Am 30. August fährt man sie auf einem fahrbaren Bett in den Kreuzgang hinaus bis vor die offene Türe der Kapelle. Es ist ihre letzte Besuchung des Allerheiligsten Sakraments, für das sie Rosen entblättert. Schwester Geneviève photographiert sie, wie sie diese vertrauliche Geste für ihr Kruzifix macht. Am 14. September, als sie wieder Rosen entblättert, sagt sie: *Sammelt diese Blätter sorgfältig, Schwesterchen, später werdet Ihr damit Freude machen können ... Verliert keines davon ...* Es ist eines ihrer seltenen prophetischen Worte.
Tante Guérin zerbricht sich den Kopf, wie sie dem Verlangen der Kranken Genüge tun könne, das diese selbst in Erstaunen setzt. Sie wünscht Braten, Kartoffelbrei, Apfelmus-Torte, Mohrenkopf. *Jetzt habe ich Appetit für mein ganzes Leben. Immer habe ich gegessen wie eine Märtyrerin, und jetzt möchte ich alles verschlingen. Es kommt mir vor, ich sterbe vor Hunger.*
Nun spricht sie immer weniger. *Alles ist gesagt.* Ihr Blick geht oft zum Garten. Sie zählt neun Birnen am Birnbaun nahe ihrem Fenster. *Ich liebe die Blumen sehr, die Rosen, die roten Blumen und die schönen rosa Tausendschön-*

chen. Aber auch: *Schauen Sie! Sehen Sie dort unten das schwarze Loch* (unter den Kastanienbäumen neben dem Friedhof), *wo man nichts mehr unterscheiden kann; in einem solchen Loch bin ich mit Leib und Seele. O ja! Was für Finsternisse! Aber ich bin darin im Frieden!*

Für den siebten Jahrestag ihrer Profeß am 8. September bringt man ihr einen Strauß von Wiesenblumen. Leonie schickt ihr eine Spieldose. Diese profanen Dinge machen ihr Freude. Sie weint, wie sie sich so umsorgt, so geliebt sieht: *Ich weine wegen der zarten Aufmerksamkeiten, die der liebe Gott mir erweist; äußerlich bin ich damit überschüttet, doch dauert die Prüfung im Inneren an ... Aber ich bin im Frieden.*

Als Dr. de Cornière aus den Ferien zurückkommt, findet er sie sehr abgemagert, sehr schwach (sie hat Mühe, ein Kreuzzeichen zu machen). Er kann nur sagen: ,,Sie hat noch vierzehn Tage zu leben." Diesmal täuscht er sich nicht.

,,Wenn das der Todeskampf ist, was wird dann erst der Tod sein?" (14.—30. September 1897)

Bis zuletzt versetzt die Vitalität Thereses ihre Umgebung in Erstaunen. Am Morgen des 18. September nimmt die starke Schwester Aimée de Jésus sie auf ihre Arme, während man ihr Bett richtet. Man glaubt, sie sterbe. Am Nachmittag erklärt sie: *Es geht mir besser.* Man ruft Mutter Marie de Gonzague, daß sie die Abmagerung des Rückens feststellen könne. ,,Was ist denn das? So ein mageres Mädchen!" — *Ein Kelett!* antwortet die Kranke.

Was sie oft so befürchtet hatte, tritt nun ein. Ihr Atem

wird immer kürzer. *Mama! Die Luft der Erde fehlt mir, wann wird der liebe Gott mir die Luft des Himmels geben?* Ihre große Befürchtung ist, zu ersticken. *Nie werde ich zu sterben verstehen!*
Am Mittwochmorgen, dem 29. September, röchelt sie. Die Kommunität, die ins Krankenzimmer gerufen wurde, rezitiert fast eine ganze Stunde lang lateinische Sterbegebete. Dann schickt die Priorin die Schwestern weg. Man übersetzt der Kranken, was soeben gesprochen wurde. Am Mittag fragt sie Mutter Marie de Gonzague: *Mutter, ist das der Todeskampf? Wie werde ich es nur machen, um zu sterben?* Nach der Visite des Aztes sagt sie: *Ist es heute, Mutter?* — ,,Ja, mein Töchterchen ..." () — *Ich kann nicht mehr! Ah! Beten Sie für mich! ... Jesus! Maria! Ja, ich will, ich will schon ... () O Mutter, wie tun mir die Nerven weh!*
Da der Hausgeistliche selbst schwer krank ist, kommt Abbé Faucon, um ihre Beichte zu hören. Wie er aus dem Zimmer tritt, sagt er vertraulich: ,,Was für eine schöne Seele! Sie scheint in der Gnade gefestigt."
Für die folgende Nacht ordnet die Priorin zum ersten Mal an, daß Schwester Marie vom heiligsten Herzen und Schwester Geneviève bei ihrer Schwester wachen. Sie wechseln sich ab. Mutter Agnes schläft in der anstoßenden Zelle. Für Therese ist es eine schlimme Nacht, von quälenden Träumen erfüllt. Sie fleht zur Heiligen Jungfrau. Am Donnerstagmorgen, einem unfreundlichen und regnerischen Tag, umgeben sie die drei Schwestern Martin während der Messe der Kommunität. Sie sagt zu ihnen: *Es ist die reine Agonie ohne jeden Trost.*
Den ganzen Tag über ist sie am Ersticken, aber zur Über-

raschung aller bewegt sie sich viel, setzt sich im Bett auf, was sie seit langem nicht mehr fertigbrachte. *Sehen Sie, welche Kraft ich heute habe! Nein, ich werde noch nicht sterben! Es reicht noch für Monate, vielleicht noch für Jahre!*

Mutter Agnes hat ihre Ausrufe mitten im Keuchen einer immer kürzer werdenden Atmung aufgezeichnet. *Wenn Sie wüßten, was es heißt, zu ersticken! ... Mein Gott, hab Mitleid mit deinem armen kleinen Mädchen! Hab Mitleid mit ihm!*

Zu Mutter Marie de Gonzague sagt sie: *Meine Mutter, ich versichere Ihnen, der Kelch ist voll bis zum Rande! ... Aber der liebe Gott wird mich nicht verlassen, sicher nicht ... Er hat mich nie verlassen.*

Am Nachmittag legt Mutter Marie de Gonzague nach der Vesper ein Bild Unserer Lieben Frau vom Berge Karmel auf ihre Knie. *Meine Mutter, bringen Sie mich schnell zur Heiligen Jungfrau! Ich bin ein ,,bébé", das nicht mehr kann! ... Bereiten Sie mich auf das Sterben vor.* Man erwidert ihr, daß sie vollkommen vorbereitet ist. *Ja, es scheint mir, daß ich immer nur die Wahrheit gesucht habe; ja, ich habe die Demut des Herzens begriffen ... Es scheint mir, ich bin demütig.*

Alles, was ich über mein Verlangen nach Leiden geschrieben habe, — oh! das ist trotz allem wirklich wahr! ... Und ich bereue nicht, mich der Liebe ausgeliefert zu haben. O nein, ich bereue es nicht, im Gegenteil!

Schwester Marie vom heiligsten Herzen ist durch den Kampf ihres Patenkindes derart erschüttert, daß sie zögert, zum Krankenzimmer zu kommen. Mutter Agnes ihrerseits schickt sich an, vor einer Statue des heiligsten

Herzens im ersten Stock zu beten, daß ihre Schwester in ihren letzten Augenblicken nicht verzweifelt.

Gegen 17.00 Uhr läutet die Glocke, um die Kommunität eilends zum Krankenzimmer zu rufen. Die Sterbende empfängt die Schwestern mit einem Lächeln. Fest umklammert sie ihr Kruzifix. Ein ,,schreckliches Röcheln" zerreißt ihre Brust. Das Gesicht ist gerötet, die Hände sind blau gefärbt, die Füße eiskalt; Schweiß bricht so reichlich aus, daß er fast die Matratze durchdringt ... Die Zeit zieht sich hin. Die Priorin schickt die Schwestern wieder weg.

Nach 19.00 Uhr kann Therese deutlich sagen: *Mutter, ist das noch nicht der Todeskampf? ... Werde ich nicht sterben?* — ,,Doch, meine arme Kleine, das ist der Todeskampf, aber vielleicht will der liebe Gott ihn einige Stunden verlängern." — *Also gut! ... Weiter! ... Weiter! ...* Sie schaut auf ihr Kruzifix: *Oh! Ich liebe ihn! ... Mein Gott ..., ich liebe dich! ...*

Ihr Kopf fällt zurück. Mutter Marie de Gonzague läßt erneut die Glocke läuten. Die Kommunität kommt in Eile zurück. Die Schwestern knien nieder und sehen ihr Gesicht wieder sehr friedevoll werden und wie ihr strahlender Blick sich ein wenig über die Jungfrau vom Lächeln heftet, ,,solange man braucht, das Credo zu beten". Dann sinkt sie zurück, die Augen geschlossen. Sie lächelt. Sie ist sehr schön und hat das Aussehen eines ganz jungen Mädchens. Es war ungefähr 19.20 Uhr.

Schwester Geneviève stürzt unter Tränen zum Kreuzgang hinaus. Es regnet. ,,Wenn doch wenigstens Sterne am Himmel wären!" sagt sie sich. Wenige Augenblicke später sind die Wolken wie weggefegt; die Sterne glitzern an

einem Himmel, der ganz klar geworden war. Die Guérins, welche die ganze Zeit der Agonie ihrer Nichte in der Kapelle verbracht hatten, bemerken diese plötzliche Veränderung bei ihrer Heimkehr. Eine Pfortenschwester kommt, um ihnen die Mitteilung von Mutter Agnes zu überbringen: ,,Meine sehr geliebten Verwandten, meine liebe Leonie, unser Engel ist im Himmel. Sie hat ihren letzten Seufzer um 7.00 Uhr ausgestoßen, indem sie ihr Kruzifix an ihr Herz preßte und sagte: ‚Oh! Ich liebe dich!' Dann erhob sie ihre Augen zum Himmel, den sie nun sah!!!"

Auf ein Abschiedsbildchen, das sie ihren Schwestern im vorausgehenden Juni zugeschickt hatte, hatte Schwester Therese vom Kinde Jesus geschrieben: *Ich sehe, was ich geglaubt habe. Ich besitze, was ich erhofft habe. Ihm bin ich vereint, den ich geliebt habe mit meiner ganzen Liebeskraft.*

Am folgenden Tag, am Freitag, wurde der Leichnam Thereses im Chor hinter den Gittern aufgebahrt. Schwester Geneviève hatte sie im Krankenzimmer noch photographiert. Bis Sonntagabend zogen die Familien Martin, Guérin, La Néele, Maudelonde, Priester, Freunde und Gläubige vorbei, indem sie nach der damaligen Sitte beteten und ihre Rosenkränze und Medaillen an dem Leibe berührten.

Der Totengottesdienst war auf Montag, den 4. Oktober, 9.00 Uhr, festgesetzt.

„Ich sterbe nicht, ich gehe ins Leben ein"

Am 4. Oktober fährt ein Leichenwagen, mit zwei Pferden bespannt, langsam zum Städtischen Friedhof auf der Anhöhe hinter dem Hügel, der das Tal des Orbiquet beherrscht.

Leonie Martin führt den Trauerzug an, umgeben von den Guérins, den La Néeles und einigen Freunden. Es ist ein „sehr kleines" Gefolge. Durch die Gicht ans Bett gefesselt, hat Onkel Isidore an der Beerdigung seiner Nichte nicht teilnehmen können. Nie hätte er sich vorstellen können, daß sie die erste sein würde, die einen Platz auf dem Grundstück bekommen sollte, das er erst für den Karmel gekauft hatte.

Vom darauffolgenden Tag an räumen die Karmelitinnen das Krankenzimmer auf, verbrennen den Strohsack und die Alpargatos[79]. Schwester Marie vom heiligsten Herzen hätte diese aufbewahren wollen, aber Schwester Marthe hat sich dem widersetzt: „Bewahren Sie dieses schmutzige Zeug da nicht auf!" Es sind tatsächlich nur Lumpen.

Dann nimmt das klösterliche Leben seinen regulären Verlauf wieder auf, gegründet auf das Gebet, die Arbeit, die Übungen des gemeinschaftlichen Lebens. Das Schweigen, das einen Augenblick lang beeinträchtigt war, breitet sich wieder über den Karmel von Lisieux. Denn an solchen Orten „machen sich das Leben und der Tod einer Karmelitin nur durch eine leichte Änderung der zeitlichen Festlegung von Arbeiten und Stundengebet bemerkbar …"[80]

Vierter Teil

Das Leben nach dem Tode: „Der Sturm der Verherrlichung"

*„Ein schwacher Funke, o Geheimnis des Lebens,
Genügt, um einen ungeheuren Brand zu entfachen."*

So endet die Geschichte der Therese Martin

Dann beginnt die erstaunliche Geschichte ihres Lebens nach dem Tode. Es geht nicht darum, sie hier zu schreiben; sie würde einen zweiten Band notwendig machen. Rufen wir uns einfach einige Tatsachen, einige Daten in Erinnerung!

Über den kleinen Kreis der Familie hinaus und trotz der Vorbehalte von einigen Wenigen hatten die Karmelitinnen Schwester Therese vom Kinde Jesus vom heiligen Antlitz geschätzt und geliebt. Bei ihrem Tode aber hätten einige Schwestern ohne Zweifel die Meinung von Schwester Anne du Sacré-Coeur, die von Saigon gekommen war und sieben Jahre mit ihr gelebt hatte, bevor sie wieder nach Indochina zurückging, unterschrieben: „Es gab nichts über sie zu sagen; sie war liebenswürdig und trat sehr in den Hintergrund; man bemerkte sie nicht, und nie hätte ich ihre Heiligkeit geahnt."

Und dennoch sollte die Geschichte dieses so kurzen Lebens die Welt erschüttern.

Man beurteilt den Wert eines Baumes nach seinen Früchten. Alle diese Tatsachen einer jüngsten Vergangenheit erlauben zu bestätigen, daß Schwester Therese nicht „die Fieberträume einer Lungenkranken" gelebt hat. Was sie gesagt und geschrieben hat, das hat sich nach ihrem frühzeitigen Tod als zuverlässig und nachweisbar enthüllt. Wenn ihr Mut im täglichen Leben und dann in ihrer ,,Passion" die Wahrheit ihres Weges des Vertrauens und der Liebe beglaubigt hat, dann trifft das in gleicher Weise auf ihr Leben nach dem Tode zu.

Das Erscheinen der ,,Geschichte einer Seele" (30. September 1898)

Mutter Agnes hat Wort gehalten. Es war eine durchaus ungewöhnliche Sache, daß der Totenrundbrief, der Therese auf ihrem Krankenlager versprochen war, ein ganzer Band von 475 Seiten geworden ist, herausgegeben durch die St.-Pauls-Druckerei in Bar-le-Duc. Am 30. September 1898, auf den Tag genau ein Jahr nach dem Tode ihrer jungen Schwester, erscheint die *Geschichte einer Seele* in einer Auflage von 2 000 Exemplaren zum Preis von vier Franken.

Unter der Verantwortlichkeit von Mutter Marie de Gonzague, die verlangt hat, daß die gesamten Manuskripte an sie gerichtet seien (was Korrekturen nach sich zog), hat Mutter Agnes die Hefte ihrer Schwester in Kapitel eingeteilt und das verbessert, was ihr in diesen ,,Skizzen" eines jungen Mädchens, das sich mit der Orthographie schwer tat, unkorrekt schien. Als geborene Verbesserin hat sie ohne Skrupel von dem Auftrag Gebrauch gemacht, den ihr die Kranke gegeben hatte,[81] so wie sie in den Buissonnets ihre Schularbeiten korrigierte. ,,Sie hat die Selbstbiographie praktisch neu geschrieben" (P. François de Sainte-Marie).

P. Godefroy Madelaine, Prior der Prämonstratenser in Mondaye, hat das Gesamt dieser Arbeit mit dem Bleistift in der Hand durchgelesen, es approbiert und für das Imprimatur Bischof Hugonin vorgelegt, der es am 7. März 1898 unmittelbar vor seinem Tode mündlich und ohne Enthusiasmus gewährt hat. Onkel Guérin finanziert das Unternehmen und nimmt alle notwendigen Schritte auf sich.

Alle französischen Karmel sowie einige kirchliche Persönlichkeiten erhalten das Buch. Bruder Simeon in Rom ist dabei nicht vergessen. Zwei oder drei Klöster zeigen einige Zurückhaltung: ,,Das Alter und die Erfahrung hätten vielleicht die Ansichten dieser jungen Schwester über die Vollkommenheit geändert." Aber die Bischöfe, die Ordensoberen (der Trappisten, der Eudisten, der Karmeliten …) bringen dem Karmel ihre Bewunderung zum Ausdruck.

Im Mai 1899 muß bereits eine zweite Auflage gemacht werden, die durch diese Anerkennungsschreiben erweitert ist. Herr Guérin, der die Druckfahnen sorgfältig liest, kann sich nicht genug darüber wundern. Bischof Amette, der Nachfolger von Bischof Hugonin, gibt für diese Neuausgabe am 24. Mai 1899 seine wohlwollende Zustimmung. Im Jahre 1900 sind 6 000 Exemplare verkauft. Die erste Übersetzung erscheint 1901 in Englisch; es folgen die Übersetzungen ins Polnische (1902), ins Italienische und Holländische (1904), ins Deutsche, Portugiesische, Spanische, Japanische, Russische (1905) …

Man hat gesagt und manchmal auch geschrieben, daß diese erstaunliche Verbreitung dem Fleiß der Schwestern Martin zuzuschreiben war, die verstanden hätten, ihre kleine Schwester zur Geltung zu bringen. Diese Erklärung hält jedoch angesichts der Fakten und Daten nicht stand. Die Karmelitinnen sind die ersten gewesen, die durch diese Sturzwelle höchst erstaunt waren. Mutter Agnes wird eines Tages ihrer Cousine Jeanne La Néele sagen: ,,Was für eine Affäre, mein Gott, für unsere alten Tage! Nie hätte ich auch nur den hundertsten Teil dieser allgemeinen Feuersbrunst erahnen können, für die ich im Jahre 1898 sehr ängstlich den ersten Funken legte." Es ist wahr, daß sie all dem mit einem Realismus und einem Organisationstalent, die nicht alltäglich sind, die Stirn geboten haben. Andere Karmel hätten in diesem Orkan Schiffbruch erleiden können!

Das typische Schema der Verbreitung ist vielmehr dies, das sich bei Tausenden von Exemplaren wiederholt: Irgend jemand liest die *Geschichte einer Seele*. Diese Lektüre erschüttert ihn, und mitunter wandelt sie ihn völlig um. Er bittet ,,die kleine Schwester Therese" und findet sich erhört. Er schreibt an den Karmel von Lisieux, erbittet ein Andenken und macht eine Wallfahrt zum Grab der jungen Karmelitin. Er läßt andere an seiner Begeisterung teilhaben und leiht das Buch aus. Auch diese Leser werden ihrerseits erhört, erbitten Reliquien und so weiter. So breitet sich der Funke von einem Bekannten zum anderen aus.

Am 12. Februar 1899 schreibt Schwester Marie de l'Eucharistie an ihre Cousine Céline Pottier: ,,Jedermann spricht von diesem geliebten Engel, der durch seine Schrift so viel Gutes tut. Die Priester vergleichen sie mit der großen heiligen Teresa und sagen, daß sie den Seelen einen ganz neuen Weg eröffnet hat, den Weg der Liebe. Sie sind alle voll Enthusiasmus, nicht nur in unserer Umgebung, sondern in ganz Frankreich; in den meisten ihrer Predigten erwähnen sie Abschnitte aus ihrem Manuskript. Es gibt sogar Menschen in der Welt, welche die Frömmigkeit kaum beschwert, die davon aber ganz begeistert sind und daraus ihre Lieblingslektüre machen."

Mit den Übersetzungen[82] mehren sich die Bekehrungen, die physischen Heilungen unter allen Breitengraden. Diese Wunder sind manchmal begleitet von Erscheinungen der ,,kleinen Schwester" in braunem Habit.

Ein junger schottischer Priester, P. Thomas Nimmo Taylor, der 1897 geweiht wurde, hat *,,Die kleine Blume Jesu"* gelesen. Durch die junge französische Karmelitin in Bann geschlagen, kommt er 1903, um Mutter Marie de Gonzague und die Schwestern Martin im Sprechzimmer zu besuchen. Er spricht die mögliche Heiligsprechung von Schwester Therese an. Die Priorin erwidert lachend: ,,Wie viele Karmelitinnen müßten in diesem Falle kanonisiert werden!" Weder Leonie noch die Guérins stimmen einer solchen Annahme zu.

Die Kanonisationsprozesse (von 1909 bis 1917)

Und dennoch ... Die Presse mischt sich ein. Der berühmte Louis Veuillot enthüllt am 9. Juli 1906 in *L'Univers,* daß sich in Rom P. Prévost damit befaßt, die Causa der Karmelitin von Lisieux vorzubereiten. Am 15. März 1907 wünscht Pius X. selbst ihre Verherrlichung. In einer Privataudienz zögert er nicht, der Zukunft vorzugreifen, indem er sie ,,die größte Heilige der Neuzeit" nennt.

Der neue Bischof von Bayeux und Lisieux, Lemonnier,

(Bischof Amette war für Paris ernannt worden), lädt am folgenden 15. Oktober die Karmelitinnen nicht ohne Zurückhaltung ein, ihre Erinnerungen an Schwester Therese vom Kinde Jesus niederzuschreiben. Manche von ihnen hatten aber nicht zehn Jahre gewartet, um das zu tun. Seit 1898 bewahrte man im Karmel sorgfältig alles auf, was diejenige betraf, die das Volk bereits ,,die kleine Heilige" nannte.

An Jeanne La Néele hatte Therese geschrieben: *Ich weiß, daß man sich in Rom viel Zeit nimmt zur Heiligsprechung.* Für sie aber sollen nun alle langen Wartezeiten verkürzt werden. Die römische Kurie, die sich für gewöhnlich Zeit läßt, fühlt sich gestoßen: ,,Wir müssen uns beeilen", erklärt Kardinal Vico, der Präfekt der Ritenkongregation, ,,die kleine Heilige zu verherrlichen, wenn wir nicht wollen, daß uns die Stimme der Völker überholt." Im Januar 1909 werden der Karmelitenpater Rodriguo und Monseigneur de Teil[83] als Postulator und Vizepostulator der Causa ernannt. Gerade vor der Eröffnung des bischöflichen Prozesses macht unter Hunderten von Wundern, die dem Karmel von Lisieux gemeldet werden, eine Erscheinung von Schwester Therese vor der Priorin des Karmels von Gallipoli in Italien großes Aufsehen. Sie sagt zu ihr: *,,La mia via è sicura, e non mi sono sbagliata seguendola."*[84]

Der bischöfliche Prozeß zur Seligsprechung wird am 3. August 1910 eröffnet, nur dreizehn Jahre nach ihrem Tode. Siebenunddreißig Zeugen kommen, um über das Leben von Schwester Therese auszusagen, davon neun Karmelitinnen, die mit ihr zusammen gelebt haben; einhundertneun Sitzungen sind notwendig.

Ihr Leib ist auf dem Friedhof von Lisieux am 6. September 1910 in Anwesenheit von Bischof Lemonnier und mehreren hundert Personen exhumiert worden. Die Ärzte Dr. Francis La Néele und Dr. de Cornière nehmen die üblichen Erhebungen auf. Diese Reste werden in einem Bleisarg in eine andere Grablege übertragen.

Pius X. unterzeichnet am 10. Juni 1914 die Einleitung der Causa und erklärt: ,,Es ist sehr angebracht, diese Seligsprechung schnellstens einzuleiten."

Der Weltkrieg verzögert den apostolischen Prozeß, der in Bayeux am 17. August 1915 auf Anordnung des neuen Papstes Benedikt XV. eröffnet wird. Aber wenn die Verbindungen mit Rom zur Zeit der Feindseligkeiten auch schwierig geworden sind, so hört der Ruf von Schwester Therese doch nicht auf, in den Schützengräben immer mehr zu wachsen, die auf deutscher Seite eingeschlossen. Die einzige ,,kurzgefaßte" Blütenlese des Eingreifens der Karmelitin von 1914 bis 1918 umfaßt 592 Seiten. Das Vorwort stellt fest, daß fünf Bände notwendig gewesen wären. Im Jahre 1915 hatte der Karmel bereits 211 515 Exemplare der *Geschichte einer Seele* verbreitet, 710 000 von *Kurzgefaßter Lebensabriß* und 110 000 von *Rosenregen*.[85]

Der apostolische Prozeß wird am 30. Oktober 1917 in der Kathedrale von Bayeux nach einundneunzig Sitzungen abgeschlossen. Benedikt XV. nimmt die Causa aus von den fünfzig Jahren, die durch das Recht an Frist für die Kanonisation auferlegt sind. Am 14. August 1921 proklamiert er das Dekret über den heroischen Grad der Tugenden von Schwester Therese vom Kinde Jesus.

Sein Nachfolger Pius XI. macht sie zum ,,Stern seines Pontifikates". Ihr Bild und ihre Reliquien verlassen sein Arbeitszimmer nicht. Nach der Prüfung von zwei Wundern, die unter Hunderten ausgesucht sind, führt der Papst bei der Seligsprechung von Schwester Therese vom Kinde Jesus in der Basilika Sankt Peter in Rom am 29. April 1923 den Vorsitz. Er sieht in ihr ein ,,Wort Gottes'', das an unser Jahrhundert gerichtet ist.

Die heilige Therese von Lisieux (17. Mai 1925)

In der gleichen Basilika schreibt Pius XI. vor 50 000 Menschen (während 500 000 auf dem Petersplatz stehen), im Beisein von dreiunddreißig Kardinälen und zweihundertfünfzig Bischöfen, die kleine Therese Martin am 17. Mai 1925 in das Verzeichnis der Heiligen ein. Zwei Jahre später poklamiert er sie als ,,Hauptpatronin der Missionen des ganzen Weltalls gleich dem heiligen Franz Xaver''. Es ist ein erstaunliches Paradox: Die Ordensfrau, die seit ihrem Alter von fünfzehn Jahren die Klausur niemals verlassen hat, ist zum gleichen Rang erhoben wie der spanische Jesuit, der sein Leben an den Grenzen Chinas hingeopfert hat.

So ist Therese von Lisieux nun allgemein bekannt. Seit der Seligsprechung drängten sich 600 000 Pilger in der kleinen Stadt der Normandie. Sie stehen Schlange vor der Karmelkapelle und den Buissonnets. Zwischen 1898 und 1925 sind 30 328 000 Theresien-Bilder verteilt worden. Eine große Zahl junger Mädchen baten, in den Karmel von Lisieux eintreten zu dürfen, die nicht alle angenommen werden konnten. Man hat Rundbriefe drucken müssen, um ihnen zu antworten, so viele Kandidatinnen strömen herbei. Die *Geschichte einer Seele* weckt Berufungen in allen Ordensgemeinschaften. Die theresianische

Spiritualität geht sehr weit über den Karmel hinaus. Im Jahre 1933 sind die „Oblatinnen der heiligen Therese" gegründet worden, die sich dem Dienst für die neue Heilige zur Verfügung stellen. Ein Pater Martin ruft 1948 eine männliche Kongregation ins Leben, „die Missionare der heiligen Therese".

Sie, die ihr Lebensende in den Finsternissen verbracht hatte, den modernen Unglauben prophetisch ankündigend, sie wird auch Patronin der inneren Missionen. Kardinal Suhard, von der Entchristlichung der Massen gequält, schrieb am 8. September 1940[86] in seinen persönlichen Heften: „Ich fühle, daß ein Teil der Sendung der Heiligen noch zu verwirklichen ist. Wenn das Werk der Mission de France begonnen sein wird, wird die kleine Heilige auf ihrem wahren Wege sein, weil es dann keine Grenze mehr für die göttlichen Freigebigkeiten gibt. Könnte ich doch wirksam für dieses Werk arbeiten und die heilige Therese herbeiführen, um hier zu arbeiten." Das Seminar der Mission de France, das er am 24. Juli 1941 gründet, installiert sich in Lisieux im Oktober 1943. Unmittelbar vor der Befreiung, am 3. Mai 1944, proklamiert Pius XII., der 1937 als Legat zur Einweihung der Basilika nach Lisieux gekommen war, Therese als „zweite Patronin Frankreichs gleich der heiligen Jeanne d'Arc". So sind die beiden Schwestern nun miteinander vereint. Einen Monat später steht Lisieux in Brand unter den Bomben der Debarkation. Die Seminaristen der Mission de France löschen das Feuer, das auf der Kellertreppe des Karmels anfing um sich zu greifen. In dem Brandherd, zu dem die Stadt geworden ist, bleibt das Kloster verschont.

Eine stille Revolution

Die Lebensbeschreibungen und Studien haben sich in allen Sprachen vermehrt. Allein zwischen 1898 und 1947 zählt die theresianische Bibliographie bereits 865 numerierte Werke. Die Nachfrage, die Originalhefte der *Geschichte einer Seele* zu lesen, wird immer drängender. Mutter Agnes stirbt mit neunzig Jahren am 28. Juli 1951.[87] Auf Anordnung von Pius XII. veröffentlicht schließlich der Karmelitenpater François de Sainte-Marie im Jahre 1956 die *Selbstbiographischen Schriften* in Faksimile-Ausgabe und dann ein Album mit Photographien, welches das wahre *Gesicht von Therese von Lisieux* wiedergibt (1961). Man stellt fest, daß es keinerlei Beziehung gibt zwischen den geschmacklosen Bildern, die zuvor massenweise durch die Ikonographie von Lisieux verbreitet wurden, und den authentischen Aufnahmen von Celine. Diese stirbt als letzte der Martins mit neunzig Jahren am 25. Februar 1959.
Was für ein staunenerregendes Abenteuer für diese Familie! Ihr ganzes Leben lang haben die Schwestern über die unglaubliche Metamorphose nachgedacht, die aus der „kleinen Letzten" eine universelle Heilige gemacht hat. Noch im Jahre 1939 ist Marie vom heiligsten Herzen darüber erstaunt: „Als ich soeben die Basilika betrachtete, dachte ich an Mama. Wenn sie nach Lisieux kam, führte sie meine Tante immer zum Friedhof, weil er schön gelegen war, und dann hatte sie dort jemanden aus der Familie, der dort begraben war; Mama liebte es, dorthin zu gehen. Wenn man ihr in diesem Augenblick gesagt hätte: ‚Sehen Sie da diesen schönen Hügel, auf dem Sie sich be-

finden? Nun gut! In fünfzig Jahren wird sich dort eine prächtige Basilika erheben () zu Ehren Ihrer kleinen Therese.' Armes Mütterchen! Es hätte gesagt: ‚Sie werden verrückt!', und ganz sicher hätte sie, die so viele Nöte hatte, nicht daran geglaubt!"

Von jetzt an ist die kleine Martin der Familie entschlüpft. Nun ist sie ,,das geliebte Kind der ganzen Welt" (Pius XI.) geworden; ihr gehört sie an. Tausendsiebenhundert Kirchen in der Welt tragen ihren Namen.

Von 1971 an beginnt die Jahrhundert-Ausgabe Briefe, Gedichte und Letzte Gespräche nach den Originalen zu veröffentlichen. Die Jahrhundert-Feier ihrer Geburt (1973) gibt den Arbeiten über Therese einen neuen Auftrieb. Die Karmeliten in Rom veröffentlichen 1973 bis 1976 die Akten der beiden Prozesse, die bis dahin geheimgehalten waren.

Seit der Seligsprechung haben Theologen die kleinen Hefte von Therese und alle ihre Schriften studiert. Einer der Pioniere, Abbé André Combes, glaubte, daß Schwester Therese vom Kinde Jesus ,,eine der großartigsten Revolutionen bewirkt hat, die der Heilige Geist in der Entwicklung der Menschheit ausgelöst hat. Eine stille und verborgene Revolution, deren Früchte unzählig sind". P. Molinié, Dominikaner-Theologe, glaubt seinerseits, daß ,,man auf Therese vom Kinde Jesus zählen muß, um eine spirituelle Bewegung von planetarischem Ausmaß wiederzufinden, deren Reichweite genau den Dimensionen des Evangeliums entspricht". Für Urs von Balthasar ist ,,die Theologie der Frauen nie ernst genommen noch in die Zusammenarbeit hineingenommen worden. Nach der Botschaft von Lisieux müßte man in der augenblicklichen

Neufassung der Dogmatik endlich daran denken".
P. Congar sieht in Therese (und in Charles de Foucauld) „einen der Leuchttürme, den die Hand Gottes zu Beginn des Atomzeitalters entzündet hat".

Es ist wahr, daß jede andere als Therese Martin endgültig hätte ausgelöscht werden können durch die Schwierigkeiten und Leiden, denen sie begegnete. Eine Lebenskraft, eine wahnsinnige Liebe hat sie beseelt. Sie hat die persönliche Erfahrung des Heils gemacht. In einer Zeit, wo der tödliche Jansenismus noch seine Verheerungen anrichtete, wo ein enger Moralismus es wagte, das Gottesbild auf das eines steifen Rechtspflegers einzuengen, hat sie die Blutader des Evangeliums wiedergefunden. Gott ist der Vater Jesu. Er hat seinen Sohn geschenkt, der für die Sünder, die Armen und die Kleinen gekommen ist. Diesen Gott wagt sie, *Papa* zu nennen und findet damit instinktiv das originale Wort Jesu: *„Abba."*

Ohne Therese jemals zu nennen, verdankt das Zweite Vatikanische Konzil (1962 bis 1965) ihren prophetischen Intuitionen viel: Rückkehr zum Wort Gottes, Vorrang der theologischen Tugenden (Glaube, Hoffnung und Liebe) im täglichen Leben, die Kirche als Leib Christi verstanden, die allumfassende Mission, Ruf eines jeden Getauften zur Heiligkeit, brüderliche Aufmerksamkeit gegenüber den Andersgläubigen oder Ungläubigen. Ihre Prüfung des Glaubens und der Hoffnung ist wie eine Vorankündigung des 20. Jahrhunderts erschienen, wo der Glaube die Christen zu Minderheiten gemacht hat, wo so viele Menschen der Verzweiflung gegenübergestellt sind. Man kann noch hinzufügen: Ihr Begriff des Himmels als eines Ortes der Dynamik, ihre Pädagogik der brüderlichen Liebe, ihr Verlangen nach der täglichen heiligen Kommunion, ihre Mariologie und so weiter.

Man kann nicht daran zweifeln, daß nach Katharina von Siena im vierzehnten und nach Teresa von Avila im sechzehnten Jahrhundert Therese von Lisieux in Bälde auch als Kirchenlehrerin proklamiert wird.[88]

Die universelle Schwester

Obwohl sie nie etwas systematisiert hat, hat ihr Gedanke Philosophen in Erstaunen versetzt wie Bergson, Guitton, Moré, Mounier, Thibon ..., Politiker, so gegensätzlich wie Marc Sangnier und Charles Maurras ... Sie hat so verschiedene Schriftsteller fasziniert wie Paul Claudel, Henri Ghéon, Georges Bernanos, Lucie Delarue-Mardrus, Joseph Malègue, Edouard Estaunié, Giovanni Papini, René Schwob, Ida Görres, John Wu, Maxence Van der Meersch, Gilbert Cesbron, Stanislas Fumet, Julien Green, Maurice Clavel ... Lächerlich kurze Liste, die leicht zu verlängern wäre, wenn sie den fünf Erdteilen Rechnung trüge.

Wer aber wird schließlich — *und vor allem* — den tiefen Aufruf, die glückliche Befreiung nennen, die sie im Herzen der Armen, der Kleinen, der Unbekannten (ihrer bevorzugten Freunde) bewirkt hat, indem sie ihnen kundtat, daß die evangelische Heiligkeit in ihrer Reichweite lag? Ihr Leben zeigt, daß die Gemütsschäden, die Neurosen, die katastrophalen Vererbungen, die verschiedenen Krankheiten, ja, daß nichts die Menschen scheiden kann von der Erbarmenden Liebe. Durch ihre ,,liebende Kühnheit", durch ihre ,,geniale Unerschrockenheit" (Molinié) verjagt sie alle Ängste. Das gewöhnliche tägliche Leben ist wieder der Ort der möglichen Heiligkeit geworden. *Es wird darin für jeden Geschmack etwas zu finden sein, nur nichts für die außergewöhnlichen Wege.* Sie hatte für die Massen gebetet, diese Legion von *kleinen Seelen,* für jene, die zu Jesus kamen am Ufer des Sees von Tiberias. Sie ist erhört worden.

Mehr als eine Million Menschen kommen jedes Jahr nach Lisieux, Pilger und Touristen jeden Alters, aus allen Schichten, aus allen Ländern. In der Karmelkapelle, in den Buissonnets geht der Metallarbeiter am Advokaten vorbei, der japanische Intellektuelle an der Prostituierten der Place de Pigalle, der Mohammedaner aus Nordafrika am belgischen Missionar, die bäuerliche französische Familie am südamerikanischen Theologen, die Gruppe deutscher Pilger an jener der kanadischen Ordensfrauen ... ,,Die einzigen abendländischen Heiligen, welche das christliche Volk in Rußland nach dem Schisma verehrt, sind der heilige Franz von Assisi und die kleine Therese'', erklärt Olivier Clément, der die Meinung eines Orthodoxen wiedergibt.

Die ,,kleine Therese''[89] der Französischsprechenden, ,,The little Flower'' der angelsächsischen Welt, die ,,Teresinha'' der portugiesischen Länder, die ,,Teresita'' der spanischsprechenden Welt hat überall Freunde und Freundinnen. Viele sagen: ,,Sie ist da ... Das ist eine Gegenwärtigkeit ... Sie ist ganz nahe bei uns ...''

Die intime Geschichte dieser Massen wird niemals geschrieben werden. Sie bleibt ein Geheimnis zwischen ihnen und Therese. Die wahre posthume Geschichte der

Papst Johannes Paul II. in Thereses Sterbezimmer (2. Juni 1980)

Heiligen von Lisieux liegt in dieser Tiefe. Sie entzieht sich jeder Forschung, jeder Statistik ...
So entzieht sich uns auch endgültig das Geheimnis dieses Menschen trotz all unserer Forschungen. Aber ist es so nicht besser?
Sie ist ein Komet am Himmel der Heiligkeit, der während der Stufen des irdischen Lebens von vierundzwanzig Jahren geleuchtet hat, um unter Beibehaltung der Jugendfrische zur Weisheit der Greise zu gelangen. ,,Die Heiligen veralten praktisch nie", sagte Johannes Paul II. in Lisieux; ,,sie werden nie Menschen der Vergangenheit, Männer und Frauen von gestern. Im Gegenteil: sie sind immer die Männer und Frauen von morgen, Menschen der im Evangelium verheißenen Zukunft des Menschen und der Kirche, Zeugen der kommenden Welt."
Der Papst aus Polen hat am 2. Juni 1980 seine Reise nach

Frankreich tatsächlich mit einer Pilgerfahrt nach Lisieux abschließen wollen. Auf dem Vorplatz der Basilika hat er vor hunderttausend Menschen gesprochen: ,,Von Therese von Lisieux kann man mit Überzeugung sagen, daß der Geist Gottes ihrem Herzen möglich gemacht hat, den Menschen unserer Zeit *das grundlegende Geheimnis* des Evangeliums direkt zu offenbaren: die Tatsache nämlich, daß wir wirklich ,den Geist empfangen haben, der uns zu Söhnen macht, den Geist, in dem wir rufen: Abba, Vater!' Der ,kleine Weg' ist der Weg der ,heiligen Kindheit'. Auf diesem Wege sehen wir gleichzeitig eine sehr grundlegende und allgemeingültige Wahrheit bekräftigt und neu herausgestellt. Welche Wahrheit aus der Botschaft des Evangeliums ist denn wohl *grundlegender* und *allgemeiner gültig* als jene: Gott ist unser Vater, und wir sind seine Kinder?''

Johannes Paul II. hat daraufhin zum Krankenzimmer gehen und dort beten wollen, wo Therese gestorben ist, nachdem sie so viel gelitten hatte. Den beschaulichen Ordensfrauen, die in der Karmelkapelle aus verschiedenen Ordensgemeinschaften versammelt waren, hatte er kurz zuvor gesagt: ,,Die Dichte und die Strahlkraft eures verborgenen Lebens in Gott müssen die Männer und Frauen von heute nachdenklich machen, die so oft den Sinn ihres Lebens suchen.''

Diese wenigen Blätter über das Leben der Karmelitin von Lisieux nach ihrem Tode umfassen fünfundachtzig Jahre der Geschichte. Sie beleuchten nur unvollkommen ,,die Dichte und die Strahlkraft ihres verborgenen Lebens in Gott''.

Dieses Leuchten dauert fort, und es wird fortdauern.

Ja, ich möchte meinen Himmel damit zubringen, auf Erden Gutes zu tun ... () Ich kann nicht ausruhen, solange es noch Seelen zu retten gibt ... Wenn aber der Engel einmal sagen wird: ,,Es wird keine Zeit mehr sein!", dann werde ich mich ausruhen ...

Einige Zeugnisse, ausgewählt unter Zehntausenden

,,Ich möchte das Evangelium in allen fünf Weltteilen gleichzeitig verkünden, bis zu den fernsten Inseln ..."

Ich liebe Therese von Lisieux sehr, weil sie die Dinge vereinfacht hat. In unseren Beziehungen zu Gott hat sie die Mathematik abgeschafft. () Sie hat im inneren Leben dem Heiligen Geist jenen Platz zurückgegeben, den die Seelenführer ihm genommen hatten.

Kardinal Bourne (1912)
Erzbischof von Westminster

Auf Haiti gibt mir ein Kamerad ein kleines Buch, die *Geschichte einer Seele*. Zerstreut öffne ich das Buch und überfliege die ersten Seiten, ohne mich dafür besonders zu interessieren. Das kommt mir vor als nicht für mich geschrieben, als für mich unbrauchbar. Dann komme ich zu der Episode mit dem Korb, wo Therese, von Leonie eingeladen, einige Tuchreste oder Bänder zu wählen, antwortet: *Ich wähle alles.* Blitzschnell fängt meine ganze Seele Feuer. Eine unbekannte Erregung taucht mich unter, überschwemmt mich mit Feuer. ,,Freude und Freudentränen ..." Ich bin in eine andere Welt versetzt. () In diesem Augenblick kam es mir vor, daß ,,die kleine Therese", noch nicht seliggesprochen, bei mir war, und daß sie die Augen meiner Seele öffnete. () Nein, das ist keine Täuschung, diese Gnade, die wie der Blitz einschlug, und deren Einfluß noch nach achtundvierzig Jahren mein Leben dauernd beherrscht ...

>   *Jean Le Cour-Grandmaison (1914)*
>   Marineoffizier, Abgeordneter des Departements
>   Loire-Atlantique, gestorben 1974 in der Abtei
>   von Kergonan

Die heilige Therese von Lisieux ist meine Patronin. Die Sträucher von weißen Rosen vor ihrer Statue im Garten, die ich gepflanzt habe, blühen fast das ganze Jahr hindurch.

>   *Alain Mimoun (1970)*
>   Olympiasieger im Marathonlauf

Das koptische Kloster Wadi Natroum ist vor etwa fünfundzwanzig Jahren von Matta el Masquin gegründet worden. Matta el Masquin war Ägypter, Student der Pharmazie, und gehörte der koptisch-orthodoxen Religion an. In seiner Jugend fühlte er sich zum Ordensleben berufen. Er zog sich in eine Wüste in Oberägypten zurück und begann eine Art eremitischen Lebens nach dem Beispiel des heiligen Makarios, eines der Väter des koptischen Mönchtums. Das Werk der heiligen Therese vom Kinde Jesus, das 1964 ins Arabische übersetzt wurde, berührte Matta el Masquin sehr tief und wurde für ihn und seine Mönche eine Grundregel. Jetzt dient es als Grundlage der Erneuerung für Wadi Natroum.

>   *Karmelitanische Mitteilungen, SIC, (1981)*

In den sechziger Jahren war ich Student. Ich nahm teil an den Zusammenkünften der katholischen Gruppen. Mehrere Male hatte ein Seelsorger zu uns von Therese von Lisieux gesprochen; die Mädchen hatten darüber gelacht, und die Jungen fragten sich, wozu das in ihrem Kampf für den Frieden in Algerien und gegen die Folterungen nützlich sein könne. Wir waren zu ernst, zu engagiert, um uns für diese kleine gute Schwester zu interessieren. Es hatte den Mai 1968 gegeben und die Jahre intensiver politischer Aktion, die gefolgt sind. Ich hatte alle Brücken mit einer ineffizienten Kirche abgebrochen, die unfähig war, dem Menschen eine Zukunft zu eröffnen.

Im Jahre 1975 aber hatte ich an Wirkkraft nichts gewonnen und die Hoffnung verloren, irgend etwas in dieser allzu schwierigen Welt ändern zu können. Bei den Eltern meiner Verlobten fand ich die Selbstbiographie von Therese Martin. Das ist eine Offenbarung gewesen, die umstürzende Wiederentdeckung des Evangeliums, gelesen von der herausfordernden Stimme eines Kindes. Während acht Tagen war ich erschlagen, wie erdrückt. Und dann habe ich wie der Arme zu beten versucht, der ich auf diesem Gebiete war. Ich habe Gott wiedergefunden, die Hoffnung in der Aktion, wenn sie von der Liebe beseelt ist. Mein Leben ist umgewandelt. *D. L. (1979)*

Wir wollten ein Kloster gründen, aber Sie wissen sehr gut, daß das unmöglich ist. Das Gesetz verbietet es ausdrücklich. Dann haben wir die Geschichte einer Seele entdeckt, und das ist für uns nun unsere Klausur. Denn diesem kleinen Weg der Kindschaft kann jedermann folgen, selbst wenn die religiösen Einrichtungen offiziell unterbunden sind, selbst wenn nichts Religiöses erlaubt ist.

Russisch-orthodoxe Christen (1977), Moskau

Dieses Buch ist eine Ehrfurchtsbezeugung. Es ist die leidenschaftliche Ehrfurchtsbezeugung einer Ungläubigen an die Karmelitin, die wie ein Phantom wunderbarerweise aufgetaucht ist mit ihren Rosen in den Händen, mitten in einer Epoche, welche die Dichter unglücklich macht und in Schrecken versetzt. () Therese Martin ist meine Landsmännin und beinahe auch meine Zeitgenossin. Ich will ihren lichtvollen Eintritt in die Schar der Heiligen nicht vorübergehen lassen, ohne sie auf meine Weise zu ehren. Im übrigen ist sie von jetzt an zum Gemeinbesitz geworden; davon wollen wir unseren Anteil haben.

Lucie Delarue-Mardrus (1926)
Schriftstellerin

Ich möchte Dir ein kleines Wort sagen, denn ich bin im Gefängnis und denke viel an Dich. Ich habe dafür lange Zeit, aber das ist nicht schlimm. Vor einiger Zeit habe ich Dich mit meiner Frau besucht und, sobald ich kann, werde ich Dich mit meinem Sohn, der vier Monate alt ist, besuchen. Im übrigen trage ich Deine Medaille um meinen Hals und damit meinen Jesus Christus. Ich komme am 24. März aus dem Gefängnis. Ich mache eine Zeichnung für Dich, die Dir, wie ich hoffe, Freude machen wird. Heilige Therese, ich verabschiede mich, indem ich Dir einen dicken Kuß gebe, wie auch mein Sohn und meine Frau.

Serge X. (1979)
Gefangener

Ich heiße Therese B. und wohne in den Vereinigten Staaten. Vor kurzem habe ich das Buch *Herr Martin, ein idealer Vater* zu Ende gelesen. Ich habe auch die *Geschichte einer Seele* gelesen. Ich muß Ihnen sagen, daß ich während der zweiundvierzig Jahre meines Lebens nichts dergleichen gelesen habe, und keine andere Lektüre hat mich in solchem Maße berührt. Obwohl ich katholisch bin, und obwohl ich Therese heiße, habe ich niemals viel gewußt über diese so mächtige Heilige, welche die Seelen rettet. Im Januar 1981 war ich auf dem tiefsten Punkt meines Lebens. Da trat ich eines Tages in eine Kirche ein, wo sich ihre Statue befand. Zu ihren Füßen war ein Bildchen mit einem Gebet niedergelegt: ,,Warum nicht, da doch der ganze Rest gescheitert ist?" () Mein Glaube festigte sich bis zu dem Punkt, daß ich nur glauben kann, ich selbst sei diese Person, ich, die ich nur an Selbstmord dachte.

Therese Bremer (1981)

Ich sehe noch, wie dieser buddhistische Priester in safrangelbem Gewand und mit geschorenem Kopf sich nach dem Besuch im Zimmer der heiligen Theresia auf eine kleine Bank setzt. Dort hat er den Besuchern, die er geführt hatte, gesagt: ,,Jetzt wollen wir das Vaterunser beten", und dann beigefügt: ,,Heilige Therese, bitte für die Besucher, die hier vorbeikommen!" Das war ein Buddhist, der seine Studien bei den Jesuiten in Indien gemacht hatte. Er schätzte die Offenheit des Geistes von Therese sehr, weil sie nie gegen jemanden gewesen ist, sondern viel geliebt hat. Für ihn, den Nichtchristen, stieß sie vor zur Sorge seiner eigenen Spiritualität um die universale Liebe.

Schwester Colette Barthélemy (1973)
in den Buissonnets

Es gibt kaum Tage, wo ich nicht alle Arten von Menschen in die Schule von Therese von Lisieux schicke, dank ihrer Schriften und dessen, was über sie geschrieben wurde. Das reicht von der Prostituierten bis zum jungen Mädchen, das auf der Suche nach dem Ordensleben ist; vom Priester, der infolge einer traurigen Vergangenheit zum Landstreicher geworden ist, bis zum ehemaligen Generaldirektor, der im Ruhestand eingesteht, daß er am wahren Leben vorbeigelaufen ist; von der Familienmutter, die kaum französisch lesen kann, die aber im Inneren begreift, was die heilige Theresia gesagt hat, bis hin zum geschiedenen Vater, der eine ,,Verzeihung" fühlt im besonderen Licht des barmherzigen Gottes der heiligen Therese ... Ich sammle eine Unmenge von echten kleinen Wundern, die ihr zu verdanken sind.

Ein Seelsorgepriester in Lyon (1982)

Jesus ist ganz nahe bei mir. Er zieht mich immer mehr an sich, und ich kann ihn nur im Schweigen anbeten mit dem Wunsch, aus Liebe zu sterben. Ich möchte wie die kleine heilige Therese vom Kinde Jesus bei jedem Schlag meines Herzens diese Hingabe erneuern, um ein ,,Brandopfer seiner erbarmenden Liebe" zu werden. () Ich warte in der Nacht und im Frieden. () Ich warte auf die Liebe. In fünf Stunden werde ich Jesus sehen!

Jacques Fesch
(Geschrieben am 30. September 1957, dem sechzigsten Jahrestag des Todes der heiligen Therese, in der Nacht, die seiner Enthauptung vorausging. Er war siebenundzwanzig Jahre alt.)

Im gleichen Augenblick, wo die grausame Prüfung, die ich zu bestehen hatte, sich meiner bemächtigte, erhielt ich von unbekannter Hand eine kleine Broschüre zugeschickt, die Schwester Therese vom Kinde Jesus gewidmet war. Kaum hatte ich sie zu lesen begonnen, verspürte ich sofort eine sehr süße Tröstung wie eine innere Stärkung, um mich ganz klein zu machen und mich in der Nachfolge von Schwester Therese dem Willen Gottes hinzugeben. Möge Schwester Therese von dort oben her uns stützen und uns zeigen, wie man mehr nie tut, als wenn man mit Jesus eins ist.

Marc Sangnier
Gründer von Sillon
(Brief vom 15. September 1910 an Mutter Agnes)

Ich verdanke ihr viel. () Die heilige Therese ist mein ,,guter Engel" gewesen. Ich besitze von ihr eine Knochenreliquie, die mich nie verläßt. Sie wurde mir von der ehrwürdigen Mutter Agnes geschenkt, mit der ich im Briefwechsel stand bis zu ihrem Tode. () In der *Geschichte einer Seele* finden sich wahre Schätze an Weisheit.

Charles Maurras (1952)
Gründer der Action Française

Ich bescheinige hiermit, daß meine Tochter Regina mit viereinhalb Jahren seit dem 11. Januar 1906 von einer Augenkrankheit befallen war, die von den Ärzten als unheilbar beurteilt wird. Nach sechzehn Monaten nutzloser Pflege trug meine Frau ihr blindes Kind zum Grab von Schwester Therese vom Kinde Jesus, und wir begannen eine neuntägige Andacht zu dieser kleinen Heiligen. Vom zweiten Tag an, am 26. Mai 1908, zwei Tage nach Christi Himmelfahrt, erhielt meine kleine Regina, während meine Frau in der 6.00-Uhr-Messe war, nach einer heftigen Krise das Augenlicht wieder. Meine Frau hat das zuerst festgestellt, dann auch ich. Zum Zeugnis dafür unterzeichnen wir in großer Dankbarkeit für das Wunder, das zu unseren Gunsten gewirkt wurde, zusammen mit den Zeugen dieses Schriftstück. *(Es folgen elf Unterschriften und die Beobachtungen des Arztes, der eine Keratitis phlyctemularis diagnostiziert hatte.)*

A. Fauquet (12. Dezember 1908)
(Die kleine Regina Fauquet kam, um die Karmelitinnen von Lisieux im Sprechzimmer zu besuchen.)

Am Ende dieser beiden Veröffentlichungen, dieses langen Weges von fünfzehn Jahren mit Therese, ist die Empfindung noch viel lebendiger, neben einer eigenständigen und undefinierbaren Persönlichkeit zu gehen. () ,,Dann aber, wer ist Therese?", wird der Leser erstaunt und verblüfft fragen. ,,Komm und sieh!", wird man ihm antworten. Wünschten Sie, daß der Verfasser Ihnen einen Schlüssel in die Hand gibt? Es handelt sich um die Geschichte einer Liebe; es gibt also keinen Schlüssel; die Türe ist offen. Eine Türe zum Tod und zum Leben, wie immer bei der Geschichte einer Liebe.

Jean-François Six (1973)
Biograph Thereses

Liebe kleine Therese,
Ich war siebzehn Jahre alt, als ich Eure Autobiographie las. Wie ein Blitz schlug sie bei mir ein. ,,Geschichte

einer Frühlingsblume" hattet Ihr sie genannt. Mir schien sie die „Geschichte eines Brecheisens" zu sein. Willenskraft, Mut und Entschlossenheit sprachen aus ihr. Als Ihr einmal den Weg der völligen Hingabe an Gott gewählt hattet, da konnte nichts mehr Euren Lauf hemmen, weder Krankheiten noch äußere Widerstände, noch inneres Dunkel.

Albino Luciani (1973)
später Papst Johannes Paul I.

Kurz nach ihrer Geburt hatte Edith einen Augenstar. Man hat es nicht einmal bemerkt! Sie war drei Jahre lang blind. Die Großmutter Louise nahm sie nach Lisieux mit. Da hat sie gesehen. Für Edith war das ein echtes Wunder. Sie hat immer daran geglaubt. Von da an schenkte sie der heiligen Therese vom Kinde Jesus eine wahre Verehrung. Sie trug nicht nur lange Zeit eine Medaille, sondern hatte auch immer auf ihrem Nachtkästchen ein kleines Bild der Heiligen.

Simone Berteaut (1969)
Schwester von Edith Piaf

Mit Schwester Therese kann man immer von neuem anfangen, wie tief man auch gefallen sein mag. Neu anfangen zu lieben, neu anfangen zu leben. Therese erschien immer als diejenige, die das Unglück abwendet und in die Auferstehung eintreten läßt. Sie befreit Sie von dem schlechten und falschen Kreuz, dem der Furcht, der Gewissensbisse und der Verzweiflung, um Sie ganz sanft auf den Knien an den Fuß des echten Kreuzes zu bringen. Was mich betrifft, so werde ich in dieser Stadt, wo ich beinahe untergegangen war, Therese nicht genug dafür loben können, daß sie mich vor dem Aufbegehren bewahrte. Dennoch fühle ich, daß ich noch alles von ihr lernen muß, und ich bitte, daß sie mich befreit von allem, was mich noch allzu oft blockiert.

H. M. (1982)
Loiret

Anhang

Stammbaum der Familien Martin und Guérin

Linie von Thereses Vater, Louis Martin
(22. 8. 1823—29. 7. 1894)

Die Großeltern waren:
— Pierre-François Martin (16. 4. 1777—26. 6. 1865);
— Fanie Boureau (12. 1. 1800—8. 4. 1883).
Sie hatten drei Töchter und zwei Söhne; Louis war der letzte.

Linie von Thereses Mutter, Azélie Guérin
(23. 12. 1831—28. 8. 1877)

Die Großeltern waren:
— Isidore Guérin (16. 7. 1789—3. 9. 1868);
— Louise-Jeanne Macé (11. 7. 1805—9. 9. 1859).
Sie hatten drei Kinder:
— Marie-Louise (31. 5. 1828—24. 2. 1877), später Schwester Marie-Dosithée in der Heimsuchung von Le Mans;
— Azélie-Marie, die Mutter Thereses;
— Isidore (2. 1. 1841—28. 9. 1909), Apotheker in Lisieux, Onkel Thereses. Er heiratete Elisa-Céline Fournet (15. 3. 1847—13. 2. 1900) am 11. 9. 1866.
Sie hatten drei Kinder:
— Jeanne (24. 2. 1868—25. 4. 1938), verheiratet seit 1. 10. 1890 mit Dr. Francis La Néele (18. 10. 1858 bis 19. 3. 1916);

— Marie (22. 8. 1870—14. 4. 1905), später Schwester Marie de l'Eucharistie im Karmel von Lisieux, Cousine Thereses;
— Paul (16. 10. 1871), gestorben bei der Geburt.

Die Familie Martin

Louis Martin heiratete Azélie Guérin am 13. 7. 1858. Sie hatten neun Kinder:
— Marie-Louise (22. 2. 1860—19. 1. 1940), Patin Thereses, später Schwester Marie du Sacré-Coeur im Karmel von Lisieux;
— Marie-Pauline (7. 9. 1861—28. 7. 1951), später Schwester, dann Mutter Agnès de Jésus im Karmel von Lisieux;
— Marie-Léonie (3. 6. 1863—16. 6. 1941), später Schwester Françoise-Thérèse in der Heimsuchung von Caen 1899;
— Marie-Hélène (3. 10. 1864—22. 2. 1870);
— Marie-Joseph (20. 9. 1866—14. 2. 1867);
— Marie-Jean-Baptiste (19. 12. 1867—24. 8. 1868);
— Marie-Céline (28. 4. 1869—25. 2. 1959), später Schwester Geneviève de la Sainte-Face im Karmel von Lisieux;
— Marie-Mélanie-Thérèse (16. 8. 1870—8. 10. 1870);
— Marie-Françoise-Thérèse (2. 1. 1873—30. 9. 1897), später Schwester Therese vom Kinde Jesus vom heiligen Antlitz im Karmel von Lisieux.

Um die heilige Therese von Lisieux besser zu kennen[90]

Wir empfehlen:

1. *Die undispensierbare Lesung ihrer Werke*
Leicht erreichbar, nicht teuer:
— Therese vom Kinde Jesus, ,,Selbstbiographische Schriften". Johannes-Verlag Einsiedeln, 1958;
— ,,Briefe der heiligen Therese von Lisieux". Johannes-Verlag Leutesdorf am Rhein, 1976;
— ,,Poésies", Editions du Cerf 1979 Desclée de Brouwer;
— ,,Ich gehe ins Leben ein" — Letzte Gespräche der Heiligen von Lisieux. Johannes-Verlag Leutesdorf am Rhein, 1979.

Kritische Ausgaben mit Anmerkungen zur Vertiefung:
— ,,Manuscrits autobiographiques", édition en fac similé, avec 3 volumes de notes (OCL, Lisieux);
— ,,Correspondance Générale", Lettres de Thérèse et de ses correspondants, avec introduction et notes, 2 volumes (Cerf-DDB);
— ,,Poésies", 2 volumes, avec notes (Cerf-DDB);
— ,,Derniers Entretiens" avec introduction et notes (Cerf-DDB), et son volume d'Annexes (synopse des quatre versions des entretiens de Mère Agnès).

Eine kleine Blütenlese der Werke in drei kleinen Bändchen:
— ,,Pensées" 1, 2, 3, par Conrad De Meester, ,,Foi vivante" (Cerf).

2. *Verschiedene Dokumente*

— ,,Therese von Lisieux, wie sie wirklich war". 47 authentische Photographien. Einleitung und Bildkommentar von P. François de Sainte-Marie. Johannes Verlag Einsiedeln, 1961;
— Céline Martin, ,,Meine Schwester Therese". Verlag Herold Wien — München, 1961.

3. *Bücher über Therese*

Unter Tausenden drei kleine Bücher, die zum Wesentlichen hinführen:
— Liagre, ,,Retraite avec sainte Thérèse de Lisieux", Lisieux;
— Victor de la Vierge OCD, ,,Theresia von Lisieux, Lehrmeisterin des geistlichen Lebens". Pallotti-Verlag Friedberg bei Augsburg;
— Conrad De Meester, ,,Les mains vides. Le message de Thérèse de Lisieux", ,,Foi Vivante", Cerf.

4. *Wallfahrt nach Alençon und Lisieux*

Alençon:

— Geburtshaus, 42, rue Saint-Blaise, F-61000 Alençon;
— Kirche Notre-Dame;
— Semallé, etwa acht km entfernt, zu erreichen auf Route Nationale 12 oder 138.

Lisieux:

— Buissonnets, Karmelkapelle, Reliquiensaal, Basilika, Kathedrale Saint-Pierre, Abtei der Benediktinerinnen …;

- Information durch Direction des pèlerinages, 33, rue du Carmel, B. P. 95, F-14102 Lisieux, Cedex. - Tel. 0033-31-31 49 71;
- Ein Film über Therese von Philippe Agostini und P. François de Sainte-Marie, nahe bei der Krypta der Basilika; ständige Vorführung.

5. *Kassetten, Diapositive, Schallplatten*

Auskunft erbitten bei Office Central de Lisieux, 51, rue du Carmel, F-14100 Lisieux.

Bildnachweise

Alle Bilder dieses Buches sind Eigentum des Office Central de Lisieux (O. C. L.), 51, rue du Carmel, F-14100 Lisieux, mit Ausnahme jener auf Seite 40 und 234; der Photographien auf Seite 97 von Jean Creff; Seite 115 Archiv des Karmels; Seite 311 Felici.

Abkürzungen[91]

Abkürzungen für die deutschen Ausgaben:

B „Briefe der heiligen Therese von Lisieux". Johannes-Verlag Leutesdorf am Rhein, 1976.

BM Zélie Martin, „Briefe" der Mutter der heiligen Therese von Lisieux. Johannes-Verlag Leutesdorf am Rhein, 1985².

LG „Ich gehe ins Leben ein" — Letzte Gespräche der Heiligen von Lisieux. Johannes-Verlag Leutesdorf am Rhein, 1979.

MST Céline Martin, „Meine Schwester Therese". Verlag Herold Wien — München, 1961

SS Therese vom Kinde Jesus, „Selbstbiographische Schriften". Johannes Verlag Einsiedeln, 1958.

TP „Therese von Lisieux, wie sie wirklich war". 47 authentische Photographien. Einleitung und Bildkommentar von P. François de Sainte-Marie. Johannes Verlag Einsiedeln, 1961.

Abkürzungen für die französischen Ausgaben:

AL „Annales de sainte Thérèse", revue mensuelle, Lisieux.

BT „La Bible avec Thérèse de Lisieux". Cerf-DDB, 1979.

CG „Correspondance générale", Cerf-DDB, 2 tomes, 1972—1973.

CJ „Carnet jaune" de Mère Agnès de Jésus, version des Derniers Entretiens.

DCL	Documentation du Carmel de Lisieux.
DE	,,Derniers Entretiens", Cerf-DDB, 1971, et volume d',,Annexes".
HA 98	,,Histoire d'une Ame", édition 1898.
LC	Lettres des correspondants de Thérèse (dans la ,,Correspondance générale").
Mss I	Trois volumes du P. François de Sainte-Marie, accompagnant l'édition en fac-similé (1956) des ,,Manuscrits autobiographiques" (Mss I, II, III).
OCL	Office Central de Lisieux.
PA	,,Procès Apostolique" (1915—1971), Rome, 1976.
PO	,,Procès de l'Ordinaire" (1910—1911), Rome, 1973.
PN	,,Poésies" de Thérèse, Cerf-DDB, 1979 (avec leur numérotation).
PTA	,,La Petite Thérèse à l'Abbaye", Notre-Dame du Pré, 1930.
RP	Théâtre au Carmel, ,,Récréations pieuses", Editions du Cerf 1985 Desclée de Brouwer.
VT	,,Vie Thérèsienne", revue trimestrielle, Lisieux.

Stellennachweise

Wir geben hier unsere Quellen an. Obwohl unser Text keinen einzigen Verweis bringt, wird man beim Lesen, Seite um Seite, sehr leicht die zitierten oder verwendeten Dokumente finden können.

Die erste außenstehende Zahl bezieht sich auf die Seite dieses Buches. Zum Beispiel (für die deutschen Ausgaben):

52. SS 67 = Seite 52; Selbstbiographische Schriften, Seite 67;

(für die französischen Ausgaben):

32. VT 56, 304 = Seite 32; Heft 56 von *Vie Thérèsienne,* Seite 304.

Für die ,,Briefe der Mutter" wurde mitunter eine nicht edierte Kopie benützt, die von Schwester Marie de la Trinité, ohne Zweifel im Jahre 1926, hergestellt wurde. Es ist bekannt, daß die Originale durch die Schwestern Martin vernichtet wurden (vgl. CG 1240, VT 36, 189 und vor allem VT 49, 57). Die Fassung, die wir verwenden, ist im Karmel von Lisieux nach der Herausgabe der *Correspondance Générale* gefunden worden. Wir zitieren diese Fassung unter dem Zeichen CF (MTr).

7.	LG	146	27.	CF(MTr) 2mal		CG	97
	B	341		BM	191		LG	73
	SS	6		BM	257	35.	SS	25
	SS	187		TP	1		SS	26
9.	LG	83		BM	159		CG	100
	LG	177 f.		CG	1120		BM	223
	DE	390		BM	341	36.	BM	287
	DCL			BM	266		BM	286
13.	SS	26		SS	13 f.		BM	290
	BM	113	28.	CG	100		BM	290
14.	VT	37, 35		CG	393		VT	53, 67
16.	BM	140		CG	101	37.	BM	314
	BM	24		SS	22		BM	229
	VT	37, 35		BM	224		BM	327, 350
17.	BM	150		BM	238	38.	BM	327
18.	BM	123		B	9		BM	351
	BM	20		CG	1117		BM	318
19.	BM	112		SS	11 3mal		BM	371
	BM	159		CF(MTr) 2mal		BM	318
20.	BM	8	29.	BM	250		BM	318
	BM	151		BM	192		BM	355
21.	BM	86		SS	18 2mal	39.	BM	364
22.	BM	106		BM	240 f.		VT	55, 234
	BM	151	30.	BM	245		CG	1132
	BM	114		CF(MTr)		SS	26
23.	BM	117		HA	72, 328	41.	SS	27
	BM	121		CG	101	42.	SS	27 2mal
24.	BM	143		BM	250	43.	VT	60, 292
	BM	134		SS	19		CG	112
	BM	143	31.	SS	140		SS	25
	BM	153		BM	230	45.	SS	29
	BM	138	32.	BM	276		SS	29
25.	BM	156		BM	205		VT	56, 304
	BM	160		BM	190	48.	SS	29
	BM	164		BM	281 f.	49.	SS	31
	SS	26	33.	BM	178 f.		B	96
26.	SS	266		SS	19	51.	SS	37
	SS	14		BM	327		VT	61, 59
	BM	162		CF(MTr)		SS	45
				CF(MTr)			
			34.	BM	308 f.	52.	SS	32
				CF(MTr)			

	SS 45, 32	66.	PO	352	79.	PTA	46
	VT 58, 138		PO	363		CG	187
	CG 116		PA	515		SS	88
54.	VT 61, 74	67.	SS	58		SS	82
	SS 45		SS	58	80.	VT	74, 134
	SS 34		SS	59		SS	82
	SS 35	68.	SS	60 2mal		SS	86 f.
55.	SS 36		PN	54		SS	87
	SS 36	69.	SS	62 f.	81.	CG	195
	PO 241		PO	344		SS	87
	SS 52	70.	SS	56		CG	201
56.	SS 42		SS	55	82.	Revue Carmel 1957, 87
	SS 43		SS	64 2mal		VT	74, 134 f.
	SS 29	71.	SS	67		PTA	51
57.	SS 46 2mal	72.	SS	67	83.	SS	79
58.	SS 47		CG	1135		SS	83
	PTA 19	73.	SS	68	84.	SS	89
	SS 47		VT	28, 103		SS	89
	SS 50		PTA	28		SS	90
59.	SS 48		CG	1167 f.		VT	56, 308
60.	SS 65 f.		B	14		SS	90
	SS 66		CG	164	85.	SS	79
	Mère Agnès		SS	68		SS	92 2mal
	OCL 31		SS	73		CG	217
	SS 53	74.	PN	53		SS	93 2mal
61./62.	Mère Agnès 32		Mss II 22		86.	SS	91
	SS 53 f. 2mal		SS	73	87.	B	312
63.	PTA 30	75.	PTA	37		Piat, Léonie	
64.	SS 55		SS	69	88.	OCL	65
	CG 132		PTA	42		SS	95 2mal
	SS 56		PO	249	89.	SS	96
	SS 56		SS	69	90.	SS	95
65.	LC 7	76.	Mss II 23			B	312
	B 12		VT	74, 135		B	312
	LC 8	77.	SS	75	91.	SS	106
	LC 6		Mss II 24			LC	49
	SS 58		SS	75		CG	320
	SS 49	78.	PN	3		B	28
	CG 138		SS	75		SS	100
			CG	202	92.	SS	99 f.
			CG	178		SS	83

	Revue Carmel	
	1957, 106	
	CG	179
93.	SS	85
	SS	101
94.	SS	106
	SS	103
	SS	113
95.	SS	103 2mal
	SS	104 f.
96.	SS	97
98.	SS	98
	SS	98 f.
99.	SS	105
	B	31
100.	SS	108
101.	CG	229
	CG	235
	ACL	25. 6. 1887
102.	SS	109
	B	33
103.	SS	110
	CG	251
104.	SS	112
105.	CG	257
	CG	256
106.	SS	115 f.
	SS	120 2mal
107.	VT	83, 222
108.	SS	123
	B	35
	SS	123
109.	VT	83, 222
110.	SS	80
	VT	81, 38
	PA	301
111.	VT	81, 39
	SS	133
112.	SS	144 2mal
	VT	83, 216
	SS	122
	PO	301
113.	SS	122
	SS	135
	CG	276
	B	41
114.	SS	137
116.	SS	139
	CG	300
117.	B	43
118.	B	45
	SS	143
119.	CG	321
	CG	328, PA 368
	SS	148
120.	MST	36
	SS	148 f.
121.	SS	121
	SS	128
122.	SS	53
	PO	301
	SS	121
123.	SS	149
	CG	295
	B	308 ff.
	SS	151
	DE	779
	Piat, Céline	
	OCL	35
	DCL	
125.	SS	225
	SS	152
126.	PA	370 f.
	SS	153 2mal
	Le Père de Ste	
	Thérèse, OCL 128	
130.	CG	356
	SS	155
131.	CG	369
	CG	363
	B	33
132.	VT	28, 202
	SS	154
	SS	155
133.	PA	194
	DE	472
	SS	238
	SS	259
134.	B	92, 94
	M. Agnès, NPPA	
	Humilité, DCL	
	LG	121
135.	CG	367
	CG	381
	CG	373 f.
136.	CG	1141
	CG	383
	CG	384
	CG	376
	CG	407
138.	B	69
	SS 161 Mss II 51	
139.	B	80 f.
	CG	421
	CG	419
140.	CG	418
	B	92
141.	B	94 ff.
	B	93
	B	95
	B	92
	CG	140
142.	SS	153
	B	98
	SS	153
143.	SS	159 f.
144.	CG	633
	B	188

145. TP 5 und 6

146. SS 162
    SS 161

147. CG 456
    SS 161

148. PA 189
    CG 465
    Piat, Céline 42

149. PN 16
    LG 94
    LG 103

150. CG 502
    B 118 ff.
    De Meester, Dynamique de la confiance, Cerf 127
    B 104, 110, 134, 150 …
    B 138

151. SS 165
    SS 260 ff.
    SS 165
    B 118

152. CG 484
    CG 513
    B 124

153. CG 479
    SS 163
    B 259
    B 135

154. CG 533
    B 139 f.
    B 163

155. LG 147
    B 140
    LG 147
    B 141

156. B 133

     SS 184
     LG 196

157. B 144 f.
    SS 178
    SS 169

158. SS 167
    B 146

159. SS 279, CG 581
    HA 72, 315
    Mss II 53
    SS 153
    LG 117

160. SS 170, CG 581
    SS 171
    CG 586

161. SS 170
    CG 580
    B 56
    B 65

162. PN 26
    CG 630
    CG 631

163. PA 241
    SS 165
    SS 203

164. LG 118
    PO 251
    PA 311
    SS 248

165. B 173
    DE 531

166. B 172
    B 175
    B 169
    CG 645

167. Piat, Céline 47
    CG 633
    SS 177

168. CG 643
    SS 177

     CG 564
     PA 163

169. SS 177
    Mss II 55

170. SS 154
    SS 173, 175

171. SS 172
    DCL (inédit)

172. SS 174 f. 2mal

173. CG 649
    CG 662
    B 181, SS 181

174. MST 151 f.

175. CG 666
    SS 184
    SS 214
    PO 275, MST 95
    LG 144

176. B 187 f.
    LG 114
    CG 688

177. B 180
    SS 247 ff.
    B 287 ff.
    LG 104

178. SS 178
    CG 688

179. B 195 f.
    CG 745

180. B 247

181. SS 179
    CG 1176
    CG 699

183. B 203
    B 201 f.
    CG 712

184. B 207
    B 203 f.

335

	B	212	199.	SS	214
185.	CG	721		BT	20
	PA	176, CG 728		SS	214
186.	PA	187	200.	SS	214 f.
	CG	725	201.	SS	177
	B	215		B	274 ff.
				SS	95
187.	PN	4, 50—51		SS	275
	SS	66	202.	BT	101, DE 441
188.	PO	401		RP	2
	RP	1	203.	SS	185
	PN	3		CG	648
189.	DE	805		B	345
	CG	745		RP	2, 57
	CG	780		RP	3
190.	Piat, Céline 61		204.	PA	299
	SS	44		TP	11, 12, 13. 14
191.	B	250		RP,	3, 92
	B	252		RP	3, 94
	PN	8	205.	SS	223
192.	SS	44	207.	PO	237
	SS	44		SS	3 f.
	SS	180	208.	SS	6
	CG	784	209.	SS	6
193.	B	249 2mal		B	251
	CG	783		PO	157
	CG	785		DCL	
	CG	784		SS	220
194.	SS	182	210.	Ms II 56	
	LG	107		SS	7
	DE	471		PO	1945
	B	245 f.		PN	17
195.	CG	750	211.	MST	79
	CG	804		SS	186
	PN	5		Vie de Mère Geneviève,	
	CG	778		OCL 76, 106	
196.	DE	806	212.	SS	280
197.	B	247	213.	MST	79 f.
	TP Seite 8			SS	282
198.	PN	10, 11, 12			

	HA	72, 316
	PN	54
	B	109, 140, 177
	LG	82 f.
	CG	810
214.	CG	896
	CG	808
	PO	582
	PO	158
215.	SS	265 f.
	SS	266
216.	HA	53, 262
	PA	295
	PN	31
217.	CG	825
	RP	5, 121
	B	207 f.
	RP	6
	RP	6, 143
218.	AJ/NPPA, Force (DCL)	
	PO	146
	SS	186 f.
219.	SS	167
	SS	187
220.	CG	1184
	CG	1182-4
	SS	235 f.
221.	CG	1181
222.	TP	26, 27
	B	59
	Mère Agnès	
223.	OCL	62
	SS	251
	DE	490
224.	SS	249 f.
	SS	253
	DE	598
	MST	82
225.	LG	62 f.
	VT	73, 60

	PA 474	
	SS 256	
	Ms II 109	
	LG 39	
	PA 182	
	SS 251 f.	

226. AL März 1982, 7
PA 467
CG 1157
MST 159 f.

227. MST 54
SS 256 f.
SS 232

228. B 298, 299, 307...
SS 218

229. SS 219
PN 28

230. CG 1188
SS 222 f.
SS 200

231. SS 220 f.
PN 40
SS 219
SS 221

232. PA 151
VT 85, 54

233. PN 30
PN 32
SS 222
SS 196 f.

235. SS 268 f.
SS 269

236. B 298
PN 35

237. CG 858
RP 7
Le Triomphe
de l'Humilité
RP 7, 76 ff.

238. Op. cit. 106

RP 7, 31

240. RP 7, 32
B 287
B 293

241. B 294 f. 2mal
HA 53, 259
MST 229 f.
PN 36
SS 200

242. SS 197 f.

243. SS 199
SS 200

244. PN 34

245. SS 207 f.

246. SS 192
SS 194

247. CG 893
B 303 f.

248. Op. cit. 231
PO 518
SS 222
PO 280

249. CG 880
B 310
PA 300

250. LG 50 f.
Ph. de la Trin.
Thérèse de L.
Lethielleux, 25
CG 922
CG 924

251. VT 73, 56
PN 43
PN 44
B 328, SS 281

252. PN 44, 201
B 326
B 328
B 332

PN 45, 207

253. SS 234 f.
DE 786
PN 45
PN 47

254. CG 919
RP 8
VT 75, 230

255. B 336 f.
PA 484
PN 48

256. PN 17
LG 67
DE 671
DE 727
DE 670
DE 674

257. LG 42

258. Weber, Satan
Franc - Maçon
Julliard, 159

259. Le Triomphe
de l'Humilité, 91

260. SS 220

261. B 341
B 347
SS 253

262. DE 650
DE 420
PN 51, 227
PN 51

263. PN 51, 228
LG 94
PN 50
PA 268

264. DE 389 ff.
PN 54
SS 179 f.

265. CG 957

	RP	3	277.	DE	610
	LG	59	278.	LG	144
	LG	52		PA	339
266.	B	353		LG	143
	CG	1001		LG	89
	PO	146 f.	279.	LG	155
267.	DE	440		LG	169, 172 f.
	PO	147		DE	371, PO 472
	CJ	11.9.2		LG	79
	SS	211		DE	595 f.
268.	SS	213		LG	181
	SS	223 f.		LG	216
	PO	147		PO	273
	PO	173		LG	161
	SS	241 f.		LG	207
269.	LG	69	280.	SS	249
	SS	220		DE	442 ff.
	LG	64		PA	231
	SS	222		SS	275
270.	HA	07, 261	281.	SS	271 f.
	SS	80 ff.		LG	95
271.	SS	222	284.	LG	124
	PA	238		LG	127
	PO	147		NV	108 (DE Annexes)
	SS	232		LG	137
272.	TP	41, 42, 43		LG	157
	B	359	283.	SS	267 f.
	LG	63		B	370 f.
	DE	675		LG 111, DE 777	
273.	LG	57		SS	273
274.	LG	60		LG	110
275.	B	347		LG	98
	PO	249		VT	75, 230
	LG	68	284.	DE	475
	LG	73		LG	98
	LG	91		B	212
	DE	682		B	373 f.
	DE	708		B	375
276.	LG	86		PA	380, vgl. B 377
	LG	89	285.	B	381
	LG	128		B	382
				CJ	31.7.17, 18
				LG	132
				DE	732
				LG	133
				LG	134
			286.	LG	95
				PN	5
				LG	83
				LG	141
				LG	140
				LG	78
				DE Annexes 465	
			287.	LG	133
				LG	158
				DE	758
				DE	745
				DE	682
				CV	1, 8
				(DE Annexes)	
			288.	LG	167
				CG	1189
				LG	191
				LG	192
				SS	254 f.
				LG	176
			289.	LG	141
				LG	189
				TP	45
				LG	210
				DE	766
				LG	195
				LG	170
				LG	193
				LG	192
			290.	LG	191 f.
				CJ	28. 9
				DE	769
				LG	212
				LG	214
			291.	LG	222
				LG	223
				CJ	30. 9
				LG	224
				LG	225

	DE 773
292	LG 226 ff. Gaucher, La passion de Th. de L. Cerf - DDB 113
293	LG 320 MST 218
294	DE 773
295	B 220 TP 46 B 361 PA 320
296	DE 661 PA 241
297	PN 24 CG 981
298	Balthasar, Th. de L., Inst. Cath.
299	Manuscrits autob. Fd. manuelle OCL XIV. AL März 1981, 3
301	DCL PO, X
302	B 219 PA VII
303	PO 561 Interventions de soeur Th. pendant la Guerre, 1920, V
304	PA 211
305	VT 59, 222 Six, Cheminements de la Mission de France, Seuil 25
306	CG 107
230	Introd. à la spiritualité de Ste Th. DE l'E.-J., Vrin 184 Le combat des Jacob, Cerf 97 Op. cit. 121
308	LG 60
310	LG 157 France Cath. Nr. 1823
311	Voyage en France, livre de poche, Nr. 5478, 176
312	Id. 183
313	LG 110 f.
314	SS 198

339

Anmerkungen

1 Anm. des Übersetzers: Alle französischen Namen wurden in französischer Schreibweise in die Übersetzung übernommen, mit Ausnahme der Namen der Schwestern Martin:
Soeur Thérèse de l'Enfant Jésus = Schwester Therese vom Kinde Jesus
Marie du Sacré-Coeur = Schwester Marie vom heiligsten Herzen
Mère Agnès de Jésus = Mutter Agnes von Jesus
Léonie = Leonie
Céline = Celine (ihr Ordensname Geneviève wurde unverändert übernommen).
2 Ein Zentrum der theresianischen Dokumentation wurde für die Forscher im Jahre 1978 in Lisieux eröffnet.
3 Ausgabe zur Jahrhundertfeier, Cerf-DDB. Die *Stücke zur Erholung* erscheinen demnächst. (Sie sind inzwischen erschienen unter dem Titel ,,Théâtre au Carmel''. — Anmerkung des Übersetzers.)
4 Man wird davon eine kleine Vorstellung haben, wenn man auf Seite 314 ff. einige Zeugnisse liest, die aus Tausenden ausgewählt sind.
5 Vgl. den Stammbaum der Familien Martin-Guérin S. 324 f. Man beachte das Fehlen von Knaben in diesen beiden Familien! In der Familie Guérin starben alle bei der Geburt, in der Familie Martin kurz danach.
6 In Lisieux verdiente ein Mann in der Textilbranche im Jahre 1874 zwischen 2,25 und 3,50 Franken pro Tag; die Frauen zwischen 1,60 und 2,50; die Kinder zwischen 0,90 und 1,50. Ein Kilo Brot kostete 0,30, 1 Kilo Rindfleisch 1,50 Franken.
7 Drei Tage nach der Geburt Thereses bringen die Zeitungen die Nachricht vom Tod des Ex-Kaisers Napoleon III. Thiers bestimmt für kurze Zeit die Geschicke der jungen französischen Republik. Die Mehrheit der Katholiken erhofft die Rückkehr des Königs, aber der Eigensinn des Grafen de Chambord, der Anhänger der ,,Weißen Fahne?''* ist, hintergeht sie. Bald darauf ist der Marschall de Mac-Mahon gewählter Präsident der Republik. Die Arbeiten für die Errichtung einer Basilika auf dem Montmartre auf Grund eines nationalen Gelübdes werden begonnen. Man betet für die Befreiung von Papst Pius IX., der Gefangener ist in Italien.
* (,,drapeau blanc'' = royalistische Vereinigung. — Anmerkung des Übersetzers.)

8 Vorsicht! Die Auslegung, welche Therese im Jahr 1895 diesem bezeichnenden Wort gibt, bezieht sich auf die Wahl *aller Opfer.*
9 Therese hatte diesen Namen gewählt. Ohne darum zu wissen, gab ihn ihr Mutter Marie de Gonzague auch ihrerseits.
10 Mutter von Frau Guérin.
11 Sie nimmt ihre drei Entschlüsse des vorausgehenden Jahres wieder auf: ,,1. Ich will mich nicht entmutigen lassen. 2. Ich will alle Tage ein ‚Gedenke' zur Allerseligsten Jungfrau beten. 3. Ich will versuchen, meinen Stolz zu demütigen'' (sic).
12 Ein Tabu für die damalige Zeit. Ein Schweigen, das die Skrupel begünstigte. Marie, Celine, Leonie und Marie Guérin kannten Krisen in diesem Punkt.
13 *Hätte ich meine geliebte Celine nicht bei mir gehabt, so hätte ich dort keinen Monat ausgehalten, ohne krank zu werden ...* Das trat nun tatsächlich ein.
14 Ps 18,5.
15 An diesem gleichen 25. Dezember bekehrte sich ein junger Atheist während der Vesper in Notre-Dame von Paris. Paul Claudel wußte später um das Zusammenfallen des Datums. Es war auch ,,das erste christliche Weihnachten'' des Grafen Charles de Foucauld auf dem Weg zu seiner endgültigen Bekehrung.
16 Therese war mit 1,62 m die größte der Schwestern Martin. Pauline, die kleinste der fünf, war nicht größer als 1,54 m.
17 Erde zum Modellieren, wie sie für Steinguttöpfereien verwendet wird.
18 *La Croix* sagt ,,zweimal''; Therese schreibt im Jahr 1895 ,,dreimal''.
19 So nennt man sie im Karmel in Erinnerung an die Nichte der heiligen Teresa von Avila, die mit acht Jahren als Klosterschülerin in den Karmel eintrat.
20 Unter Mac-Mahon hatte die Nationalversammlung am 24. Juli 1873 den Bau der ,,Kirche des nationalen Gelübdes'' beschlossen, die dem heiligsten Herzen geweiht sein sollte. Die Arbeiten hatten 1875 begonnen.
21 Name, den man einem Gang gab, an dem die Zellen liegen.
22 So nannte man die Schwester, die eine Neuangekommene in die Gebräuche des Klosters einführte.
23 Name, den ihre Cousine Marie Guérin ihr gab und den Mutter Marie de Gonzague ihrerseits auf Therese anwendet.
24 Geste der Demut, die damals in Gebrauch war.

25 Grundbesitz von 43 ha, wo die Guérins künftig alle ihre Ferien verbringen.
26 In acht Jahren mußte P. Pichon also ungefähr r0 Briefe von seiner geistlichen Tochter erhalten haben. Er hat davon keinen einzigen aufbewahrt.
27 Die gleiche Summe gibt er 1890 für die Aussteuer von Therese (CG, 555).
28 Im Sommer war diese Strumpfart aus Leinen. Schwester Marie de Jesus berichtet: ,,Therese beklagte sich niemals. Eines Tages fragte man sie, ob die Strümpfe, die sie trage, nicht zu kurz seien; sie antwortete schlicht: *Ich glaube ja*" (1907).
29 Hopfengetränk, das im Kloster hergestellt wird.
30 Aufnahmen von Abbé Gombault, der für bestimmte Arbeiten in die Klausur eingetreten war. Es sollte eine Gunstbezeugung für Herrn Martin sein, die Schwester Agnes geheimzuhalten bittet (VTL 5 und 6).
31 Im strengen Sinne des Wortes, weil Arbeiten im Pfortenhaus keinen Raum für die gewöhnlichen Sprechgelegenheiten übrigließen.
32 Veranstaltet aus Anlaß der Jahrhundertfeier der Französischen Revolution (CG, 486—488).
33 Pius X., der Papst der häufigen Kommunion, las im Jahr 1910 diesen Brief und war davon begeistert (CG, 488).
34 Zum Oratorium vom heiligen Antlitz des Herrn Dupont, ,,des heiligen Mannes von Tours".
35 Die Novizinnen hatten nicht das Recht, eine vollständige Heilige Schrift zur Verfügung zu haben.
36 Die Karmelitinnen von Paris veröffentlichten damals eine zweite Ausgabe seiner Werke.
37 Beunruhigungen über ihren Gnadenstand werden bis Ende 1892 andauern, beziehungsweise bis Anfang 1893 (CG, 677, Anmerkungen c und e).
38 Das heißt zu schlafen wie der heilige Petrus im Garten Getsemani.
39 Therese wäre gerne Krankenschwester gewesen, jedoch wurde ihr diese Aufgabe nie übertragen (vgl. ,,Ich gehe ins Leben ein", 20.8.3; ,,Meine Schwester Therese", 117).
40 Die Priorin konnte die Briefe lesen, die ihre Schwestern schrieben oder empfingen. Während des Priorates von Mutter Agnes drückt sich Therese völlig ungezwungen aus.
41 Ihr ganzes Leben lang mußte Schwester Therese also um Erlaubnisse bitten, eine Stundeneinteilung und besondere Zusammenkünfte haben, mit einem Wort, minderjährig bleiben. Im Noviziat bleiben,

schloß ein, niemals Ordensfrau im vollen Sinn zu sein. ,,Die Einfachheit, die Gelehrigkeit, die Abhängigkeit und die Unterwerfung, das sind die hauptsächlichsten Tugenden, um die sich die Novizinnen unablässig bemühen müssen" *(Point d'exaction,* 1883, p. 26).

42 Pierre Cauchon war von 1432—1442 Bischof von Bayeux und Lisieux. Sein Sarg wurde 1931 in der Sakramentskapelle der Kathedrale Saint-Pierre entdeckt, wo Therese als Mädchen der Werktagsmesse beiwohnte.

43 Monseigneur de Teil, Postulator im Seligsprechungsprozeß der Karmelitinnen von Compiègne, hielt darüber im Karmel von Lisieux eine Konferenz. Therese war durch diesen Vortrag ,,begeistert". In ihrem Brevier fand man mehrere Bilder der Märtyrerinnen, die am 27. Mai 1906 seliggesprochen wurden. Im Januar 1909 wurde Monseigneur de Teil Vizepostulator im Prozeß von Schwester Therese von Kinde Jesus.

44 Alle Gedichte Thereses sind so verfaßt, daß sie gesungen werden können.

45 Vgl. oben, S. 56

46 ,,Briefwechsel", DDB, trad. Marcelle Auclair, p. 562.

47 Sie war in Saint-Pierre-sur-Dives (Calvados) geboren, verbrachte aber einen großen Teil ihrer Jugend in Paris.

48 Sie wird bei ihrer Profeß am 30. April 1896 den Namen Marie de la Trinité annehmen.

49 Sie tut das in 35 ihrer Briefe, in zwölf Gedichten und in fünf Stücken für die Erholung. Es scheint, daß sie nie einen vollständigen Text in der Hand gehabt hat, doch kannte sie das Hohelied durch die Liturgie, durch Johannes von Kreuz usw.

50 Es war ein großes Opfer für die Eltern Guérin, sich von dieser charmanten Tochter von fünfundzwanzig Jahren zu trennen. Sie ist zartfühlend, mutwillig, eine gute Pianistin mit einer schönen Sopranstimme. Sie verlieren eine Tochter, finden aber eine Nichte wieder, denn am 20. Juli ist Leonie zurückgekehrt, nachdem sie die Heimsuchung von Caen zum zweiten Mal verlassen hat. Dieser dritte Mißerfolg verwirrt die ganze Familie. Was soll aus ihr mit zweiunddreißig Jahren und am Rande der Depression noch werden?

51 Das sogenannte ,,Rucksackpriester"-Gesetz wurde am 9. Juli verabschiedet, als Sadi-Carnot Präsident der Republik war.

52 Therese hat alle sechs kleinen Schulhefte zusammengenäht.

53 Johannes vom Kreuz, *,,Glosse über das Göttliche".*

54 Der Karmel dort wurde von dem in Lisieux im Jahre 1861 gegründet.

343

55 Das Wort ,,Liebe" beschließt ihr Heft. Es findet sich neunundneunzigmal auf sechsundachtzig Folio-Blättern.
56 Holzinstrument mit einer Art Klapper versehen, das man im Kreuzgang und in den Schlafsälen zum Wecken benützte.
57 Vgl. S. 237.
58 Vgl. S. 93.
59 Henry Chéron (13. 5. 1867—16. 4. 1936) war Bürgermeister von Lisieux von 1894 bis 1908 und von 1932 bis 1936. Nachdem er 1906 Abgeordneter geworden war, wurde er 1913 Senator des Departements Calvados, Subsekretär des Staates und während des Ersten Weltkrieges Finanz- und Justizminister. Er gehörte dem Ministerium Combes an. Er erzählte gerne, daß er Therese Martin in der Apotheke der Guérins kennengelernt hatte. Trotz seines Antiklerikalismus zeigte er sich wohlwollend gegenüber allen Unternehmungen, die von Lisieux aus die Verehrung seiner Zeitgenossin förderten.
60 Man findet hier das Wort von Anna de Lobera im Traum vom 10. Mai wieder.
61 *Geschieht es nicht zu seiner (des Herrn) Ehre, daß die Hand meines guten Onkels unermüdlich jene wundervollen Seiten niederschreibt, die dazu beitragen sollen, die Seelen zu retten und die Dämonen zum Erzittern zu bringen?* (Briefe, S. 209).
62 Vgl. die humoristischen Verse über das Leben einer Karmelitin ,,*Der Himmel ist dafür der Preis*" (PS 4, PN II, 319), die ohne Zweifel von Marie de l'Eucharistie verfaßt sind, die Therese aber mit eigener Hand abgeschrieben hat.
63 Dieses Verlangen nach dem Priestertum kommt bei ihr sehr oft zum Vorschein und meldet sich, sooft eine Gelegenheit dafür vorhanden ist. Eines Tages, als sie Sakristanin war, hat sie auf einer Patene ein Hostienteilchen gefunden. Sie gibt Schwester Marie de la Trinité ein Zeichen, sie zur Sakristei zu begleiten, und sagt: ,,Folgen Sie mir, ich trage Jesus!" (Pa, 470). Sie hätte auch gerne gepredigt. Vgl. S. 264.
64 Beachten wir, daß das Herz sich nicht ausdrücklich im Text des heiligen Paulus findet. Therese aber hat es logischerweise eingefügt.
65 Die Missionierung folgte nach der Eroberung von Tongking (1882 bis 1885), angeführt von Jules Ferry, dem die Antikolonialisten den Beinamen ,,der Tongkingese" gegeben hatten. Der Karmel von Hanoi wurde am 15. Oktober 1895 durch den Karmel von Saigon gegründet, dieser selbst im Jahre 1861 durch den Karmel von Lisieux.

66 Breiumschlag, der durch die Anwendung auf bloßer Haut eine wäßrige Sekretion hervorruft und dadurch eine Erleichterung der Oberhaut bewirkt. Er hinterläßt ein Mal und eine Verbrennung.
67 Am Fest der Unschuldigen Kinder gestaltete das Noviziat den Tagesablauf auf seine Weise.
68 Das bringt den Seminaristen Maurice Bellière zum Lachen, an den Therese dieses Gedicht schickt.
69 Vgl. S. 237 ff.
70 Leo Taxil, mit seinem richtigen Namen Gabriel Jogand-Pagès, wurde in Marseille am 21. März 1854 geboren. Über diese ungeheuerliche Täuschung vgl. *Der Triumph der Demut, Therese getäuscht, die Affäre Leo Taxil und das Manuskript B,* Cerf-DBB, 1975.
71 Der Karmel ist ein Marienorden.
72 Brief, der nach dem Tod einer Schwester an alle Karmelklöster geschickt wurde und der mehr oder weniger lang über ihr Leben berichtete.
73 Vgl. oben S. 166.
74 Diese Dekrete nahmen der Priorin die Vollmacht, die Kommunion ihrer Schwestern zu gestatten oder nicht, und übertrugen sie auf den Superior des Karmels.
75 Mit dem neuen Hausgeistlichen M. Hodierne, der 1897 ernannt wurde, wurde die tägliche Kommunion im Karmel von Lisieux gebräuchlich.
76 Geschichte von Paesia, berichtet in ,,*Das Leben der Wüstenväter im Orient*", in der Ausgabe von P. Jean le Nain. Am Tage ihrer Bekehrung stirbt Paesia, und der Vater sieht ihre Seele ins Paradies eingehen.
77 Neffe von Schwester Marie-Philomène, Mitschüler von Abbé Bellière. Gleich alt wie Therese, starb er mit siebenundzwanzig Jahren (30. 1. 1873 bis ?. 3. 1900).
78 Die Tuberkulose war im 19. Jahrhundert und im 20. bis ungefähr 1945 eine sehr gefürchtete Krankheit. Sie suchte damals in Frankreich jährlich 150 000 Menschen heim. Calvados gehörte zu den am meisten betroffenen Departements. Im Karmel von Lisieux starben zwischen 1896 und 1914: Schwester Marie-Antoinette, Pfortenschwester, am 4. November 1896, zehn Monate vor Therese; Schwester Marie de l'Eucharistie, Thereses Cousine, am 14. April 1905 mit 34 Jahren; Mutter Marie-Ange mit 28 Jahren im Jahre 1909; Schwester Isabelle du Sacré-Coeur 1914 mit 32 Jahren. Über die Tuberkulose in dieser Zeit und über die Pflege, die Therese erhielt, siehe DE 795—804.

79 Leinensandalen der Karmelitinnen. Um einige Andenken an ihre Schwester zu bewahren, riet Mutter Agnes ihrer Schwester Leonie, das Kleid Thereses aus grobem Wollstoff, ihren weißen Mantel, ihre Schleier und ein anderes Paar Alpargatos zurückzukaufen. Mutter Marie de Gonzague stimmte dem zu, weil der Karmel arm war. Alles zusammen wurde auf 90 Franken veranschlagt (DE 419).

80 *Dialog der Karmelitinnen,* zweite Tafel, Szene VIII. Im Jahre 1897 war Bernanos ein Knabe von neun Jahren. Der Präsident der Republik, Felix Faure, war soeben von einer triumphalen Reise nach Rußland zurückgekehrt, um die Allianz mit Zar Nikolaus I. zu besiegeln. Kapitän Dreyfus, der wegen Hochverrats verurteilt war, bleibt auf der Teufelsinsel im Gefängnis. Maurice Barrès hat soeben ,,*Die Entwurzelten*" erscheinen lassen, der junge André Gide ,,*Die irdischen Nahrungen*". Charles Péguy, geboren 1873, korrigiert die Druckfahnen seiner ,,*Jeanne d'Arc*". Am 14. Oktober läßt Clément Ader sein Flugzeug auf 300 Meter über dem Boden aufsteigen. In Paris beuten die Brüder Lumière mit Erfolg ihren Cinematographen aus. Einige Forscher setzen ihre Studien über die Radioaktivität fort ... *Wir befinden uns in einem Jahrhundert der Erfindungen,* hatte die junge, unbekannte Karmelitin bemerkt, die an der Schwelle der ,,Schönen Epoche" nun verstorben ist.

81 Vgl. oben S. 281.

82 Die *Geschichte einer Seele* ist heute in mehr als 40 Sprachen und Dialekte übersetzt.

83 Er hatte im September 1896 Therese im Sprechzimmer getroffen. Vgl. S. 188, Nr. 43.

84 ,,*Mein Weg ist sicher, und ich habe mich nicht getäuscht, als ich ihm folgte*" (PO, 557).

85 Es handelt sich um Bände mit Anthologien aus den Briefen, die der Karmel von Lisieux erhielt; täglich 50 im Jahre 1911; 500 im Jahre 1914; 800 bis 1000 von 1923 bis 1925. Sieben Bände wurden von 1911 bis 1926 veröffentlicht mit insgesamt ungefähr 3.200 Seiten.

86 Fünfzigstes Jahresfest der Profeß Thereses.

87 Marie vom heiligsten Herzen ist am 19. Januar 1940 mit achtzig Jahren verstorben; Schwester Françise-Thérèse (Leonie) mit achtundsiebzig Jahren am 16. Juni 1941.

88 *Trotz meiner Kleinheit möchte ich die Seelen erleuchten wie die Kirchenlehrer* (SS 198).

89 Man fragte sie: ,,Wie soll man Sie nach Ihrem Tode nennen?" — *Nennt mich ,,kleine Therese"!* (MST 59).

90 Die ins Deutsche übertragenen Werke sind nach der deutschen Ausgabe aufgeführt; die noch nicht ins Deutsche übertragenen Werke nach der französischen Ausgabe (Anmerkung des Übersetzers).
91 Alle Zitate aus den deutschen Ausgaben sind nach Seitenzahlen angegeben.

Inhaltsübersicht

Vorwort
„Ich kann mich nur von der Wahrheit nähren" .. 7

Erster Teil
Alençon (1873—1877)
Die kleine Letzte ... (2. Januar 1873), 13. — Louis Martin, 14. — Zélie Guérin, 16. — Familie Martin in Alençon, 19. — Bei der Amme in Semallé (März 1873—2. April 1874), 22. — Rückkehr zur rue Saint-Blaise, 25. — „Mein glückliches Naturell", 26. — „Sehr empfindlich", 28. — „Ich war weit davon entfernt, ein fehlerloses Mädchen zu sein", 29. — „Jesus Freude machen", 31. — Die Krankheit von Frau Martin, 35. — Wallfahrt nach Lourdes (17.—23. Juni 1877), 38. — Der Tod der Mutter (28. August 1877), 41. — Der große Umzug (15. November 1877), 42.

Zweiter Teil
In den Buissonnets (1877—1888)
Kapitel 1
Bis zum Eintritt in die Schule
(16. November 1877—3. Oktober 1881) 45
Der Paradiesweg, 45. — Lisieux im Jahre 1877, 46. — Ein neues Leben, 47. — Vom fünften bis zum achten Lebensjahr, 49. — Erste heilige Kommunion von Celine (13. Mai 1880), 55. — „Prophetische Vision", 56.

Kapitel 2
In der Schule der Benediktinerinnen
(3. Oktober 1881—März 1886) 57

Der Verlust ihrer zweiten Mutter (15. Oktober 1882), 60. — Die Marter im Sprechzimmer, 63. — Beunruhigende Symptome, 64. — ,,Eine so seltsame Krankheit" (25. März—13. Mai 1883), 65. — ,,Du, die Du kamst, um mir am Morgen meines Lebens zuzulächeln ..." (13. Mai 1883), 68. — ,,Zwei seelische Prüfungen", 70. — ,,Zum ersten Mal in Gesellschaft": Alençon (20. August bis 3. September 1883), 71. — ,,Der erste Kuß Jesu in meiner Seele" (8. Mai 1884), 73. — Zweiter Besuch Jesu: Himmelfahrt, 22. Mai 1884, 77. — ,,Der Heilige Geist muß das Leben deines Herzens sein" (14. Juni 1884), 78. — ,,Die schreckliche Krankheit der Skrupel" (Mai 1885—November 1886), 79. — Bei Madame Papinau (März 1886), 83. — Der Abschied von Marie: Verlust ihrer dritten Mutter (15. Oktober 1886), 84. — Zweite Heilung (Ende Oktober 1886), 86. — ,,Meine vollständige Bekehrung": Weihnachten 1886, 88.

Kapitel 3
,,Die dritte Periode meines Lebens; die schönste
  von allen" 91
Das schöne Jahr 1887, 91. — ,,Der Durst nach Seelen", 95. — ,,Ein großer Verbrecher": Henri Pranzini (März bis August 1887), 96. — Kämpfe um den Karmel (Mai 1887—Januar 1888), 99. — Ihren Vater überzeugen (29. Mai 1887), 99. — Die Widerstände des Onkels Isidore (8.—22. Oktober 1887), 102. — Herr Delatroëtte, der unbekehrbare Superior des Karmels (23. Oktober 1887), 104. — In Bayeux beim Bischof (31. Oktober 1887), 105. — ,,Oh! Was war das für eine Reise!" (4. November bis 2. Dezember 1887), 107. — Die Wunder von Paris

(4.—7. November 1887), 108. — In Italien (8.—28. November 1887), 109. — ,,Die Priester, schwache und gebrechliche Menschen", 112. — ,,Das Fiasko" am Sonntag, 20. November 1887, 113. — Diplomatische Kämpfe (3. Dezember 1887—1. Januar 1888), 118. — Bilanz einer Reise und eines Lebens (1. Januar—9. April 1888), 121.

Dritter Teil
Im Karmel (1888—1897)
Kapitel 1
Postulantin
(9. April 1888—10. Januar 1889) 125
Der Karmel von Lisieux im Jahre 1888, 126. — Die Anfänge (April—Juni 1888), 130. — Eine Befreiung (28. Mai 1888), 131. — Die Flucht des Vaters (23.—27. Juni 1888), 135. — Aufschub der Einkleidung (Oktober 1888—Januar 1889), 138. — Schmerzliche Exerzitien (5.—9. Januar 1889), 140. — Die Einkleidung (10. Januar 1889), 142.

Kapitel 2
Novizin
(10. Januar 1889—24. September 1890) 144
,,Die große Prüfung" des gedemütigten Vaters (12. Februar 1889), 146. — ,,Du hast mich für immer in deinem Antlitz verborgen", 149. — Das Ende der Buissonnets (Weihnachten 1889), 151. — Mit Verzögerung zur Profeß (Januar—September 1890), 152. — ,,Ohne Schönheit, ohne Glanz", 155. — ,,Unser Vater, der heilige Johannes vom Kreuz", 156. — ,,Exerzitien in großer Dürre" (28. August—7. September 1890), 158. — Ein Tag ,,ganz von Tränen verschleiert": Schleierfest am 24. September 1890, 160.

Kapitel 3
Das Begrabensein
(24. September 1890—20. Februar 1893) 162
Der ,,abtrünnige" Karmelit, 165. — Die Zukunft von Celine, 166. — ,,Auf den Fluten des Vertrauens und der Liebe" (7.—15. Oktober 1891), 167. — Der Tod einer Heiligen (5. Dezember 1891), 170. — ,,Überall herrschte der Tod" (Winter 1891/1892), 171. — Die Rückkehr des Vaters (Mai 1892), 172. — Kampf für die Wahrheit, 176.

Kapitel 4
Der Reife entgegen unter dem Priorat von Mutter Agnes
(20. Februar 1893—März 1896) 178
,,Meine Schwester ... meine Mutter" (20. Februar 1893), 178. — Die vertraulichen Mitteilungen an Celine im Sommer 1893, 182. — Novizin auf Lebenszeit (8. September 1893), 185. — 1894: In Frankreich das Jahr der Jeanne d'Arc, 186. — ,,Ein beständiges Halsweh", 189. — Der Tod des Vaters (29. Juli 1894), 190. — ,,Ein großes Verlangen" endlich erfüllt! (14. September 1894), 192. — Vorgefühle, 194. — Das Noviziat wächst, 196. — Die große Entdeckung: ,,Ein ganz neuer kleiner Weg" (Ende 1894/Anfang 1895), 198. — Zahlreiche ,,Schriften", 202.

Kapitel 5
Die Entfaltung
(Januar 1895—April 1896 205
Ihre Erinnerungen aufschreiben ... mit zweiundzwanzig Jahren, 205. — ,,Aus Liebe leben" (26. Februar 1895), 209. — ,,Ich weihe mich als Ganz-Brandopfer der Erbarmenden Liebe" (9.—11. Juni 1895), 210. — Ein Priesterbruder: Abbé Maurice Bellière (17. Oktober 1895), 215.

— Der göttliche kleine Bettler von Weihnachten 1895, 216. — Die schwierige Profeß von Celine (Februar—März 1896), 219. — Die Wiederwahl von Mutter Marie de Gonzague (21. März 1896), 222. — Eine Novizin „Novizenmeisterin" (März 1896), 223. — „Eine kochende Flut bis herauf zu meinen Lippen" (3. und 4. April 1896), 228.

Kapitel 6
Der Eintritt in die Nacht, die endlich gefundene Berufung!
(April 1896—April 1897) 230
„Die Nacht des Nichts" (April 1896), 230. - Ein zweiter Bruder: Abbé Adolphe Roulland (Mai 1896), 235. — Die Affäre Diana Vaughan, 237. — „Endlich habe ich meine Berufung gefunden!" (September 1896), 241. — Aufbruch nach Indochina? (November 1896), 249. — „Ich glaube, mein Lauf hienieden wird nicht lange dauern" (Januar—März 1897), 252.

Kapitel 7
Die Krankheit, das Leiden, der Tod
(April—30. September 1897) 256
Schwer krank (April 1897), 256. — Leo Taxil nimmt die Maske ab, oder der Triumph der Demütigung (19. April 1897), 258. — „Warum ich dich liebe, Maria" (Mai 1897), 262. — Ein kleines schwarzes Heft (4. Juni—8. Juli 1897), 266. — „Am Tisch der Sünder sitzen", 269. — „Das Handwerk der Kranken", 272. — Verlegt auf die Krankenabteilung (8. Juli 1897), 276. — Soll man die Manuskripte veröffentlichen?, 281. — „Mein Himmel wird sich auf der Erde abspielen", 282. — „Wie wenig habe ich gelebt!" (6.—15. August 1897), 286. — „Große Leiden"

(15.—27. August 1897), 287. — Letzte Besserung (27. August—13. September 1897), 288. — ,,Wenn das der Todeskampf ist, was wird dann erst der Tod sein?" (14.—30. September 1897), 290. — ,,Ich sterbe nicht, ich gehe ins Leben ein", 295.

Vierter Teil
Das Leben nach dem Tode: ,,Der Sturm der Verherrlichung" 297
So endet die Geschichte der Therese Martin, 297. — Das Erscheinen der ,,Geschichte einer Seele" (30. September 1898), 298. — Die Kanonisationsprozesse (von 1909 bis 1917), 301. — Die heilige Therese von Lisieux (17. Mai 1925), 304. — Eine stille Revolution, 306. — Die universelle Schwester, 309.

Einige Zeugnisse, ausgewählt unter
   Zehntausenden 314

Anhang
Stammbaum der Familien Martin und Guérin ... 324
Um die heilige Therese von Lisieux besser zu
   kennen 326
Bildnachweise 328
Abkürzungen 329
Stellennachweise 331
Anmerkungen 340

*Schriften über die heilige Therese von Lisieux
im Johannes-Verlag Leutesdorf* (Auswahl)

Geschichte einer Seele
Die Heilige von Lisieux erzählt aus ihrem Leben
1994. 326.—330. Tausend. 248 Seiten. Vier Fotos

Briefe der heiligen Therese von Lisieux
1983. Dritte Auflage. 464 Seiten. Dünndruckpapier

Geschichte einer Familie
Im Elternhaus der heiligen Therese vom Kinde Jesus
Von Stéphane-Joseph Piat
Ins Deutsche übersetzt von Maria und Dr. Hermann
Binderberger, Salzburg
1983. 624 Seiten. Dünndruckpapier

Der Leidensweg der heiligen Therese von Lisieux
4. April bis 30. September 1897
Von Guy Gaucher
Ins Deutsche übersetzt von Ingeborg Falck, Hildesheim
1993. Dritte Auflage. 368 Seiten. Dünndruckpapier

Briefe der Mutter der heiligen Therese von Lisieux
Von Zélie Martin
1985. Zweite Auflage. 404 Seiten

Nur die Liebe zählt
Die Mission der Therese Martin, ein Weg für alle
Von Ernst Gutting
1994. Achte Auflage. 170 Seiten

Mehr Mutter als Königin
Die Marienverehrung der heiligen Theresia
vom Kinde Jesus
Von Maximilian Breig SJ
1985. Zweite Auflage. 120 Seiten

Das eucharistische Leben der heiligen Therese von Lisieux
Von Theophan Beierle OCD
1988. Dritte Auflage. 32 Seiten

Die Barmherzigkeit Gottes und Therese von Lisieux
Die Heilige von Lisieux im Spiegel der Enzyklika ,,Dives
in Misericordia" von Papst Johannes Paul II.
Von Josef Jahnel
1982. 40 Seiten

Meditationen mit Therese von Lisieux
Von Maximilian Breig SJ
1988. Zweite Auflage. 336 Seiten. Dünndruckpapier

Liebst du mich?
Wallfahrt ins Heilige Land im Geist der heiligen Theresia
von Lisieux
Von Maximilian Breig SJ
1985. 176 Seiten. Heftformat. 30 mehrfarbige Bilder
von Rudolf E. Brocke

Verwandelter Alltag
Wie Therese von Lisieux ,,die geringfügigsten
Handlungen benutzen und sie aus Liebe tun"
Von Walter Wimmer
1994. Zweite Auflage. 48 Seiten

Gottes Kind im Alltag
Wie Theresia von Lisieux es sieht
Von Johannes Emmanuel Mossong OSB
1987. Zweite Auflage. 64 Seiten

Gedichte der heiligen Theresia von Lisieux
Herausgegeben von Maximilian Breig
1990. 184 Seiten

Meine Berufung ist die Liebe
Die Botschaft der heiligen Theresia von Lisieux
Von Maria-Eugen Grialou
1993. Zweite Auflage. 208 Seiten

Therese von Lisieux — ein Wort Gottes für die Welt von heute
Von Ernst Gutting
Mit der Predigt ,,Akzente einer unscheinbaren Heiligen"
von Dr. Reinhold Stecher
1994. 48 Seiten

Zu beziehen durch die *KSM*
Katholische Schriften-Mission, D-56599 Leutesdorf